KB062723

약국 안의 세계사

약국 안의 세계사

세상을 뒤흔든 15가지 약의 결정적 순간

초판 1쇄 펴낸날 2023년 7월 20일
초판 3쇄 펴낸날 2024년 8월 20일

지은이 키스 베로니즈   **편집** 이정신 이지원 김혜윤 홍주은
옮긴이 김숲   **디자인** 김태호
감수 정재훈   **마케팅** 임세현
펴낸이 이건복   **관리** 서숙희 이주원
펴낸곳 도서출판 동녘

만든 사람들
편집 구형민   **디자인** 김태호

인쇄 새한문화사   **라미네이팅** 북웨어   **종이** 한서지업사

등록 제311-1980-01호 1980년 3월 25일
주소 (10881) 경기도 파주시 회동길 77-26
전화 영업 031-955-3000 편집 031-955-3005 전송 031-955-3009
홈페이지 www.dongnyok.com **전자우편** editor@dongnyok.com
페이스북·인스타그램 @dongnyokpub

ISBN 978-89-7297-094-1 (03900)

- 본문에 수록한 도판은 저작권자의 동의를 얻었습니다. 저작권자 확인이 안 되어 허가받지 못한 도판은 추후 저작권자의 동의를 얻겠습니다.
- 잘못 만들어진 책은 바꿔드립니다.
- 책값은 뒤표지에 쓰여 있습니다.

+ PHARMACY +

약국 안의
세계사

세상을 뒤흔든 15가지 약의
결정적 순간

키스 베로니즈 지음
김숲 옮김 · 정재훈 감수

MAKING   동녘   MEDICINE

약을 둘러싼 흥미진진한 역사

정재훈(약사·푸트라이터)

약을 만드는 것도 사람이고 쓰는 것도 사람이다. 약의 이야기는 사람의 이야기이다. 장면마다 그 어떤 영화나 드라마보다 더 극적인 사건이 빼곡히 들어차 있다. 우연한 발견을 놓치지 않고 꼼꼼하게 관찰한 과학자, 환자의 생명을 어떻게든 구하려는 의사가 있는가 하면 그런 발견을 통해 명예를 얻고 자신의 이득을 최대화하려는 사람도 존재한다. 약을 둘러싼 역사란 알면 알수록 흥미진진하다. 하지만 그 역사는 우리도 모르게 사람들이 꾸며낸 이야기와 허구로 뒤섞이기도 한다. 어디까지가 진실이며 무엇이 호사가의 입담인지 몰라 답답할 때가 많다.

이 책은 그런 면에서 시원한 책이다. 저자 키스 베로니즈는 화학 전공자답게 과학적 사실을 상세하고 명확하게 서술하면서도 꼼꼼한 팩트 체크를 통해 역사 속의 허구를 가려낸다. 페니실린을 발견한 알렉산더 플레밍이 의대에서 공부하게 된 게 정말 윈스턴 처칠 또는 처칠의 아버지 때문이었을까, 페니실린을 투여한 첫 환자 앨버트 알렉산더에게 세균 감염이 생긴 이유는 정말 장미 덤불 가시 때문이었을까, 페니실린이 발견되고 나서도 현장에서 사용할 수 있는 약품으로 출시되기까지 오랜 시간이 걸린 이유는 뭐였을까. 페니실린을 다룬 첫 장에서부터 탄탄한 자료 조사를 바탕으로 한 디테일이 돋보인다.

약의 역사에 대한 잘못된 지식으로 막연한 두려움을 가지고 있는 사람이라면 누구나 이 책을 처음부터 끝까지 정독하길 권한다. 항암제 질소 머스터드와 두 차례의 세계대전에서 악명을 떨친 살인 가스는 어디부터 어디까지 관계가 있는지, 박테리아가 만든 신경독 보툴리눔 독소가 어떻게 피부 미용과 편두통, 알레르기 비염과 요실금에까지 사용될 수 있게 되었는지 알고 나면 틀림없이 각각의 약이 주는 유익과 위험에 대해 균형 잡힌 견해를 가지게 될 수 있을 테니까.

약은 그 자체로 독이 될 수도 있다. 이 책 속에서 옴진리교가 보툴리눔 독소를 공격 무기로 사용하려다가 실패한 부분에서는 안도의 한숨이 나오지만, 넷플릭스 영화 〈그 남자, 좋은 간호사〉의 바탕이 된 실화이며 미국 최악의 연쇄살인범 중 하나인 찰스 컬런의 이야기를 다룬 대목에서는 문자 그대로 간담이 서늘해진다. 납량특집이 따로 없다.

아스피린부터 비아그라까지 우리에게 친숙한 15종의 약이 어떻게 세상에 나오게 되었는지 살펴보는 세계사 여행은 재미있으면서도 유익하다. 약에 관심이 많은 사람이라면 각 장의 뒷부분 쉬어가는 코너인 〈약국 밖의 레시피〉에서 다룬 질문과 답변을 잘 읽어보는 것도 좋다. 오프라벨 처방이 무엇이고 알약 하나 대신 두 알을 먹어도 효과가 두 배가 되지 않는 이유가 뭔지, 약 광고를 허용할 때 장단점까지 그동안 궁금했던 질문에 대한 명쾌한 답을 얻을 수 있다. 게다가 실제로 약 사용에 도움이 되는 실용적인 정보까지 찾을 수 있다. 탈모 치료제인 미녹시딜을 사용 중일 때 아스피린을 복용하면 효과가 떨어지는 이유까지 알려주는 역사책이라니 저자에게 박수를 보내지 않을 수 없다.

약 하나하나마다 그 뒤에는 수많은 사람의 노력과 좌절, 성공과 실패의 이야기가 숨겨져 있다. 인정받지 못한 선구자, 약물 연구하다가 요절한 과학자, 효과 여부를 확인하려고 자기를 실험 대상으로 삼은 연구자의 이야기를 읽다보면 지금 우리가 사용 중인 그 어떤 약도 허투루 바라볼 수 없겠다는 생각이 든다. 독자 여러분도 약국 안에 숨겨진 즐거운 세계사 여행을 떠나보시길!

약국으로 떠나는 세계사 여행

과학자들은 어떻게 우리의 삶이 더 나아지게 도와주는 약물을 만들까? 가끔은 우연의 일치로, 이전에는 그리 눈여겨보지 않았던 탄소와 수소 혼합물이 이제 회사에 수백만 혹은 수십억 달러를 벌어다주는 효자 상품이 됐다. 그뿐만 아니라 전 세계 사람들의 삶을 더 나아지게 하고 있다. 앞으로 내용에서 등장할 예상치 못한 발견이 기적 같아 보일 수도 있지만 일반적으로 신약 개발은 매우 고되면서도 합리적인 프로젝트다. 오늘날 산업의 중심에 있는 합리적인 신약 개발 과정은 하나의 경이로운 사건으로 수많은 분야에 영향력을 미치고 있다. 고통을 줄이기 위해, 불편을 없애기 위해, 혹은 질병을 치유하기 위해 신체 내 분자의 반응을 일으키면서 말이다.

최초의 약국은 서기 754년 중세 이슬람 제국의 수도 중 하나였던 바그다드에서 개업했다는 기록이 남아 있지만, 이 당시 판매되던 만성 질병을 완화시켜줄 약물은 대부분 식물과 동물에서 추출한 것이었다. 의약품 합성에 대한 우리의 현대적 접근은 유기화학(탄소 기반 화합물에 대한 학문)이 탄생하고 1000년이 더 지난 후에야 등장했다. 게다가 유기화학이 탄생하고 난 후에도 의약품을 사용하기까지는 수십 년이 더 걸렸다. 유기화학의 아버지 중 하나로 알려진 독일 화학자인 유스투스 폰 리비히Justus von Liebig는 1832년 포수클로랄Chloral hydrate 합성에 대한 논문을 출판했다. 하지만 리비히에게 이 논문은 단지 교육 도구일 뿐이었다.

그로부터 30년 후인 1862년 독일 의학자인 요한 리브라이히 Johann Liebreich는 포수클로랄이 수면을 유도하는 효과가 있다고 기록했다. 여기에는 포수클로랄의 맛과 냄새가 끔찍하다는 환자들의 말도 기록돼 있다. 포수클로랄은 놀라운 수면 효과를 내면서도 잠에서 깬 후에 졸음 부작용이 없었고, 제2차 세계대전 동안 불면증 치료제이자 진정제로 이름을 날렸다. 적어도 그 당시에는 포수클로랄을 어린이에게 사용해도 안전하다고 생각했다. 그러나 현대의 시각에서 포수클로랄의 안전성에는 의문의 여지가 있다. 마릴린 먼로가 요절한 이유 중 하나로 알코올, 진정제인 펜토바르비탈, 포수클로랄을 혼합해 사용한 약물을 꼽는다. 포수클로랄과 알코올을 함께 섭취하는 것은 특히 위험한데 소위 '미키 핀'(상대의 음료에 몰래 약물을 타는 행위)을 한 알코올음료와는 더욱이 그렇다. 누군가를 '미키 핀' 하는 행위는 도둑질의 흔적을 인지하지 못하도록 정신을 잃게 만드는 술의 능력을 활용해

1890년대 시카고의 위스키 거리에서 빈번하게 벌어졌다.

비록 리비히가 자신의 연구를 잘 활용하지 못했다는 이유로 부끄러워할 수도 있겠지만 리비히는 그 자체로 흥미로운 인물이다. 리비히는 합성 화학부터 음식, 그중에서도 특히 고기를 둘러싼 화학에 질소비료가 어떤 가치를 지니는지를 보여주는 농업의 응용화학까지 다양한 분야에 관심을 갖고 있었다. 리비히는 육즙을 판매하는 회사를 설립하고 육즙의 영양분을 분석해 '고기 차meat tea'를 개발했다. 리비히는 당시 술고래들이 겪는 비극이라 치부됐던 인체의 자연발화를 심도 있게 연구하기도 했다. 인체의 자연발화라고 기록된 50가지 사례를 조사한 후, 리비히는 70퍼센트 알코올 수용액에 사체에서 얻은 조직을 적시고 불을 붙여 알코올은 연소하지만 조직은 연소하지 않는다는 사실을 보여주었다. 리비히는 이를 확실히 증명하기 위해 쥐에 에탄올을 주입하고 불을 붙이는 잔혹한 실험도 선보였다.

19세기 초, 무기화학에 비해 유기화학이 발달하지 않았을 때 유기화학을 무기화학과 나란한 단계로 끌어올린 리비히는 무엇보다도 다양한 화학실험 방법과 기구를 개발해 근대적인 화학교육과 실험실을 정립했고, 그의 실험실은 곧 전 유럽의 뛰어난 과학자들을 불러 모아 뛰어난 화학자들을 배출했다. 자, 이제 리비히를 넘어서 오늘날 약국 안의 세계사를 들여다볼 차례다. 여기에는 수많은 리비히들의 실패와 좌절, 그리고 성공의 이야기가 있다. 항생제인 페니실린부터 시작해보자.

차례

+ PHARMACY +

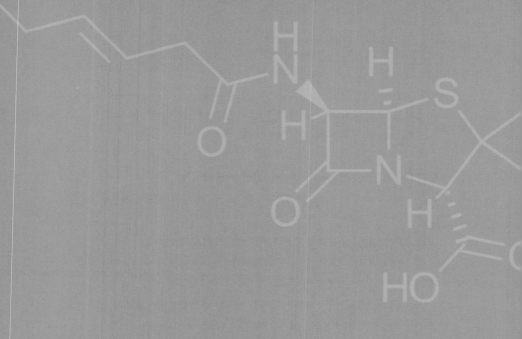

일러두기

1. 이 책은 지식을 얻는 교양서로 의학적 조언을 하지 않는다. 책 속의 정보로 전문적인 의학적 조언, 진단, 혹은 전문 의료진이 내리는 치료를 대신할 수 없고, 만약 의학적 질환이나 치료에 대해 궁금한 점이 있다면 전문 의료진의 조언을 구해야 한다.

2. 본문의 주는 모두 옮긴이 주이다. 간단한 주는 대괄호 '〔 〕'로, 내용이 긴 주는 각주로 처리했다.

3. 성분, 물질, 약품 등에 관한 옮긴이 주와 표제지의 설명은 위키피디아와 두피디아, 약학 용어사전 등을 참고했다.

4. 한화로 환산한 환율은 2023년 5월을 기준으로 했다.

5. 각 장의 표제지에 실린 화학 구조는 미국국립보건원, 영국왕립화학회에서 제공한 정보를 바탕으로 화학 구조식 디자인 소프트웨어인 켐두들 11.5.0 버전으로 만들었다.

페니실린

인류를 구한 곰팡이

Penicillin

페니실린은 최초의 항생제로
세균에 의한 감염을 치료하는
약물이다. 연쇄구균, 임균, 수막염균
등에 작용하여 편도염, 수막염, 임질,
중이염 등을 치료한다.

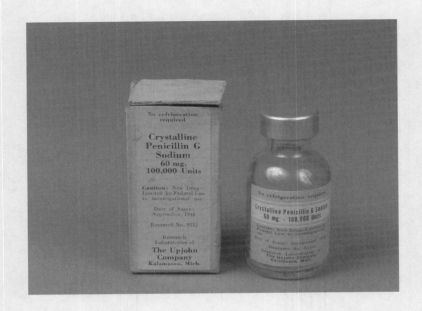

- 최초의 페니실린인 페니실린-G는 천연 페니실린 중 가장 뛰어난 항균효과를 가지고 있어 현재까지 임상에서 사용되고 있다.

페니실린은 20세기의 기적이자 박테리아 감염이라는 눈에 보이지 않는 위협으로 고통받을 때 우리의 곁을 지켜주는 충직한 친구이기도 하다. 발전하는 과정에서 수억 명의 목숨을 구한 항생제 군단을 위한 초석을 다진 친구 말이다. 페니실린 뒤에 숨은 이야기는 페니실린이 수많은 사람의 목숨을 살렸다는 말만큼이나 흥미롭다. 이제부터 펼쳐질 이야기는 자신의 상상력을 현실로 만들 수 없었던 한 젊은이의 이야기다. 그리고 동시에, 놀라울 정도로 예리한 관찰력으로 제2차 세계대전 중 박테리아 감염의 해결책을 찾기 위한 연구진의 리더이자, 이 약을 영원히 사용하지 못했을 수도 있는 수많은 위태로운 순간들 때문에 괴로워했던 사람의 이야기이기도 하다. 자, 이제 실험실, 곰팡이, 박테리아로 가득한 세계를 순회했던 젊은 시절의 알렉산더 플레밍 이야기를 시작해보자.

세상을 바꾼 플레밍의 호기심

농부의 집안에 태어난 탓에 알렉산더 플레밍Alexander Fleming은 정규교육 과정을 마친 직후 의료 관련 전공을 시작할 수 없었다. 그 대신 4년 동안 해운회사 사무소에서 지루한 일을 해야만 했다. 세간에 전해진 이야기에 따르면 농장에서 노역을 하던 플레밍이 늪에 빠질 뻔한 윈스턴 처칠Winston Churchill을 구해주었고, 처칠의 아버지인 랜돌프 처칠 경이 감사의 뜻으로 어린 플레밍이 의과대학에서 공부할 수 있도록 지원해주었다고 한다. 하지만 이는 사실과 다르며 실제로는 플레밍의 삼촌이 세상을 뜨면서 플레밍에게 자신의 자산을 상속해 플레밍의 후원자가 됐다. 삼촌 덕에 알렉산더 플레밍은 런던대학교의 세인트메리 의과대학에 진학할 수 있었고 이는 세상을 완전히 바꾸어놓는 계기가 됐다.

25세의 나이로 대학을 졸업한 플레밍은 이 시기에 완전히 다른 취미인 사격술에 빠져 있었다. 사격 팀장은 우승팀 멤버 중한 명인 플레밍이 졸업해서 의학 연구를 하게 되면 사격을 그만둘까 봐 걱정이 됐다. 그래서 플레밍에게 세인트메리 의과대학의 연구원이었던 알모스 라이트 경을 소개해주었다. 플레밍이 세인트메리 의과대학에서 계속 생산적인 일을 한다면 사격팀에 계속 나올 것이라 생각했기 때문이다. 사격팀 팀장의 추측은 정확했다. 플레밍과 라이트 경은 자신의 커리어 대부분을 함께 연구하며 쌓았다.

1914년 세인트메리 의과대학은 라이트 경과 함께 성과를 낸 플레밍을 교수로 임명했다. 플레밍은 자신이 꽤 재미있는 시기에 태어났다고 생각했다. 플레밍은 제1차 세계대전 동안 왕립육군의료단에 징용됐다. 누군가는 이 4년으로 플레밍이 매우 귀중한 연구 시간을 낭비했을 것이라 말할지도 모른다. 하지만 플레밍은 혼돈과 선혈 사이에서 대부분의 시간을 보내면서 어마어마한 숫자의 군인들이 적이 아니라 감염된 상처와 싸우는 모습을 목격했다. 특히 플레밍은 전쟁 동안 감염된 상처에 소독제를 사용하는 데 주의를 기울였지만 그럼에도 하나도 만족스럽지 않았다.

제1차 세계대전에서 병사들은 플라빈〔식물 조직에 분포하는 황색소 즉 비타민 B2. 염료 및 방부제·구충제로 쓰인다〕을 소독제로 사용했고 플레밍은 틀림없이 두 눈으로 플라빈 후유증을 목격했을 것이다. 1917년 논문 〈플라빈의 생리적 그리고 소독제적 영향The Physiological and Antiseptic Action of Flavine〉을 발표하며 플레밍은 전쟁터뿐만 아니라 여러 장소에서 소독제로 사용된 플라빈과 맞서 싸웠다. 항생제는 박테리아를 죽이는 반면 소독제는 박테리아의 성장을 멈추게 한다. 저명한 의학저널 《란셋》에 발표되어 구심점이 된 이 논문에서 왕립육군의료단의 중위로 기록된 플레밍은 아물지도 않은 상처에 소독제로 플라빈을 사용한 데 격분했다.

플라빈은 그 당시 거의 완벽한 소독제였다. 특히 전시 상황에서 사용하기에 말이다. 일련의 기발한 실험을 통해 플레밍은 플라빈이 백혈구와 격렬히 반응한다는 사실을 보여주었다. 백혈구는 신체의 면역 체계에 있어 중요한 부분인데 플라빈은 박테리아의 성장을 멈추게 하면서 동시에 백혈구도 죽였다. 플레밍은 혈액에 발생한 염증을 치유하기 위해 정맥으로 주입하는 소독제로든 외부의 상처를 치유하기 위한 국소 부위에 사용하는 소독제로든 플라빈은 그리 유용하지 않다는 내용을 논문에 담았다.

플레밍은 꼼꼼하고 철두철미한 논증으로 깨끗하게 드레싱 한 상처에 플라빈이 미치는 영향이 병사들에게는 더 해로울 것이라는 가설을 세웠다. 플레밍은 플라빈이 백혈구를 공격해 체내의 면역반응을 일부 망가뜨리는 동시에 상처 내부의 박테리아가 있는 곳까지는 침투하지 못해 박테리아 감염을 막지 못한다는 사실을 증명했다. 결국 플레밍은 감염으로 생긴 모든 상처에 플라빈을 만병통치약처럼 사용하는 그 당시의 치료법이 '부적절하다'고 결론 내렸다.

항생제로서 빠른 성공

제1차 세계대전이 끝난 후, 플레밍은 다시 세인트메리 의과대학으로 돌아갔다. 여기서 플레밍은 사람에게 해로운 감염성 박테리아와 씨름하는 연구를 계속할 수 있었다. 1922년, 플레밍은 많은 사람들이 일생의 업적이라 평가하는 〈조직과 분비물에서 발견한 놀라운 용균성 요소에 대하여On a Remarkable Bacteriolytic Element Found in Tissues and Secretions〉라는 논문을 출판했다. 이 논문을 통해 플레밍은 라이소자임lysozyme을 발견했고 이는 이후 페니실린의 발견으로 이어졌다. 이 논문에서 플레밍은 콧물 표본이 실험실 한천배지〔세균을 배양할 때 쓰는 배지(培地)〕에서 '몇몇 포도상구균을 제외하고' 박테리아의 성장을 억제했다는 사실을 관찰했다. 그후 눈물, 침, 연골, 조직, 그 밖의 더 많은 장소에 같은 박테리아를 실험했고 모두 비슷한 결과를 얻을 수 있었다.

이 시점에서 플레밍은 라이소자임의 존재를 어렴풋이 알아차렸다. 그리고 박테리아의 세포벽면을 '용해lyse', 그러니까 녹일 수 있다는 이유로 '라이소자임'이라는 이름을 붙였다. 플레밍은 계란 흰자에서 어마어마한 양의 라이소자임을 발견했는데 1909년, 생화학자인 라슈첸코P. N. Laschtschenko가 계란 흰자에 향균 능력이 있다고 논문을 발표했던 것을 떠올리면 그 자체로 흥미로운 발견이었다. 눈물과 점액을 침과 섞은 시료에서 얻은 라이소자임은 연쇄구균〔세포 증식 후에도 연쇄상으로 연결되어 있는 것을 특징으로 하는 구균에 대한 호칭〕을 포함한 화농균〔화농의 원인이 되는 균으로 포도상구균·연쇄구균·수막염균 등이 있다〕도 성공적으로 제거했다. 하지만 치명적인 박테리아를 제거할 수 있는 항균제를 찾고 싶었던 플레밍에게는 만족할 수 있는 정도는 아니었다. 이 실험을 통해 플레밍은 라이소자임이 사람의 면역시스템 최전선, 그중에서도 세균 감염에 취약한 기관인 눈과 코에서 박테리아를 죽인다는 사실을 보여주었다.

일생일대의 발견

매번 더 뛰어난 효과를 보이는 물질을 발견하며 플레밍은 몇 년 동안 항균제를 찾기 위해 연구를 계속했다. 1928년, 플레밍의 노력은 보답받았다. 플레밍은 영국 서픽주의 바튼 밀스 마을에 있는 시골 집으로 휴가를 떠나기 전에 연구에 박차를 가하고 있었다. 포도상구균의 세균주(같은 세균 종에서 유전적으로 차이를 보이는 집단)를 여러 한천배지에 배양하고 실험 테이블 위에 공기가 잘 통하도록 둔 후 휴가를 떠났다. 휴가에서 돌아온 플레밍은 실험실에 돌아와 배지에 이상한 곰팡이가 핀 것을 확인했다. 화농균은 이 곰팡이 근처에는 하나도 없었고 곰팡이에서 멀리 떨어진 배지 가장자리를 따라 남아 있었다. 플레밍은 즉시 화농균을 죽인 이 곰팡이의 정체를 찾기 시작했다. 오늘날 약학계에 큰 획을 그은 동시에 페니실리움 루브룸Penicillium rubrum을 처음으로 언급한 논문인 1929년《페니실리움 배양배지의 살균행동과 헤모필루스 인플루엔자균 사이의 특별한 관계On the Anitbacterial Action of Cultures of a Penillium, with Special Reference to Their Use in the Isolation of B. influenzæ》에서 플레밍은 페니실린의 발견을 기록했다. (플레밍이 처음 사용했던 페니실리움 루브룸은 오늘날 페니실리움 루벤스라는 이름으로 알려졌다는 사실을 짚고 넘어가야겠다. 하지만 이 책을 읽는 독자들을 위해 앞으로 등장하는 이 곰팡이를 페니실리움이라 통칭할 것이다.)

이 논문에는 곰팡이의 색깔을 다룬 수많은 참고 논문이 언급됐다. 시간이 흐르면서 곰팡이는 하얀색으로 시작해 어두운 초록색, 검은색, 노란색으로 변했다. 곰팡이의 다양한 색깔 덕에 플레밍은 한눈에 곰팡이의 상태를 구분할 수 있었다. 플레밍은 살균 효과가 있는 여러 곰팡이를 실험했지만 페니실리움 곰팡이만이 박테리아를 죽이는 데 성공했다. 페니실리움을 배양한 한천배지에 있던 포도상구균, 연쇄구균, 폐렴상구균, 임균(임질을 일

으키는 박테리아)은 모두 페니실린으로 사라졌는데 이 모습은 세포
가 용해되고 결국 파괴된다는 명백한 증거였다. 박테리아가 사
라진 것을 본 플레밍은 페니실리움 곰팡이가 분비하는 물질이
항생 작용을 할 것이라 예견했다. 플레밍은 페니실리움 곰팡이
가 분비하는 물질의 농도를 낮추는 실험을 꼼꼼하게 수도 없이
진행하며 자신의 말이 맞다는 것을 증명했다. 곰팡이가 분비하
는 물질을 800배로 농도를 낮춰도 여전히 항균성을 띤다는 사실
을 밝히고 그 물질의 이름을 페니실린이라 명명했다.

 1945년 플레밍은 노벨상 수상 연설문에서 어떻게 페니실린이
라는 이름을 붙이게 됐는지를 간결하게 설명했다. 자신의 이름
혹은 뭔가를 의미하는 이름을 붙이는 대신 플레밍은 페니실린이

만들어진 곳의 이름을 땄다. 이는 디기탈리스라는 식물에서 얻은 물질의 이름을 '디기탈린'이라 붙인 것과 매우 유사하다. 이 연설문의 또 다른 부분에서 플레밍의 겸손함을 느낄 수 있다. 플레밍은 자신이 진심을 다해 연구하고 심사숙고해 전체적인 상관관계를 가설로 세운 덕분에 이 논문을 쓸 수 있었다고 말할 수도 있었다. 그랬다면 훨씬 더 똑똑해 보였을 것이다. 하지만 그 대신 플레밍은 이렇게 기술했다.

"내 유일한 장점은 관찰을 간과하지 않고 미생물학자로서 주제를 밀고 나갔다는 것이다."

페니실린이 박테리아에 미치는 영향 외에도 플레밍은 1929년 논문을 통해 페니실린이 인체에 유해하지 않다는 사실을 다방면으로 입증했다. 플레밍은 페니실린이 녹아 있는 액체를 토끼와 쥐에 주입했다. 뿐만 아니라 페니실린이 녹아 있는 액체(페니실린만 분리해낼 수 없었기에 이는 플레밍이 할 수 있는 최선이었다)를 사람의 감염된 상처에 바르기도 하고 매일 한 시간 동안 눈에 투여하기도 했다. 그리고 그 어떤 경우에서도 해로운 결과는 발견되지 않았다. 페니실린은 플라빈처럼 백혈구를 방해하지 않았다. 인체에 해롭지 않다는 특성 덕에 이 놀라운 항균성은 임균, 연쇄구균, 폐렴상구균 같은 여러 해로운 박테리아가 있는 곳에 페니실린을 항생제로 사용할 수 있는 기반을 만들었다.

어떤 역사학자들은 플레밍이 관찰한 곰팡이가 배지에 화농균이 자리 잡기 전에 창문을 타고 실험실까지 왔을 것이라 말하기도 한다. 하지만 이는 불가능해 보인다. 곰팡이가 바람을 타고 건물에 있는 창까지 날아오는 것도 힘들 뿐만 아니라 창이 잘 열려 있지도 않기 때문이다. 그 대신에 페니실린을 발견한 데에는 다른 행운이 작용했을 가능성이 크다. 플레밍의 실험실에 바람을 타고 들어온 페니실리움 포자는 아래층 투슈C. J. La Touche 박사의 실험실에서 온 것이었다. 투슈 박사는 알레르기와 곰팡이 사이의 상관관계를 해독하기 위해 고군분투하고 있었다. 1929년 논문에 항균성을 시험하기 위해 플레밍에게 다양한 종류의 곰팡이를 선사했다는 기록이 있는 투슈 박사라면 페니실리움 시료를 갖고 있었을 것이다.

이런 노력에도 불구하고 페니실린을 발견한 플레밍의 1929년 논문은 호평을 받지 못했다. 페니실린 분리 기술이 없었기에 플레밍은 연구를 더 진행시키지 못했다. 하지만 플레밍은 희망을 잃지 않았다. 사람들을 만나며 자신의 발견을 끊임없이 보여주고 곰팡이 샘플을 나누며 연구자들이 직접 페니실린을 분리해보도록 했다. 심지어 노벨상 연설장에서 살균한 곰팡이 샘플이 있는 여과지를 나눠주기도 했다.

비록 플레밍이 페니실린을 분리해내는 데는 성공하지 못했지만 치료용으로 사용하는 일에는 일찍이 도움을 주었다. 1930년, 세인트메리 병원 의과대학 재직 시절 플레밍의 제자 중 하나이자 셰필드대학교의 병리학과에서 근무하던 세실 조지 페인은 플레밍에게서 받은 매우 꼼꼼히 정제한 곰팡이 배지를 사용해 처음으로 페니실린을 치료제로 사용할 수 있도록 했다. 페인은 임균성결막염[결막에 임균이 감염하여 일으키는 염증] 때문에 태어났을 때부터 어마어마한 분비물로 고통받은 갓난아이 두 명을 성심성의껏 치료했다. 페인은 두 아이의 눈에 곰팡이 배지를 용해한 액체를 떨어뜨렸고 둘 다 상태가 호전됐다. 1931년에도 또 한 번 페인은 페니실린을 사용했다. 이 당시 오른쪽 눈에 돌 조각이 박힌 광부가 치료를 받았다. 눈은 폐렴상구균에 감염됐지만 48시간 동안 정제한 페니실린으로 치료를 한 결과 감염은 사라졌다. 플레밍처럼 페인은 페니실린 사용법을 완전히 정복하진 못했다. 페인은 (우리가 아는 바로는) 페니실린의 치료 효과를 강조한 그 어떤 논문이나 강의록도 남기지 않았다.

다음 세대로 전해진 불씨

페니실린의 발견을 담은 플레밍의 논문은 1938년까지 거의 1년 동안 잠들어 있었다. 이 당시 옥스퍼드대학교의 생화학자 언스트 체인Ernst Boris Chain은 우연히 플레밍의 논문을 발견하고 실험실의 책임자였던 하워드 플로리Howard Walter Florey에게 논문을 읽어보라고 했다. 플로리는 그 논문을 읽고 연구팀의 방향을 바꾸었다. 여기에는 페니실리움 곰팡이에서 페니실린을 정제하는 문제에 뛰어든 체인뿐만 아니라 생화학자 노먼 히틀리Norman Heatley와 에드워드 에이브러햄Edward Penley Abraham도 있었다. 페니실린을 약물로 변화시키는 진정한 실험은 이제야 시작됐다.

연구팀은 1937년 라이소자임을 처음 결정화한 화학실험의 귀

재인 에이브러햄을 통해 플레밍의 연구를 한번 본 적이 있었다. 1942년 에이브러햄은 처음으로 페니실린의 정확한 구조와 페니실린에서 그 무엇보다 중요한 β(베타)-락탐 고리를 근거로 사용했다. β-락탐 고리는 페니실린이 보이는 항생 능력의 핵심이었다. 연구팀의 수수께끼 같은 사람이자 부지런한 일꾼이었던 생화학자 체인은 페니실리움에서 페니실린을 분리해내는 과정을 통해 플레밍의 난제를 해결했다. 체인의 인생 여정은 정말 험난했는데 그는 나치가 세력을 확장하기 시작하면서 홀로코스트의 공포 속에서 어머니와 여동생과 함께 베를린을 탈출한 생존자였다. 체인은 페니실린을 정제하는 데 중요한 역할을 했다. 페니실리움 성장 조건의 pH〔수소 이온 농도를 나타내는 지표〕를 변화시키고, 온도를 극단적인 수준까지 변화시켜 수십 리터의 곰팡이 배지 액체에서 손톱만큼의 정제된 페니실린을 회수했다. 체인은 그 누구도 할 수 없었던 일을 성공했다. 심지어 플레밍 자신도 수도 없이 시도를 하고 페니실린을 정제하려는 사람들에게 진심어린 조언을 건넸음에도 실패했던 일을 말이다. 게다가 체인은 페니실린이 플레밍의 라이소자임처럼 효소로 존재하는 것이 아니라 작은 분자로 존재한다는 사실도 밝혀냈다.

플로리 실험실의 핵심 인물 중 만물박사의 역할을 했던 건 노먼 히틀리였다. 히틀리는 자신이 손에 넣을 수 있는 것이라면 그 무엇이든 길렀는데, 액체 상태의 페니실리움 배지도 요강에서 배양했다. 뒤에서 언급하겠지만 히틀리는 플로리의 옥스퍼드대학교 실험팀이 페니실린을 정제하고 분리해내는 과정에서 딱 필요한 사람이었다. 자신의 일에 있어서는 방어적이었던 히틀리는 개인적으로 분리해낸 페니실린으로 진행한 첫 동물 연구를 끈기 있게 지켜봤다. 1940년 5월 주말을 지새우면서 치사량의 연쇄구균을 투여한 여덟 마리 쥐의 운명을 관찰했다. 여덟 마리 중 네 마리에는 페니실린을 투여했는데 이 네 마리만 살았다. 이 실험을 반복하면서 히틀리와 플로리는 원하던 바를 입증했다. 바로, 이들의 페니실린 분리 실험과 페니실린을 치료용으로 사용하는 것이 효과가 있다는 것이었다. 여기서 진행된 실험은 1940년 《항암화학요법의 페니실린Penicillin as a Chemotherapeutic Agent》이라는 제목으로《란셋》에 실렸다. 이 논문으로 옥스퍼드대학교의 플로리 연구팀의 주장에 힘이 실렸고, 페니실린 분자를 약물로 사용할 수 있을 거라는 희망이 생겼다.

1940년 9월 플로리, 체인, 그 밖의 옥스퍼드대학 연구팀이 페니실린의 위력을 보여줄 기회가 찾아왔다. 알렉산더는 장미꽃밭에서 작업을 하는 동안 입가를 긁고 있었다. 가려움은 빠르게 감염으로 바뀌어 눈과 얼굴의 다른 부위로 번졌다. 그는 옥스퍼드 래드클리프 병원에서 항균성 치료제로 설파제〔세균 감염을 치료하는 항생제〕를 처방받았다. 하지만 별 소용이 없었다. 눈, 폐, 어깨에 종양이 생기기 시작했다. 여기까지만 보면 세균 감염이 장미 덤불 가시와 관련된 것 같지만, 그의 직업과 관련된 다음 불의의 사고 이야기가 좀 더 믿을 만하다. 알렉산더는 지역 경찰이었는데 전쟁 중 공습 폭격을 맞았고 부상을 입었다. 알렉산더는 최악의 상황에 빠졌지만 플로리와 체인은 이 사고 소식을 듣고 알렉산더를 치유할 치료제로 페니실린을 사용하기로 했다. 닷새 동안 페니실린을 투여한 끝에 알렉산더는 회복하기 시작했다. 안타깝게도 알렉산더의 상태는 그 이후 다시 악화됐는데 플로리와 체인이 페니실린을 정제한 양이 충분하지 않아 감염을 완전히 치료하지 못했기 때문이다. 알렉산더는 얼마 지나지 않아 생을 달리했다.

　그 당시, 한 사람을 치유하기 위해서는 2000리터라는 막대한 양의 페니실리움 곰팡이 배지 액체를 완전히 정제해 얻은 페니실린이 필요했다. 이 문제를 해결하기 위해 옥스퍼드대학교 연구팀은 외부로 도움을 요청할 수밖에 없었다. 1941년 플로리와 히틀리는 제약회사의 도움을 얻고자 미국으로 향했다. 어마어마한 양의 페니실린을 충분히 정제할 수 있을 만큼의 페니실리움 곰팡이 배지를 배양하기 위해서 말이다. 이때 아주 작은 편집증이 히틀리와 플로리 마음속에 피어났는데 바로, 페니실리움 시료가 담긴 작은 유리병을 누군가가 훔치거나 자신들이 잃어버리지 않을까 하는 걱정이었다. 어쨌든, 당시 영국은 전시 상황이었으니 말이다. 히틀리는 결국 플로리를 설득해 자신의 코트에 곰팡이를 묻혀 샘플을 늘 지닐 수 있게 했다. 출장 기간 동안 플로리와 히틀리는 미국 농무부의 북부지역연구소 이사진에게도 협조를 요청했다. 히틀리는 6개월을 더 머물며 페니실리움을 배양하는 것을 도왔다. 그동안 플로리는 미국 정부와 제약회사의 관심을 얻기 위해 동부를 돌아다녔다. 감사하게도 이 둘의 미국 여정은 꽤 성공적이었다.

페니실린 한 숟가락의 기적

비록 알렉산더의 시련은 희망으로 시작해 재앙으로 끝났지만 일
반 사람들에게 페니실린을 활용할 수 있는 기회는 계속해서 늘
었다. 1942년 3월 앤 밀러는 유산을 하고 혈액이 연쇄상구균에
감염돼 코네티컷의 뉴헤븐 병원에서 한 달 동안 의식이 혼미한
채로 입원했다. 입원 기간 동안 밀러는 41도나 되는 고열에 계속
시달렸다. 밀러의 주치의는 페니실린이라는 약을 시험 중이라는
소식을 듣고 뉴저지에 있는 제약회사 머크Merck & Co. 실험실에서
페니실린을 소량 얻어 밀러에게 투여했다. 하룻밤 사이, 밀러의
열이 떨어지고 의식을 되찾았다. 밀러는 페니실린으로 목숨을
구한 첫 번째 환자로 역사에 남았다. 게다가 1999년, 90세의 나
이로 생을 마감할 때까지 건강하게 살았다. 이 모든 일은 놀랍게
도 한 숟가락의 페니실린 덕분이었다. 이 한 숟가락의 페니실린
은 그 당시 미국 공급량의 절반에 해당하는 양이었다.

이 시기에 연구진은 페니실린을 공급하는 문제를 고민하고 있
었는데, 페니실린 복용하고 얼마 지나지 않아 어마어마한 양의
페니실린이 오줌으로 빠르게 몸 밖으로 배출된다는 것을 알게
됐다. 한 논문에서는 4시간 만에 투여량의 40~90퍼센트가 몸 밖
으로 배출된다고 강조했는데, 이렇게 배출된 환자의 오줌은 페
니실린 농도가 높기에 오줌을 결정화한 후 쉽게 다른 환자에게
재사용할 수 있었다. 지금 보면 지저분하게 느껴질 수도 있지만,
당시 페니실린 한 숟가락이 미국 생산량의 절반 정도되는 양이

라는 점을 생각하면 이는 꽤 요긴한 방법이었다. 밀러가 약물을 관리했을 당시 오줌에서 페니실린을 회수하는 방법은 잘 알려진 사실이었던 것 같다. 작은 페니실린 유리병 몇 병을 들고 다니면서 수십 리터의 오줌을 머크 실험실로 보냈다는 옥스퍼드대학교 히틀리 박사의 증언으로 미루어보면 말이다.

페니실린을 처음으로 광범위하게 사용한 것은 1942년 11월 28일, 보스턴의 코코아넛 그로브 나이트클럽에서 발생한 화재로 인한 참사가 발생한 다음해였다. 웨이터는 손전등이 부족해 전등을 교체하는 동안 성냥에 불을 붙였는데 몇 분 만에 건물은 화염에 휩싸였고 492명의 사상자가 발생했다. 머크와 함께 의학자들은 생존자를 돕기 위해 메사추세츠 종합병원을 지키고 있던 경찰을 통해 페니실리움 곰팡이 배지 액체를 32리터 보냈다. 화상환자에게 치명적일 수 있는 포도상구균 감염을 막을 수 있을 거라는 희망을 담아 말이다. 이 치료는 갓난아이의 임균성결막염을 치료하기 위해 여러 번 정제한 곰팡이 배양액을 사용한 1930년 페인의 연구를 재현한 것이었다.

1943년 제2차 세계대전이 한창이던 시기에 추축국〔제2차 세계대전 당시 독일·이탈리아·일본을 중심으로한 침략 전쟁을 일으킨 진영〕의 이득을 최소화하기 위한 방법을 눈에 불을 켜고 찾던 당시, 미국과 영국 정부는 페니실린에 관련한 그 어떤 연구도 출판하지 못하게 했다. 동시에 매달 미국과 영국 연구팀이 전쟁터에서 페니실린을 활용할 수 있는 방법(학문적 그리고 상업적)에 대한 정보를 교류할 수 있는 여러 통로를 만들었다. 상업적인 범주에 들어가는 회사는 수도 없이 나열할 수 있는데 여기엔 후에 제약업계의 큰손으로 성장한 머크, 브리스톨 마이어스 스큅, 화이자, 일라이 릴리가 있다.

미국과 영국 과학자들의 수많은 노력에도 페니실린를 제조하고 정제하는 속도는 극도로 느렸으며 실망스러운 결과만 얻을 수 있었다. 그러던 중 미국 일리노이주 피오리아 농산물 직거래 시장에서의 '우연한 발견'으로 상황은 완전히 달라졌다. 피오리아에는 미국 농무부의 북부지역연구소가 있어 이미 페니실린 연구의 중심지로 유명했다. 북부지역연구소에는 페니실린을 상업적으로 사용하기 위해 제조량과 정제량을 크게 늘리려는 연구팀이 있었다. 피오리아 사람들도 이를 알고 있었기에 늘상 있는 일처럼 연구팀에게 곰팡이 핀 과일 시료를 건넸다. 1943년 어느 운명적인 날, 실험조교인 메리 헌트는 피오리아 과일가게 가판대의 캔털루프 멜론에서 '아름다운 금빛 곰팡이'를 목격했다. 이 금빛 곰팡이가 페니실린을 훨씬 많이 만들어내는 새로운 페니실리움 종이라는 사실이 밝혀졌다. 심지어 과학자들이 이 곰팡이 균주에 추가적인 변이를 일으키기 위해 어마어마한 양의 X선을 퍼붓자 페니실린의 양은 1000배로 늘었다.

페니실린이 작동하는 법

페니실린을 정제하고 제조하는 방법을 둘러싼 비밀이 거의 해결된 이 시점에서 페니실린이 어떻게 박테리아를 죽이는지를 더 자세한 설명이 필요할 것 같다. 페니실린은 상대적으로 저분자 화합물이다. 정제 과정을 거치면 페니실린은 334달톤*이 된다. 이는 현대 신약 개발 과정을 통해 발견하기에도 적합한 분자량이다. 페니실린의 핵심적인 부분은 네 원자로 이루어진 β-락탐 고리다. 이런 독특한 화학적 구조 덕에 페니실린은 DD-트란스펩티데이스라 알려진 박테리아의 효소와 결합해 이 효소가 제 기능을 하지 못하도록 만든다. DD-트란스펩티데이스는 당과 아미노산 사이의 펩티도글리칸 결합을 만드는데 이 과정을 통해 박테리아는 분열할 수 있을 만큼 세포벽이 튼튼해진다. DD-트란스펩티데이스는 오늘날 페니실린결합단백질이라고 알려진 일련의 효소 중 하나다. 박테리아가 분열할 때가 되면 세포벽은 살짝 벌어지는데 DD-트란스펩티데이스 같은 효소는 더 많은 펩티도글리칸을 생산해 이 간극을 채울 수 있도록 도와준다. 이런 효소의 도움이 없다면 세포벽은 세포 밖의 삼투압을 견디지 못하고 세포 안으로 물이 밀려들어올 것이다. 그리고 결국 박테리아는 터져 죽을 것이다.

페니실린은 그람양성균〔세균 염색법의 하나인 그램염색법으로 염색이

---

*   dalton. 원자나 분자 규모의 질량을 정량하는 표준 단위. 예를 들어 알코올의 분자식은 C2H5OH으로 1몰의 분자량은 46g/mol이고 이를 46달톤이라고 부른다. 물은 H2O이고 분자량은 18g/mol이므로 18달톤이다. 분자량이 있는데도 달톤을 쓰는 이유는 달톤이 물질질량으로서의 크기를 정의하는 용도이기 때문이다. 예를 들어 바이러스, 박테리아, 미토콘드리아 같이 분자량의 개념을 적용하기 어려운 것의 질량을 나타내기에 좋다.

가능한 세균)에 영향을 미치지만 그람음성균에는 그렇지 않다. 그람음성균은 펩티도글리칸으로 이루어진 세포벽을 보호할 수 있는 지질다당류 층이 추가적으로 있기 때문이다. 지질다당류층은 당에 결합된 지질(지방과 기름을 생각하면 된다)로 구성돼 있다. 그리고 페니실린이 영향을 미치는 효소는 튼튼한 지질다당류층에 별 영향을 미치지 못했다. 체인과 에이브러햄은 1940년에 약물을 분리한 직후 박테리아가 페니실린을 파괴하는 효소를 만들기도 한다는 사실을 발견했다. 이 페니실린 저항성은 박테리아가 β-락타마제를 만들어낼 때 높아진다. β-락타마제는 페니실린의 기능적으로 중요한 β-락탐 고리를 파괴해 박테리아의 세포벽이 자라지 못하게 하는 역할을 방해한다. 여러분의 체내에 있는 박테리아가 β-락타마제를 만들어낸다면 페니실린은 치료제로 사용할 수 없을 것이다.

노르망디 상륙작전과 페니실린 대량 생산

수년 동안 페니실린 한 스푼 정도의 양으로 고군분투하고 오줌을 재활용하는 방법까지 동원했던 미국과 영국은 곰팡이가 잔뜩 핀 캔털루프 멜론을 우연히 발견한 덕에 이제 어마어마한 양의 페니실린을 생산할 수 있게 됐다. 미국 전시물자관리위원회는 1944년 6월, 노르망디 상륙작전을 수행하기 전 230만 명분의 페니실린을 준비해야 한다는 목표를 세웠다. 미국에서 21개의 공장이 페니실린을 정제하고 제조하느라 밤낮없이 돌아갔다. 플로리는 1949년 미국의 페니실린 제조 능력이 얼마나 뛰어난지를 언급하며 이렇게 말했다.

"미국 제조회사들이 어마어마한 규모의 제약 생산을 위해 활용한 대규모 사업과 에너지에는 그 어떤 찬사로도 고마움을 다 표현할 수 없다. 이들의 노력이 없었다면 1944년 노르망디 상륙 작전 당일, 영국과 미국의 어마어마한 사상자를 다 치료할 수 있을 만큼의 페니실린을 얻을 수 없었을 것이다."

1945년 1월, 미국은 400만 명분의 페니실린을 얻을 수 있었다. 이 당시 분리해낸 페니실린은 페니실린-G였다. 시간이 지나며 더 많은 종류의 페니실린을 발견 및 제조하게 됐고 페니실린-G는 오늘날 벤질페니실린이라는 이름으로 더 잘 알려져 있다. 1945년 3월 15일 투여하는 방식의 페니실린을 일반 대중도 사용할 수 있게 되면서 미국 전역의 약국에서 판매가 시작됐다. 영국에서는 조금 더 시간이 지난 1946년 6월 1일, 페니실린 판매가 시작됐다. 체인에게는 원통할만한 일이었지만 그 누구도 페니실린의 특허를 얻지 못했다. 플로리(그리고 어쩌면 플레밍도 같은 마음이었을지도 모른다)는 제2차 세계대전 뿐만 아니라 그 어느 순간이라도 사람의 목숨을 구할 수 있는 약물을 혼자 독점하는 건 비윤리적인 행동이라 생각했다. 페니실린이 곰팡이의 자연적인 산물로 존재하기에 페니실린으로 특허를 얻을 수 있는지에 대한 논쟁도 일었다. 결국 페니실린을 제조하는 과정은 특허 보호를 받았지만 페니실린이라는 분자 자체는 그러지 못했다.

제2차 세계대전이 끝난 후에도 페니실린 연구는 계속됐다. 페니실린 구조에 대한 에이브러햄의 예리한 추측을 명백하게 밝혀낸 건 영국의 화학자 도로시 호지킨Dorothy Mary Crowfoot Hodgkin이었다. 호지킨은 실험실 밖의 거리에서 사람들이 유럽의 전승을 기념하고 있던 바로 그 순간 페니실린의 결정 구조를 분석해냈다. 경구 페니실린인 페니실린-V는 1950년대 초가 돼서야 사용할 수 있게 됐는데 이때는 페니실린 합성법을 둘러싼 특허권에 관한 설왕설래가 오간 뒤였다. 독일어로 '비밀'을 뜻하는 단어(하지만 안타깝게도 적어도 이야기적인 측면에서는 그리 좋은 선택은 아니었다. 제2차 세계대전 당시 연합군의 캐치프레이즈가 "승리Victory를 위한 V"였기 때문이다)의 앞 글자를 따서 이름을 붙인 페니실린-V는 페녹시메틸페니실린이라는 화학명으로도 잘 알려져 있다. 메사추세츠 공과대학교의 화학자인 존 시언John Clark Sheehan은 처음으로 유기합성으로만 페니실린을 생산해냈다. 1957년, 처음으로 세상에 등장한 페니실린-V는 어마어마한 양의 배양배지와 곰팡이 없이도 생산할 수 있었다. 1961년이 되어서 페니실린은 더 성능이 좋은 항생제인 암피실린으로 대체됐고, 후에 이는 또 다른 약물로 대체됐다.

공로를 나누다

비록 많은 사람들의 증언에 따르면 극도로 조용하고 부끄러움

이 많은 사람이었지만, 플레밍은 페니실린을 발견한 일에 대해 과분한 찬사를 받은 것일지도 모른다. 페니실린을 제조하는 방법을 널리 알린 체인, 플로리, 종종 간과하기 쉬운 히틀리와 에이브러햄의 엄청난 노력에도 말이다. 이런 찬사 중에는 1944년 《타임》의 커버스토리도 있었다. 이 당시 커버스토리는 근엄한 표정의 플레밍의 삽화와 이런 글이 실렸다.

"페니실린은 전쟁으로 희생된 숫자보다 훨씬 더 많은 생명을 살릴 것이다."

1945년, 노벨상 심사위원회는 페니실린 발견의 공로를 플레밍, 플로리, 체인에게 돌리며 노벨 생리의학상을 수여했다. 심사위원회는 플로리와 체인이 아니었다면 사람들은 페니실린을 절대 사용할 수 없었을 거라며 이들의 업적을 치하했다. 안타깝게도 노벨상은 최대 세 명에게만 공동으로 상을 수여한다는 원칙 때문에 에이브러햄과 히틀리는 공식적으로 상을 받는 자리에는 오르지 못했다. 그렇다고 이들의 공로가 잊힌 건 아니다. 80세가 되던 해에 히틀리는 옥스퍼드대학교 1000년 역사상 처음으로 명예의학박사 학위를 받았다. 큰 관심을 받지 못한 히틀리의 업적이 결국 대우를 받은 것이다. 플로리의 후임자로 옥스퍼드대학교 교수가 된 헨리 해리스 경은 플로리와 연구팀의 업적에 경의를 표하는 강의에서 이렇게 말했다.

"플레밍이 없었다면 플로리나 체인이 없었을 것이고, 체인이 없었다면 플로리가 없었을 것이며 플로리가 없었다면 히틀리가, 히틀리가 없었다면 페니실린이 없었을 것이다."

히틀리는 이런 말을 재차 언급하며 평생을 겸손하게 지냈다.

"나는 그저 적당한 시기에 적당한 장소에 있었던 덕을 본 삼류 과학자일 뿐이다."

플레밍은 페니실린을 필요한 양보다 적게 사용하는 것을 경계하며 노벨상 연설을 끝마쳤다. 페니실린을 남용해도 대부분의 사람에게서는 부작용이 발생하지 않았기에 남용하는 건 별 문제가 되지 않았다. 그러나 항생제를 정량보다 적게 사용하거나 너무 짧은 기간만 사용하면 심각한 결과가 벌어질 수 있다. 박테리아가 저항성을 기를 수 있는 기회를 주기 때문이다. 플레밍이 예로 든 '아무개 씨'의 경우를 들여다보자. 아무개 씨는 페니실린을 자가처방했고 증상은 곧 사라졌다. 하지만 아무개 씨는 체내

• 　　스페인 마드리드, 라스 벤타스 투우장에 있는 플레밍의 흉상.

의 박테리아를 완전히 죽일 수 있을 만큼의 페니실린을 복용하지 않았다. 대신 박테리아가 약물의 저항성을 갖도록 내버려두었다. 아무개 씨는 얼마 지나지 않아 폐렴에 걸렸고 페니실린 저항성을 지닌 박테리아로 목숨을 잃었다. 이 가상의 예시는 항생제 자가 처방의 근원적인 문제를 보여준다. 플레밍이 말했듯이 '만약 페니실린을 사용한다면 충분한 양을 사용해야 한다.'

　페니실린을 발견한 사람들이 받은 모든 상 중 개인적으로 내가 가장 좋아하는 건 흥미로우면서도 현실적인 다음의 경우다. 마드리드에 있는 라스 벤타스 투우장의 투우사들은 플레밍의 흉상과 투우사가 모자를 벗어 경의를 표하는 석상을 주문했다. 이 기념비적인 과학자의 흉상 아래에는 이런 글귀가 있다.

　"플레밍 박사에게, 투우사들의 감사를 담아."

많은 투우사들이 투우장 안에서 소의 뿔에 들이받히거나 소의 발에 짓밟힌 후에도 살아남을 수 있었던 데에는 페니실린의 역할이 컸다고 믿었기 때문이다.

이제 여러분도 알겠지만 페니실린이 약국과 병원의 찬장에 들어오기까지의 여정은 우연히 탄생한 약물이 갖은 고초를 겪은 이야기로 가득하다. 이는 단지 플레밍이 휴가를 떠난 동안 페니실리움 포자가 우연히 복도로 날아와 계단을 올라 플레밍의 실험실 안으로 들어와 박테리아가 배양된 접시에 내려앉는 것만을 말하는 게 아니다. 그 외에도 이야기는 다른 방향으로 흘렀을 수도 있다. 만약 플레밍의 삼촌이 해운사무소에서 뼈 빠지게 일했던 어린 플레밍에게 자신의 유산을 물려주지 않았다면? 만약 사격팀 팀장이 플레밍에게 라이트 경을 소개해주지 않아 연구 커리어를 쌓지 않았다면? 만약 플레밍이 운명적인 휴가를 떠나는 대신 배양접시를 깨끗이 정리하고 다른 실험에 사용했다면? 체인이 나치당이 점령한 베를린에서 탈출하지 못했다면? 헌트가 일리노이주 피오리아에서 곰팡이가 잔뜩 핀 캔털루프 멜론을 우연히 발견하지 못했다면? 페니실린을 뒤쫓는 과정에는 중요한 부분이 너무도 많기에 페니실린이 성공적인 의약품이 됐다는 사실은 믿기 어려울 정도다. 이 과학 이야기 속에서 페니실린에 대한 공로는 행운에게도 주어진다. 하지만 페니실린을 실제로 만들기 위해 고군분투하며 부지런히, 또 끈기를 갖고 연구했던 플레밍, 플로리, 체인, 에이브러햄, 히틀리, 그 밖의 셀 수 없이 많은 사람들이 없었다면 행운은 찾아오지 않았을 것이다.

왜 항생제를 구매할 때
처방전이 필요할까?

여러분은 손에 현금을 들고 약국을 찾아가도 일반적인 경구 항생제를 구매할 수 없다. 어딘가에 베여 국소 부위에 바르는 항생제 크림은 가능하다. 하지만 예를 들어 패혈성 인두염 치료제는 그렇게 구매할 수 없다. 항생제는 그 어떤 중독성도 보이지 않고 오남용하기도 어렵다. 그런데 왜 처방전이 반드시 필요할까?

그 답은 여러분의 체내에 살고 있는 미생물 그리고 주변의 동물들 몸에 살고 있는 박테리아와 항생제 저항성에 대한 우려에서 찾을 수 있다. 만약 항생제를 정확하게 복용하지 않을 경우(너무 짧은 기간 동안 복용하든 너무 적은 용량을 복용하든) 여러분의 감염 증상은 완화될 수 있지만 감염을 일으키는 박테리아를 모두 제거할 순 없다. 남은 박테리아는 그다음 세대로 번식하면서 여러분이 사용한 항생제의 저항성을 얻게 될 수 있다. 그리고 다음번에 여러분이 감염되거나 염증이 생겼을 때 같은 항생제를 복용한다면 박테리아는 끄떡도 없을 것이다. 이는 여러 항생제를 처방전 없이 구매할 수 있을 때만 생기는 문제다.

효과가 있는 약을 찾기 위해 여러 항생제를 사용해보는 '항생제 쇼핑'을 일으킬 수도 있다. 항생제 쇼핑은 모든 사람들에게 저항성 문제를 더 많이 일으킬 수 있으며 입원 치료가 필요한 심각한 문제가 벌어졌을 때 다른 종류의 항생제를 사용해서 얻을 수 있는 이점을 사라지게 할 수 있다. 항생제를 처방전이라는 허들 뒤에 배치하면 환자들의 접근성은 떨어질 수 있지만, 사람들이 자가 처방을 내려 박테리아 저항성이라는 늪에 빠질 가능성을 막기도 한다.

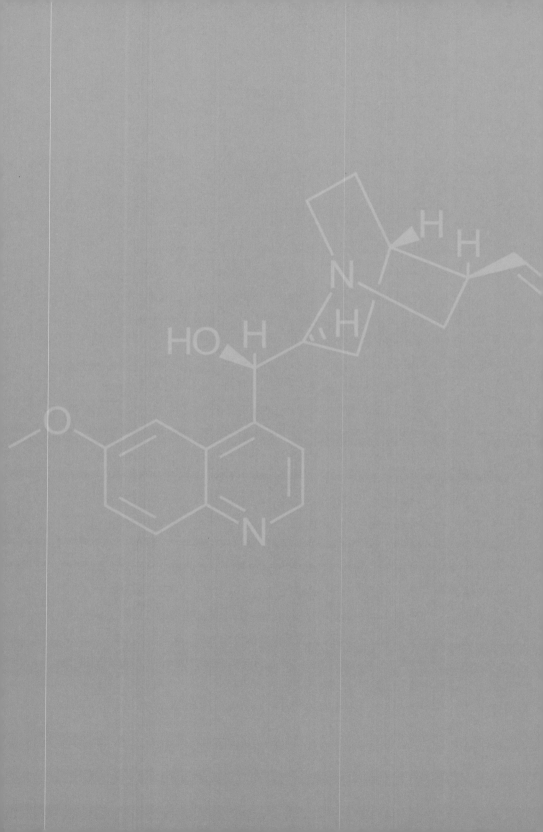

퀴닌

말라리아를 정복한 기적의 신약

Quinine

남아메리카 대륙의 태평양
연안을 따라 남북으로 뻗어 있는
세상에서 가장 긴 안데스산맥의
고산 지대에서 주로 자라는 키나
나무껍질에서 추출된 천연물.
1500년대 이후로 말라리아
치료제로 사용되었다.

Cinchona Calisaya Wedd.

• 키나 나무의 한 종인 'cinchona calisaya(키나 칼리사야)' 를 그린 19세기 삽화.

퀴닌 이야기는 말라리아 이야기이기도 하다. 지난 두 세기 동안 퀴닌과 말라리아는 서로 아주 밀접한 관계를 맺어왔으니 말이다. 하지만 항상 그랬던 건 아니다. 퀴닌을 발견하고 정제하는 과정이 모든 대륙에 전달될 때까지 거의 수백 년이 걸렸기 때문이다. 이제 퀴닌을 발견한 과정을 들여다보자. 이 놀라운 약물의 이야기에서 진실과 거짓을 잘 판단하고 19세기와 20세기 동안 이 약물을 습득하고 조절하기 위한 여러 국가들의 간절한 노력도 자세히 살펴보자.

기념비적인 기원

전설에 따르면 고열에 시달리던 여행자가 길을 잃고 페루 아마존 열대우림의 안데스 정글에 갇혀 있다가 우연히 연못을 발견했다고 한다. 목이 몹시 말랐던 여행자는 연못 물을 잔뜩 마셨다. 연못 물에서 쓴맛이 났기에 독에 감염된 게 아닐까 덜컥 겁이 났다. 사람들은 그래서 연못 주변을 둘러싼 "키나키나"라고 불리던 나무가 그 범인이라고 생각했다. 하지만 오히려 그 반대의 상황이 펼쳐졌다. 이 나무로 인해 얼마 안 가 열이 내렸기 때문이다. 고향으로 돌아온 여행자는 쓴맛의 연못 물과 키나키나 나무 이야기를 사람들에게 들려줬다. 이야기를 들은 마을사람들은 키나 나무껍질을 해열제로 사용하기 시작했다. 이 전설이 진실이든 그렇지 않든 페루의 퀘차 사람들이 나무껍질을 해열제로 사용한다는 사실은 잘 알려져 있다. 그리고 시간이 흐르면서 키나키나 나무는 다른 이름으로 알려졌다.

키나Cinchona속에는 무수히 많은 관목과 나무가 속해있다. 하지만 앞으로 보게 되겠지만 몇몇 종에는 다른 종보다 퀴닌의 양이 더 많이 들어 있다. 이 상록수는 수수께끼 같은 나무다. 흰색 혹은 분홍색 꽃이 무더기로 피어나며 10~30미터까지 자라는데 나무껍질에서만 퀴닌을 다량으로 발견할 수 있다. 18세기 스웨덴 식물학자인 칼 린네Carl von Linné는 이 식물에 키나 나무Cinchona라는 이름을 붙였는데 이는 1630년대 페루 총독의 아내인 친촌Chinchon이라는 스페인 여자 백작을 기리기 위해서였다. 1663년, 이탈리아 물리학자인 세바스티안 바도가 기록한 보고서에 따르면 린네는 친촌 백작이 말라리아에 걸렸지만 나무껍질을 통해 나았다는 사실을 발견했다고 한다. 백작은 나무껍질의 효능에 매우 감탄하며 근방에 비슷한 병을 앓는 사람들에게 나무껍질을 나눠주라고 지시했다. 이 이야기는 역사라기보다 흥미로운 이야기 같이 들린다. 국왕의 비서가 꼼꼼히 기록한 일기에 백작의 병세를 치유하기 위해 수도 없이 피를 뽑았던 치료는 기록돼 있지만 말라리아를 치유하기 위해 나무껍질을 사용했다는 이야기는 등장하지 않는다는 점에서 말이다. 다른 기록에 따르면 이야기에 자주 등장하는 아나 드 오소리오는 남편이 국왕으로 임명되기 3년 전에 세상을 떠났다고 한다. 키나 나무라는 이름이 붙게 된 이유는 불분명하지만 린네의 학명은 이 놀라운 나무에 퀴닌이 얼마나 풍부한지를 잘 보여준다.

키나 나무껍질 사용을 독려한 사람은 친촌 백작이 아닐 확률이 높지만 예수회 선교사들이 이 나무껍질을 유럽으로 들여와 약으로 사용할 수 있도록 하는 데 큰 역할을 했다는 사실은 분명하다. 예수회 성직자들이 자신들이 개종시키려 했던 토착민들(이 중에는 퀘차 사람들도 있었다)에게서 나무에 대한 정보와 나무껍질이 얼마나 유용한지 알았을 것이라는 사실은 의심의 여지가 없다. 예수회 선교사 중 하나인 아우구스티노 살루브리노는 1600년대 페루 리마에 있는 가난한 사람들을 위해 약국을 운영했다. 그리고 1631년 알론소 메시아 베네가스 신부의 짐에 나무껍질을 담아 로마로 보냈다. 예수회 신자(그리고 후에 가톨릭교회의 추기경이 되는)인 후안 드 루고는 17세기 스페인에서 그 당시 '예수회의 나무껍질'이라 알려진 키나 나무의 수피를 해열제로 사용할 수 있다고 주장했다.

1649년 발행된 《스케듈라 로마나Schedula Romana》에는 예수회의 나무껍질을 활용해 말라리아 치료제를 만드는 방법이 기록돼 있었는데 후안 드 루고 추기경이 작성했을 것이라 추정된다. 이 방법은 2드라크마(로마에서 사용하던 드라크마 화폐를 기반으로 한 무게 단위로, 1드라크마는 대략 3.5그램 정도다)어치의 나무껍질을 곱게 갈아 매우 뜨거운 도수 높은 와인과 혼합하는 것이었다. 와인의 도수는 나무껍질의 쓴맛을 중화하기 위해서 사용하는 것 같았다. 환자는 적어도 하루에 한 번 이 와인을 마셨다. 영국에서 말라리아 감염으로 나타나는 증상은 학질이라는 이름으로 알려졌다. 1672년 로버트 탈보는《피레톨로지아: 학질의 원인과 치유에 대한 합리적인 설명Pyretologia: A Rational Account of the Cause and Cures of Agues》을 통해 학질 치료제를 만들기 위해서는 "네 가지 야채를 섞어야 하는데 외래종 두 종과, 토착종 두 종"을 섞어야 하며 뻔뻔하게도 예수회의 나무껍질 사용을 경계해야 한다고 언급했다. 탈보는 예수회의 나무껍질 덕분에 다른 누구보다 명예와 보상을 얻을 수 있었다. 얼마 지나지 않아 탈보는 찰스 2세에게 충성을 맹세한 물리학자가 됐고 1678년 학질에 걸린 찰스 2세를 완치시킨 후 기사작위를 받았다.

그 후 프랑스 귀족 세계에 등장해 루이 14세와 아들이 학질에 걸렸을 때 치료를 담당하기도 했다. 이런 노력 덕에 탈보는 루이 14세로부터 금관 2000개와 평생에 걸쳐 연금을 받았다. 게다가 탈보는 자신이 세상을 떠난 후 치료제의 비밀을 루이 14세에게 넘기겠다는 조약도 체결했다. 탈보가 세상을 떠난 해인 1681년 루이 14세는 탈보 치료제의 비밀이 7그램의 장미잎, 2온스(약 56그램) 정도의 레몬주스, 그리고 와인과 혼합한 예수회의 나무껍질이라는 사실을 발견했다. 1677년《런던 약전》의 세 번째 판본은 예수회의 나무껍질을 코텍스 페루아누스(Cortex peruanus, '키나피'를 뜻한다)라는 이름으로 언급했다. 이는 그 당시 영국에서 키나 나무껍질에 대한 최소한의 지식이 있었거나 광범위하게 사용했다는 사실을 증명한다. 전 세계 예수회 나무껍질 매장량은 대부분 스페인에 있었기에 영국의 해적 배질 링로즈처럼 나무껍질을 노리는 사람이 생겨났다. 링로즈는 어마어마한 양의 나무껍질을 훔쳤고 1686년 스페인이 그들 무리를 찾아내 말살했다.

말라리아의 긴 역사와 노예무역

'말라리아malaria'라는 단어는 '나쁜mal'과 '공기air'가 합쳐져 '좋지 않은 공기'를 뜻하는데 과거에는 말라리아가 공기를 통해 번진다고 생각했기 때문이다. 우리는 이제 암컷 아노펠레스Anopheles 모기가 말라리아를 전파시킨다는 사실을 알고 있다. 그런데 왜 암컷 모기만 말라리아를 옮길까? 그건 암컷 모기만이 알을 낳기 위해 사람의 피를 빨기 때문이다. 말라리아는 꽤 오랜 역사를 지녔지만 말라리아가 번지는 경로는 꽤 최근에 밝혀졌다. 1898년 영국의 열대병학자 로널드 로스Ronald Ross가 모기가 질병을 옮기는 매개체라는 사실을 밝힐 때까지 이는 베일에 싸여 있었다.(발견이 이루어진 지 얼마 되지 않아 노벨상을 받은 것으로 보아 역사상 이 시기에 로스의 발견이 얼마나 중요했는지를 짐작할 수 있다.)

아노펠레스 모기는 보통 원하는 대상의 피로 배를 채우는 동안 평범한 열대말라리아원충Plasmodium falciparum인 말라리아원충 Plasmodium을 침과 혼합해 말라리아를 옮긴다. 열흘에서 4주 안에 체내의 적혈구가 공격받기 시작하고 그동안 감기처럼 열과 오한, 땀이 나는 말라리아 증상이 나타난다. 말라리아 증상 중 하나로 종종 열이 났다 떨어지는 것을 반복하는 것을 꼽을 수 있다. 사흘마다 열이 나는 것을 '삼일열', 나흘에서 닷새마다 열이 나는 것을 '사일열'이라 부른다. 반복해서 열이 나는 원인은 말라리아원충 감염 때문이다. 특히 열대말라리아원충에 감염되면 삼일열 증상이 나타난다. 말라리아는 일반적으로 떠올릴 수 있는 감기나 다른 바이러스처럼 전염되지 않는다. 말라리아가 전염되기 위해서는 적혈구를 교환해야 하기 때문이다. 그럼에도 2018년 한 해에만 말라리아 감염자는 2억 2800만 명, 말라리아로 사망한 사람은 40만 5000명이나 됐다. 감염자와 사망자는 대부분 아프리카에서 찾아볼 수 있으며 나이지리아에서만 전 세계 사례의 4분의 1이 발생한다. 20세기에는 1억 5000만에서 3억 명의 사람들이 말라리아로 목숨을 잃었는데 이는 20세기에 사망한 사람의 2~5퍼센트에 해당하는 숫자다.

말라리아를 상대로 벌어진 전쟁은 수천 년 동안 진행됐다. 삼일열과 사일열에 관한 기록은 기원전 4세기와 5세기의 그리스, 어쩌면 고대 인도와 중국까지도 거슬러 올라간다. DNA에 남은 증거는 말라리아원충이 기원전 450년경 로마에도 존재했다는 사실을 보여준다. 로마 북쪽에 있었던 루냐노라는 마을에서 고고학자들은 3세 이하의 아이들 무덤 47개를 발굴했다. 묘지에 묻힌 3세 여아의 다리뼈에서 과학자들은 말라리아원충의 DNA를 발견했다. 희생양이 된 강아지들(강아지 시체는 갈가리 찢겨 아이들 시신 사이에 있었던 것으로 보아 재물로 사용된 것으로 보인다)과 함께 비슷한 나이대의 수많은 아이들은 매우 끔찍한 무언가가 아이들의 목숨을 앗아갔다는 사실을 보여주는 듯한 공동묘지에서 발견됐다. 과학자들은 DNA에 남은 증거를 기반으로 말라리아가 발발하면서 수많은 어린아이들이 죽었을 것이라 추측했다. 말라리아의 발발은 결국 로마제국을 멸망하게 만든 여러 위기 중 하나였을 가능성이 있다. 말라리아는 동반구의 많은 지역에서 이 이후로도 1000년 넘게 계속해서 문제를 일으켰다. 1492년 크리스토퍼 콜럼버스가 여정을 떠나기 전까지, 그 유명한 신대륙이나 남아메리카에는 말라리아가 없었을 것이라 추측한다. 콜럼버스는 정복이라는 꿈과 함께 끔찍한 질병을 가져왔다.

　신대륙에서 성행한 노예무역에서 말라리아는 확실히 큰 역할을 했다. 아프리카 노예가 유럽 식민지 개척자나 아메리카 선주민들보다 질병에 있어서는 훨씬 강하다고 생각했기 때문이다. 르포작가 찰스 만은 이 생각을 자신의 책《1493》에서 더 자세히 풀어냈다. "말라리아는 노예제를 만들었다기보다 노예제가 탄생할 수 있는 경제적 상황을 만들었다." 찰스 만은 노예주들이 말라리아와 노예무역 사이의 관계를 알지는 못했다고 적었다. 단지, 계약으로 묶인 하인 대신 그 자리에 노예를 채워 넣으며 경제적으로 성공한 사람들을 목격한 더 많은 사람들이 이 뒤를 따르며 노예무역이 빠르게 번져갔다고 언급했다. 하지만 노예제가 말라리아와 독립적으로 존재할 수도 있다고 언급했고, 그 예로 메사추세츠주를 들었다. 메사추세츠주에는 노예 인구가 많았지만 말라리아에 감염된 사람은 찾아보기 어려웠다.

키나 나무의 비밀

해열제로 활용할 수 있다는 키나 나무껍질 뒤에 숨은 비밀은 1920년에 밝혀졌다. 당시 프랑스 독성학 교수였던 피에르 펠레티에(Pierre Joseph Pelletier)는 약학부 학생이었던 조제프 카방투(Joseph Bienaime Caventou)와 함께 나무껍질에서 퀴닌(노란색 끈적이는 물질로, 산이나 알코올을 용매로 사용하면 녹여낼 수 있다)을 분리해냈다. 퀴닌은 알칼로이드다. 알칼로이드는 질소 원자를 적어도 하나 갖고 있는 천연 화합물에 붙는 이름으로 유기화학 수업 첫째 주에 배우는 내용이다. 알칼로이드는 에탄올에 녹는다. 이는 초기에 말라리아 치료제를 만들 때 나무껍질 가루와 와인을 섞은 이유를 이해할 수 있다. 카페인도 알칼로이드 화합물인데, 1821년 펠레티에와 카방투가 처음으로 많은 사람들의 아침 식사의 생산성을 책임지는 이 분자를 분리해냈다. 퀴닌을 성공적으로 분리하면서 환자에게 투여할 용량의 기준을 정해 관리할 수 있게 됐다. 그 결과, 뜨거운 와인에 엄청난 양의 마른 나무껍질을 타 먹던 시대는 지났다.

324달톤의 퀴닌은 저분자 의약품에 해당될 정도의 크기다. 흥미롭게도 퀴닌은 역사적으로 전염병을 물리치는 데 성공한 첫 화합물이라 꼽힘에도 정확히 어떤 메커니즘으로 퀴닌이 말라리아를 물리치는지는 아직 밝혀지지 않았다. 아마도 열대말라리아원충이 적혈구 안의 헤모글로빈을 갉아먹고 난 후 체내에 남은 철과 결합된 헴(heme, 헤모글로빈의 색소 부분)을 배출하지 못하게 만

· 키나나무껍질

들면서 퀴닌이 열대말라리아원충을 죽인다고 추측할 뿐이다. 철분의 농도가 늘어날수록 열대말라리아원충에게 해롭기에 퀴닌이 있으면, 기생충의 식포[원생동물에서 먹이를 섭취하는 일시적인 세포 소기관] 안에서 철분의 농도가 치명적인 수준까지 높아진다. 비록 퀴닌은 미국의 광범위한 제약 규제가 생겨나기 훨씬 전부터 사용됐지만 여기서 이 부분을 다시 짚을 필요가 있다. 미국식품 의약국FDA은 약물의 안전성(합당한 범위 안에서)과 효과를 입증하길 원한다. FDA는 의약품이 효과를 보이기만 한다면 승인하기 전에 제약회사에게 의약품이 체내에서 정확히 어떤 메커니즘이나 반응을 거쳐 효과를 보이는지는 묻지 않는다.

퀴닌을 성공적으로 분리해내고 두 세기에 걸쳐 일어난 퀴닌의 성공은 미국에서 처음으로 성공적인 의약품의 사례가 무엇인지를 똑똑히 보여주었다. 미주리주에서 물리학자이자 기업가로 활동한 존 새핑턴John S. Sappington은 '새핑턴 박사의 해열제'라는 이름으로 퀴닌을 판매하기 위해 키나 나무껍질을 수출했다. 새핑턴은 1832년 처음 약물을 생산하기 시작했고 미주리주의 냅턴과 애로우락에 개업한 두 가게에서 성홍열과 황열뿐만 아니라 말라리아 치료제로 이 약을 광고했다. 1835년 미국 전역에 약물을 판매하기 위해 '새핑턴과 아들'이라는 이름의 회사를 창립했다. 이 약물은 아칸소, 미시시피, 텍사스, 루이지애나 주에서 특히 성공을 거두었다.

펠레티에와 카방투가 키나 나무껍질에서 퀴닌을 추출해낸 지 수십 년이 흐르고, 키나 나무껍질에서 추출한 물질 중 퀴닌을 제외한 세 가지 알칼로이드 물질(퀴니딘, 신코닌, 신코니딘)은 역사상 첫 임상시험 약물이 됐다. 3600명의 환자들이 1866년부터 3년 동안 약물을 복용했고 네 약물은 해열이라는 측면에서 98퍼센트 이상의 완치율을 보였다.

이 시기에 말라리아에 감염되는 장병의 비율이 늘었기에 퀴닌을 얻는 일은 전투를 이기고 지는 문제와 직결돼 있었다. 퀴닌은 미국 남북전쟁 동안 북부 연방 군인들에게 매일 배급됐지만 남부 연방 군인들의 대우는 훨씬 좋지 못했다. 이들은 동물의 내장이나 인형 머릿속에 퀴닌을 숨겨 오기도 했다. 1860년대 중국에 파병을 나간 영국과 인도 군인들은 예방약으로 퀴닌을 챙겨가기도 했다. 퀴닌은 유럽인들이 아프리카로 영토를 넓힐 때도 중요한 역할을 했는데, 아프리카의 말라리아 위험이 너무 높은 나머지 시에라리온은 '백인의 무덤'이라는 별칭이 붙었다.

전 세계에서 높아지는 퀴닌과 키나 나무껍질의 인기를 보면서 페루는 19세기 후반, 키나 나무를 관리하기 위해 수출을 중단하는 극단적인 조치를 취했다. 후에 퀴닌 비율이 높은 키나 나무를 발견한 유명한 '종자 사냥꾼' 찰스 레저Charles Ledger와 그의 파트너 마뉴엘 마마니Manuel Incra Mamani는 이런 움직임을 약화시키기 위해 다른 어떤 나라보다 많은 공을 들였고, 결국 네덜란드는 전 세계에서 퀴닌을 가장 많이 공급하는 나라로 우뚝 설 수 있었다. 이 둘은 페루와 볼리비아 사이의 국경에서 키나 나무 씨앗을 밀수입했다. 우연히도 퀴닌의 함량이 유난히 높았던 키나 나무의 씨앗을 말이다. 다른 샘플에 비해 거의 10퍼센트는 높았다. 1865년 레저와 마마니의 첫 씨앗 판매 대상국은 영국이었지만 영국은 별 흥미를 보이지 않았다. 네덜란드는 영국의 바보 같은 행동을 반복하지 않았다. 네덜란드는 자바섬(당시 네덜란드 식민지였던 인도네시아의 섬)에 이 씨앗을 재배할 수 있는 자신들만의 재배 기관을 만들었다. 씨앗에서 자라난 이 뛰어난 키나 나무종은 레저를 기리기 위해 'Cinchona ledgeriana(키나 레저리아나)'라는 이름을 붙였다. 이후에 씨앗을 밀수하는 여정을 떠나는 임무를 맡았던 마마니의 최후는 비참했다. 1871년 마마니는 경찰이 쏜 총에 맞아 생을 마감했다. 볼리비아 키나 나무를 주로 사용하면서 네덜란드는 키나 부레아Kina Burea라는 전 세계 첫 제약회사연합을 만들었다. 키나 부레아는 말라리아에 대항하는 공중보건캠페인을 진행하는 동시에 생산 할당량을 정하고 가격을 설정하는 과정을 통해 수십 년 동안 퀴닌 시장을 좌지우지했다.

퀴닌과 제2차 세계대전

퀴닌의 말라리아 저항성에 대한 첫 보고서는 1910년에 작성됐다. 이는 퀴닌이 사용된 후로 거의 300년 후의 이야기다. 하지만 보고서가 작성되던 때에도 퀴닌은 여전히 환자에게 어느 정도 영향을 미치고 있었기에 저항성은 종종 완벽하지 않았다.

제2차 세계대전 중 태평양 전선을 강화하기 위해 일본은 인도네시아의 자바섬과 1942년 퀴닌을 가장 많이 생산한 네덜란드 공장인 반평쉐 키니네파브릭Banfoengsche Kininefabriek을 점령했다. 그 결과 연합군은 퀴닌을 공급받을 수 없었다. 이는 태평양 전쟁터에서 싸우는 병사들에게는 치명적인 문제였다. 당시 퀴닌은 단지 말라리아 치료제이기만 한 것이 아니었다. 제2차 세계대전 중 연합군에게는 아타브린[독일이 개발한 항말라리아제]이 있었지만, 아타브린은 퀴닌에 비하면 효능이 떨어졌고 부작용 때문에 병사들은 이를 복용하기 꺼려했다. 병사들이 아타브린을 복용하기 꺼려하는 데에는 다른 이유도 있었는데, 일본 선전 매체가 많은 병사들에게 아타브린이 발기부전을 일으킨다는 루머를 퍼트렸기 때문이다.

대부분의 병사들이 아타브린을 복용하길 거부하면서, 제2차 세계대전이 한창 진행되던 중 미국은 병사들에게 보급된 35억 개의 아타브린 알약을 거의 모두 버려야 했다. 말라리아는 태평양 현지에서 싸우던 병사들에게는 웃어넘길 만한 일이 아니었다. 육군 항공단은 미군 열 명 중 네 명이 말라리아로 입원할 것이라 추측했다. 상황이 심각해지자 미국은 경제 전략국의 '키나 나무 미션'을 통해 키나 나무껍질, 그러니까 퀴닌을 지키기 위해 행동을 취했다. 제2차 세계대전 당시 미국에겐 키나 나무 미션이 맨해튼 프로젝트〔원자폭탄 개발 계획〕만큼이나 중요했다고 말하는 사람도 있다.

키나 나무 미션은 크게 두 가지 단계로 이루어졌다. 첫 번째 단계는 콜롬비아, 페루, 에콰도르(19세기 당시 퀴닌을 생산하던 주요 3개국)에서 퀴닌 함량이 최소 2~3퍼센트인 나무껍질을 모두 구매한다는 일련의 조약이었다. 두 번째 단계는 안데스 산맥에서 새로운 종의 키나 나무를 찾기 위해 미국 식물학자와 삼림 감독관의 현지 도움을 받아 진행되는 현지 연구였다. 미국 식물학자와 삼림 감독관은 지역을 정찰하다 키나 나무를 발견하면 나무껍질을 채집해 그라헤 테스트(퀴닌 함량을 판단하는 테스트로 퀴닌이 존재하면 핑크색 연기가 발생한다)를 진행했다. 만약 이 테스트를 통과하면 미국 식물학자와 삼림 감독관은 나무껍질을 수확하기 위해 지역의 카스카리에로cascarillero('cascara'는 스페인어로 '나무껍질'을 뜻한다)에게 고된 일을 맡긴다. 나무껍질을 벗겨낸 채로 그대로 놔둬 얼마 안가 나무를 죽이는 방법 대신 나무의 뿌리를 보호해 다시 자랄 수 있도록 나무 윗부분을 자르는 끝순치기는, 카스카리에로가 나무껍질을 수확하기 위해 주로 사용하는 방법이었다.

퀴닌에 관심이 있다면 키나 나무에서 관심을 가질 부분은 나무껍질뿐이라는 사실을 기억해야 한다. 그렇기에 카스카리에로들은 벌목한 나무에서 쉴 새 없이 껍질을 벗겨내야 했다. 이들의 일은 이게 끝이 아니다. 오히려 그 반대다. 일단 껍질을 벗겨내면, 카스카리에로들은 산악지대에서 30킬로그램 이상의 나무껍질을 건조시켜 무게를 75퍼센트까지 줄인 후 미국에서 간이로 조성한 화덕과 거대한 오븐까지 가지고 산에서 내려왔다. 결과적으로 미국은 키나 나무 미션으로 말린 키나 나무껍질 1만 3000톤을 수입했다.

다른 질병과의 싸움에도 참전한 퀴닌

말라리아와 끈질긴 인연이 있는 것처럼 보이는 퀴닌은 사실, 수십 년 동안 다른 질병의 치료제로도 사용됐다. 첫 시작은 1894년 루푸스('늑대'라는 뜻의 라틴어로 늑대에 물린 듯 보이는 빨간 발진을 의미하는데, 이 병이 피부뿐 아니라 몸 전체에 생겨 '전신홍반루푸스'라 하며 줄여서 '루푸스'라 부른다)라는 자가면역질환으로 생기는 피부 병변을 치료하기 위한 용도였다. 4년 후, 살리실산을 퀴닌과 혼합해 루푸스를 훨씬 더 효과적으로 치료할 수 있는 치료제를 만들기도 했다. 이 배합은 60년 동안 가장 먼저 처방하는 치료제로 꾸준히 사용됐다. 퀴닌을 비롯한 여러 말라리아 치료제가 관절의 붓기와 압통을 줄여준다는 사실이 발견되자 1950년대 중반 이후, 류머티즘 관절염 치료제로도 사용됐다. 또, 중증 바베시아 감염에 시달리는 환자에게 클린다마이신과 함께 치료제로 사용되기도 했다. 바베시아 감염은 적혈구를 공격하는 진드기 때문에 일어나는 기생충 감염인데 증상이 말라리아와 매우 비슷해 종종 말라리아로 오진되기도 한다.

1994년까지 퀴닌은 밤에 쥐가 나는 하지불안증후군의 고통을 완화해주는 약물이었고 처방전 없이 구매할 수 있었다. 하지만 퀴닌을 자가 투여했을 때 벌어질 수 있는 수많은 부작용 때문에 FDA는 처방전이 필요하도록 규정을 수정했다. FDA는 퀴닌을 과하게 복용해서 생길 위험이 처방전 없이 구매할 수 있도록 허용했을 때 생길 잠재적 이득보다 크다고 판단했다. FDA의 규제가 있었지만 퀴닌은 여전히 우회적인 처방전을 통해 구매할 수 있다. 최근 FDA는 같은 이유로 다리에 쥐가 났을 때, 남용을 막기 위해 퀴닌의 오프라벨 처방〔적합한 약이 없거나 촌각을 다투는 환자 치료를 위해 꼭 필요할 때 의료기관이 FDA(우리나라는 식약처)가 허가한 의약품 용도(적응증) 외 목적으로 약을 처방하는 행위〕을 제한할 방법을 찾고 있다.

밤에 다리에 쥐가 날 때 퀴닌을 사용하는 것에 FDA는 우려를 표했지만, 전 세계 각국에서 인기 있는 음료에 소량의 퀴닌을 사용하고 있다. 오늘날 토닉워터에는 쓴맛이 나게 만드는 저분자인 퀴닌이 소량(미국 FDA 승인을 받은 양은 83ppm 혹은 1리터당 83밀리그램이다〔국내에서는 퀴닌이 함유될 경우 의약외품으로 분류되기에 국내에서 판매되는 토닉워터에는 퀴닌 대신 퀴닌향이 첨가돼 있다〕) 들어 있다. 역사적으로 과거에는 토닉워터에 오늘날보다 훨씬 더 많은 퀴닌이 함유돼 있었다. 퀴닌은 프랑스의 릴레와 듀보네, 이탈리아의 캄파리를 포함해 오늘날 판매되는 여러 리큐어에도 들어 있다. 페루 사람들도 퀴닌을 마시는 것에 있어서는 완전히 진심이었는데 안데스 산맥의 보라색 옥수수와 함께 이 쓴맛을 활용해 증류주의 일종인 피스코 모라도 토닉을 만들었다.

퀴닌, 키나 중독증 그 후

퀴닌의 치료 범위는 매우 작다. 이는 안전한 용량과 과다 복용 사이의 간극이 매우 좁다는 뜻이다. 키나 중독증은 퀴닌을 과다 복용(혹은 키나 나무껍질을 너무 많이 사용)했을 때 생기는 후유증을 부르는 단어다. 그 결과 피부 병변, 흐릿한 시야, 이명, 구토와 설사 같이 가볍지만 전형적인 소화계 문제를 일으킨다. 심각한 경우에는 실명도 할 수 있다. 물론, 심각한 상황까지 다다르려면 알코올과 함께 퀴닌황산염 200밀리그램 알약을 50개나 섭취해야 하는데 이는 자살을 기도하는 것과 맞먹는 양이다. 키나 중독증은 심장 건강에도 영향을 미칠 수 있다. 이 사실은 명망 높은 틴슬리 해리슨Tinsley Randolph Harrison과 동료인 조지프 리브Joseph Reeves가 발견했는데, 당시 이명이 있었던 짐 폴섬〔앨라배마주 42대 주지사〕의 증상을 키나 중독증이라고 추측했다. 리브는 폴섬의 심전도에서 QT간격〔심장이 수축하기 시작했을 때부터 이완을 마칠 때까지 걸린 시간〕이 긴 현상을 관측했는데 이 발견은 심장박동이 빨라지고 기절까지 일으킬 수 있는 심장 리듬과 관련돼 있었다. 폴섬의 상황을 모니터링 하던 의사들은 폴섬이 매일 진과 토닉을 여러

잔 마셨다는 사실을 확인했다. 토닉워터 속 퀴닌이 이명의 원인으로 의심되었다. 폴섬이 토닉워터를 끊자 이명과 QT간격이 길어지는 현상이 사라졌다.

또, 퀴닌은 흑수열을 일으키기도 한다. 흑수열은 20세기로 넘어가던 때 말라리아를 예방하기 위해 퀴닌을 복용했던 병사들이 아프리카와 남아시아 식민지 같이 말라리아가 극성이던 곳에 있을 때 걸리던 질병이다. 이 무서운 질병은 적혈구가 터지면서 일반적인 신부전증처럼, 오줌으로 피를 배출(이름에 숨어 있는 '흑수'라는 이미지는 여기서 왔다)하는 증상을 보인다. 그래서 영국 군대는 1943년 말라리아의 예방약인 퀴닌을 아타브린으로 바꾸었다. 결과적으로 그 순간부터 흑수열은 발생하지 않았으며 이로써 퀴닌이 흑수열을 일으키는 실질적인 원인으로 지목됐다.

얼마 지나지 않아 퀴닌은 클로로퀸이라는 유사한 합성 제제로 대체됐다. 퀴닌의 유기합성이 불가능한 건 아니었다. 제2차 세계대전이 한창이던 1944년 중반, 퀴닌과 키나 나무껍질이 부족해지면서 유기합성으로 퀴닌을 생산했다. 하지만 전반적인 유기합성은 스무 단계를 거치기에 퀴닌은 합성하기에 꽤 까다롭고 비쌌다. 퀴닌을 얻을 수 있는 가장 효과적인 방법은 여전히 키나 나무껍질에서 추출하는 것이다.

클로로퀸은 1910년까지도 내성이 나타나지 않았던 퀴닌만큼 오랫동안 성공을 이어가진 못했다. 열대말라리아원충은 1950년대 동안 동남아시아와 남아메리카에서, 그리고 1980년대에는 전 세계에서 클로로퀸에 저항성을 보이기 시작했다. 클로로퀸은 여전히 다른 말라리아원충 변이로 일어나는 감염을 치유할 때 사용된다. 또한 퀴닌은 여전히 말라리아 치료의 차선책으로 혹은 아프리카 같이 자원이 한정적인 곳에서는 가장 먼저 사용하는 치료법으로 사용된다.

흥미롭게도 퀴닌 대신 사용되는 클로로퀸과 하이드록시클로로퀸을 몇몇 국가에서는 코로나19 임상 치료제로 사용하고 있다. 결과적으로 이 둘은 효과적이지 못했지만 사람들이 자가 투여하는 걸 막을 순 없었다. 2020년 3월 24일, 애리조나주의 한 부부가 어항을 청소할 때 쓰는 살균제를 복용했다. 이 부부는 왜 이런 행동을 했을까? 바로 코로나19를 예방하기 위해서였다. 이 부부는 클로로퀸이 코로나19를 예방한다는 잘못된 정보를 접했고, 집에 보관하던 어항 살균제가 클로로퀸과 동일 성분이라는 걸 확인하고 복용해본 것이었다. 클로로퀸을 과용한 결과, 남편은 목숨을 위협할 정도의 심장마비가 발발했고 아내는 병원에 입원했다. 2020년 6월 FDA는 클로로퀸과 하이드록시클로로퀸을 임상시험 용도 외에 사용하는 건 위험하다고 경고했다. 신장과 간 기능이 떨어질 뿐만 아니라 심장박동에 심각하게 영향을 줄 수 있기 때문이다.

오프라벨 처방이란
무엇일까?

오프라벨off-label 처방은 FDA가 의약품을 허가한 용도 이외의 치료에 처방하는 행위를 말한다. 사실 이런 처방이 불법은 아니다. 가격 때문에 FDA의 완전한 승인을 받지 못했거나 제네릭〔신약으로 개발한 약이 특허 기간이 만료되어 동일 성분으로 다른 회사에서 생산하는 약〕으로만 제조할 수 있거나 자금을 조달해줄 후원자가 부족한 상황에서는 매우 흔한 방식이다.

FDA가 약물을 한 가지 용도로 승인하면 임상시험의 증거를 기반으로 약물을 아직 승인받지 않은 용도로 사용하는 건 의사의 판단에 달려 있다. 그렇다면 의료진들은 왜 오프라벨 처방을 하는 걸까? 그 질병을 치유할 수 있는 약물이 아직 개발되지 않았거나 승인된 그 어떤 약물도 환자에게 듣지 않을 때 이런 선택을 한다. 전자의 경우로는 특정한 부위의 암 치료제로 승인된 약물을 승인받지 않은 다른 부위에 발발한 암의 화학요법으로 사용하는 걸 들 수 있다. 오프라벨을 사용하는 일은 상황에 따라 승인된 양이나 제형이 아니라 다른 용량과 제형을 처방하는 방식으로도 확장될 수 있다.

오프라벨 처방하는 사례는 어디서나 확인할 수 있다. 알레르기 치료제인 디펜히드라민을 불면증 치료제로 처방하거나, 삼환계 항우울제를 신경성 두통에 처방하거나, 리스페리돈 같은 비정형 항정신성 약물을 섭식장애 혹은 강박장애 치료제로 처방하는 등 말이다. 오프라벨 사용을 광고하는 제약회사의 시도에는 눈살을 찌푸리는 사람이 많다. 하지만 제약제조업체들은 FDA 승인을 받지 못한 용도에 대한 내용을 실은 잡지 기사와 책자를 나눠주며 의료진이 오프라벨 처방할 수 있도록 독려하기도 한다.

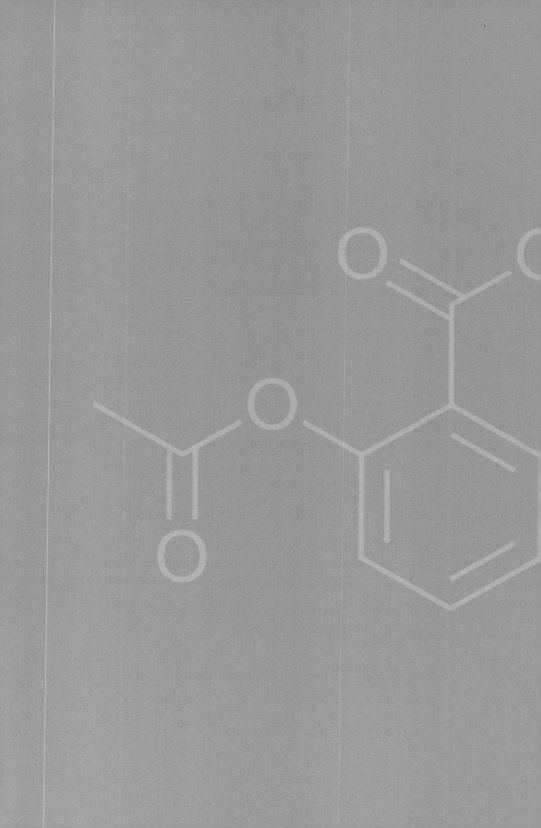

아세틸살리실산

역사상 가장 많이 팔린 약, 아스피린

Acetylsalicylic Acid

상품명 아스피린

비스테로이드성 항염증제의
일종이다. 통증과 열을 완화해주는
진통제, 해열제로 쓰고, 항혈전
효과도 가지고 있다.

1917년 2월 《뉴욕타임스》에 실린 미국 소비자를 겨냥한 바이엘사의 아스피린 최초 광고 중 하나.

장담컨대 여러분은 아세틸살리실산을 아스피린이란 이름으로 더 잘 알고 있을 것이다. 20세기 초 지식인 중 하나인 프란츠 카프카는 존재의 고통을 완화해주는 간편한 물건 중 하나로 아스피린을 꼽았다. 아스피린은 전 세계에서 가장 흔하게 사용되는 약물 중 하나다. 중국에서만 매년 최소 1200억 개의 아스피린이 생산된다. 수십 년이 지나 버드나무 껍질을 재발견하면서 아스피린으로 심장마비 그리고 심지어 암도 예방할 수 있다는 사실이 밝혀졌고, 덕분에 많은 사람들의 삶에서 매일 같이 모든 부분에 도움을 주고 있다.

고대 사람들이 버드나무를 사용한 방법

버드나무는 버드나무속salix에 속한다. 버드나무는 축 늘어지는 가지와 좁은 피침형 이파리가 달린 거대한 나무다. 이 나무의 껍질에는 꾸준히 세상을 바꾸어온 화합물이 숨어 있다. 버드나무와 약물 사이의 관계는 수천 년 동안 이어져왔다. 수메르 사람들이 만든 점토판에 따르면 이들은 고통과 염증을 완화하기 위해 버드나무를 사용했다고 한다. 바빌로니아 사람들은 통증을 완화하고 열을 떨어뜨리기 위해 버드나무 껍질을 사용했지만, 고대 중국인들은 류머티즘 통증을 완화하고 갑상선종을 치유하기 위해 여러 버드나무 중에서도 수양버들Salix babylonica을 사용했다. 그리스에서는 히포크라테스가 산통뿐만 아니라 눈의 통증을 완화하기 위해 버드나무 껍질을 끓인 물을 사용했다는 기록이 있다. 인류는 수십 년 넘게 버드나무 껍질을 사용해왔으며 로마 군인들은 출정하면서 어마어마한 양의 버드나무 껍질을 가져가기도 했다. 흥미롭게도 버드나무 껍질을 동반구에서만 사용한 것은 아니었다. 버드나무에서 최종적으로 분리해낸 화합물인 살리실산의 흔적은 미국 콜로라도주의 덴버 외곽에서 발굴된 6~7세기 도자기에서도 발견됐다. 이는 아메리카 선주민들도 살리실산이 통증을 완화하는 특성이 있다는 사실을 알고 버드나무 껍질에서 이를 추출해 사용했다는 사실을 보여준다.

현대에 와서 발견한 또 다른 사실은 이집트 사람들이 버드나무 껍질을 다양한 의약품으로 사용했다는 점이다. 에드윈 스미스는 1862년 이집트 카이로에서 에베르스 파피루스Ebers Papyrus를 구매했다. 에베르스 파피루스는 기원전 1500년에 간략한 상형문자로 기록된 20미터 길이의 놀라운 문서다. 이 파피루스의 이름은 소유자였던 독일인 이집트학자이자 소설가인 게오르크 에베르스George Ebers의 이름을 땄다. 에베르스는 1873년 이집트의 룩소르를 방문하는 동안 고대 의학 문서를 구매했다. 에베르스 파피루스는 이집트에서 버드나무가 상처의 온도를 낮추고 건조하게 만들어 골절된 뼈나 염증을 치료하기 위해 사용됐다는 수많은 증거를 담고 있다. 이 파피루스는 오늘날 우리가 당뇨병

의 특징적인 증세로 부르는 다뇨증, 궤양과 종양의 치료 방법을 다룬 두꺼운 한 권의 책이었다. 다뇨증의 해결책은 무엇이었을까? 특정한 연못의 물, 엘더베리, 대추, 오이, 꽃, 우유였다. 전 세계의 수많은 문명에서 버드나무 껍질을 약으로 사용했기에 이중 몇몇은 그 유용성을 스스로 발견했을지도 모른다. 특히 콜로라도의 경우는 말이다. 우리의 선조들은 종종 우리가 생각하는 것보다 훨씬 진보했다. 현대와 같은 의사소통 도구와 통신기기가 부족했다고 해서 그들이 뒤떨어진 건 아니었다.

버드나무에 치유 능력이 있는 이유는 나무껍질에 고농도의 살리실산이 들어 있기 때문이다. 하지만 자연환경에서는 버드나무에만 살리실산이 들어 있지 않다. 살리실산은 메도우스위트Meadowsweet라는 이름으로도 유명한 북미조팝나무 같은 다양한 관목에도 낮은 농도로 들어 있는데 식물의 방어 메커니즘의 일부로 작동한다. 역사적인 기록을 살펴봐도 독특한 곳에서 살리실산을 얻은 경우가 왕왕 보인다. 그중에서 가장 많이 알려진 건 비버의 해리향이다. 해리향은 설치류 꼬리 밑에 영역을 표시하기 위해 사용하는 끈적끈적한 물질을 담고 있는 낭이다. 이 항문낭의 가치는 비버 가죽과 맞먹었다. 비버가 버드나무를 주식으로 삼기에 해리향은 살리실산으로 가득하기 때문이다. 중세 의사들은 해리향을 두통을 치료하기 위해 사용했다. 하지만 몇몇 질병에는 별로 유용하지 못했다.

살리실산은 왜 버드나무뿐만 아니라 수많은 다른 식물에도 많을까? 살리실산은 식물의 호르몬이다. 식물은 병원균과 싸울 때 살리실산 유도체의 도움을 받아 스스로를 보호한다. 예를 들어 담배나무에 담배모자이크 바이러스를 주입하면 담배나무는 그 즉시 살리실산을 살리실산메틸로 전환한다. 살리실산메틸은 공기 중으로 퍼져 주변의 다른 담배나무에 전달된다. 살리실산메틸은 다른 담배나무 이파리에 내려앉아 다시 살리실산으로 변해 방어 모드를 시작하라는 신호를 전달한다. 이 신호가 전달되면 보호 메커니즘과 질병 저항성을 기록한 유전자를 가동시킨다.

화학의 힘으로 움직이는 버드나무

오늘날 우리가 버드나무를 사용하는 방법은 18세기 영국의 에드워드 스톤Edward Stone 목사에서 시작됐다. 스톤 목사는 버드나무 껍질을 해열제로 사용하고 그 장점을 알리기 위해 실증적인 연구를 수행했다. 스톤은 1763년《학질 치유를 위한 버드나무 껍질의 효능에 대한 고찰An Account of the Success of the Bark of the Willow in the Cure of Agues》을 통해 자신의 연구를 정리했다. 이 연구는 버드나무의 껍질이 사람들이 신성시했던 (그리고 훨씬 더 비싼) 페루의 예수회 나무껍질과 비슷하게 쓴맛이 난다는 사실을 인지하면서 시작됐다. 스톤은 직감에 따라 버드나무 껍질 0.5킬로그램을 빵 굽는 오븐 옆에 3개월 동안 두고 건조시켰다. 그러고는 가루로 만들어 열이 오를 때면 언제든 복용할 수 있게 했다. 스톤은 버드나무 껍질이 5년 동안 50명 이상의 열을 떨어뜨렸다고 주장했다. 하지만 어떤 사일열(말라리아의 흔한 증상)에는 효과가 없다는 사실까지는 기록하지 않았다. 이런 열은 어떻게 치유했을까? 스톤은 예수회의 나무껍질과 버드나무의 껍질을 1 대5의 비율로 섞어 이 문제를 해결했다.

예수회의 나무껍질이 비싸다는 사실을 차치하고도 스톤이 키나 나무보다 버드나무 껍질을 사용한 데에는 다른 이유가 있었다. 19세기 초, 영국 대부분의 지역을 나폴레옹 보나파르트가 봉쇄했기에 소중한 예수회의 껍질은 영국 해변에 도착할 수 없었다. 1820년, 키나 나무에서 퀴닌이 성공적으로 추출된 후에도 퀴닌을 합성하는 데는 여러 어려움이 있었기에 버드나무는 많은 사람들이 선택할 수 있는 최선이었다.

유기화학이 막 꽃피우려던 시기에 금수조치[특정 국가와 직간접 교역·투자·금융거래 등 모든 부문의 경제 교류를 중단하는 조치]가 내려오면서 독일의 약리학자 요한 부흐너Johann Andreas Buchner는 성공적으로 버드나무 껍질에서 노란색 결정을 분리해냈고 1828년 버드나무속을 뜻하는 '살릭스'의 이름을 따 살리신이라 명명했다. 부흐너가 버드나무 껍질에서 성공적으로 살리신을 추출한 지 10년이 흐른 1839년, 이탈리아 화학자 라파엘레 피리아Raffaele Piria는 버드나무의 노란색 결정에서 더 강력한 물질을 찾아내 살리실산이라는 이름을 붙였다. 1853년, 프랑스 화학자 찰스 게르하르트는 살리실산에 아세틸 그룹(탄소에 산소와 이중결합으로 연결된 탄소 하나와 수소 세 개가 결합된 구조)을 결합해 아세틸살리실산을 만들었다. 하지만 이는 그리 안정적이지 않았다. 게르하르트는 이 문제를 더 끌고나갈 수 없었다. 3년 후 39세의 나이로 세상을 떠났기 때문이다. 연구하던 중 노출됐던 화학물질이 그를 사망에 이르게 한 것으로 짐작된다. 휴고 폰 길은 게르하르트의 연구를 이어받아 1859년 안정적인 아세틸살리실산을 합성해냈다.

그 후 40년이 지나고 아세틸살리실산은 완전히 뒤로 밀려났다. 그럼에도 이전에 사용했던 화합물은 치료 효과가 있는지에 대한 연구 조사가 진행되고 있다. 1876년 부흐너의 살리신으로 첫 임상시험이 진행됐다. 스코틀랜드 던디왕립병원의 의사 토머스 매클래건Thomas John Maclagan은 적정 용량을 시험하기 위해 환자들에게 살리신을 투여했는데 류머티즘 열로 고통받는 여덟 명의 환자에게 12그레인(약 775밀리그램)의 살리신을 세 시간마다 투여했다. 여덟 명 모두 열이 떨어졌지만 이 실험 이후에 살리신은 거의 사용되지 않았다. 복용하고 난 후 나타나는 복통이 그 이유였다.

바이엘과 아스피린의 탄생

매클래건의 임상시험이 있고 20년이 흐른 후 독일의 제약회사인 바이엘Bayer AG이 뛰어들면서 아세틸살리실산의 이야기는 본격적으로 시작됐다. 염색약 판매원이었던 프리드리히 바이어Friedrich Bayer와 염료를 만드는 사람이었던 요한 프리드리히 베스코트Johann Friedrich Weskott는 1863년 8월 1일, 오늘날 잘 알려진 다국적 거대 제약회사인 바이엘을 설립했다. 1880년대 이전, 바이엘은 원래 콜타르 유도체에서 합성염료를 만드는 데 특화된 염료회사였다. 이는 화학 무역에서는 중요하지만 공익과는 거리가 멀었다. 결국 바이어는 제약시장으로 눈을 돌려 다른 사람들이 발명한 약물을 구매해 판매비용을 부담하고 대량으로 생산했다. 얼마 안 가, 바이어는 자신들의 실험실에서 약물을 디자인하기 시작했고 그 와중에 꾸준히 다른 연구자의 가치 있는 노력을 매수했다. 이런 연구자 중에는 임질 치료제인 프로타골 개발자로 함께 바이엘에 들어온 아르투르 아이헨그륀Arthur Eichengrün도 있었다. 은과 단백질의 혼합물인 프로타골은 그 자체로 매우 놀라운 약물이다. 프로타골은 1945년 페니실린을 정제하고 대량생산이 가능해지기 전까지 50년 동안 임질의 최우선 치료제였다.

아이헨그륀이 들어오면서 바이엘은 복통을 일으키지 않는 살리실산 유도체를 찾는 데 힘썼다. 바이엘 실험실의 전설적인 실험실 3호에서 아이헨그륀과 함께 연구를 했던 펠릭스 호프만Felix Hoffmann은 성공적으로 아세틸살리실산을 재발견했고 1897년

8월 10일 불순물이 섞이지 않은 화합물을 합성할 수 있게 됐다. 후에, 호프만은 자신의 아버지의 병세를 호전시키기 위해 살리실산 유도체를 찾는 데 관심이 많았다고 설명했다. 나이가 더 들어서는 살리실산을 류머티즘 치료제로도 복용했지만 위장장애를 일으키는 부작용 때문에 복용할 때마다 구토를 했다. 아세틸살리실산을 합성한 직후 호프만은 증기를 약간 흡입했는데 이 증기가 살리실산과 약간 다르다는 사실을 깨달았다. 이 덕에 호프만은 복통을 일으키지 않는 화합물을 만들 수 있을 거라는 희망이 생겼다. 하지만 화학 기술적인 측면에서의 호프만의 성공은 여기서 끝나지 않았다. 2주도 지나지 않아 호프만은 헤로인이라는 이름으로 더 유명한 디아세틸모르핀diacetylmorphine도 합성했다. 이는 중독성이 없는 모르핀을 합성하고자 했던 바이어의 희망사항이기도 했다.

그 당시 바이엘 약리부 책임자였던 하인리히 드레저Heinrich Dreser는 심장에 해로울 수 있다는 이유로 아세틸살리실산을 임상시험에서 제외했다. 아이헨그륀은 드레저의 이런 조치에 실망해 실험실에서 아세틸살리실산 샘플을 몰래 가져와 자신만의 임상시험을 진행했다. 아이헨그륀은 펠릭스 굿맨을 비롯한 여러 의사를 설득해 비밀리에 실험을 진행하는 동시에 자신도 아세틸살리실산을 복용했다. 굿맨과 아이헨그륀은 아세틸살리실산이 빠르게 통증과 열을 없애주면서도 심장에는 문제를 일으키지 않는다는 사실을 깨달았다. 드레저는 바이엘의 선임연구원인 칼 뒤스베르그Carl Duisberg가 개입할 때까지 이 결과를 무시했다. 뒤스베르그는 아이헨그륀의 결과를 입증하기 위해 더 많은 실험을 요구했다. 이 실험은 성공적이었으며 바이어는 공식적으로 놀라운 약물을 손에 쥐게 됐다.

임상시험이 진행됐고 효과가 있다는 것이 입증됐다면 아세틸살리실산을 시장에 도입하기위해 이제 무엇을 더 해야 할까? 아세틸살리실산이라는 이름은, 마음에 별로 안 드는 친척인 살리실산과 구분하기 위해 탄생했다. '아스피린asprirn'이란 이름은 약물을 생산하는 과정에서 붙은 이름이다. '아세틸acetyl'을 뜻하는 'a', 라틴어로 조팝나무(spiraea, 살리실산이 들어 있는 또 다른 식물이다)를 뜻하는 'spir', 그리고 마지막에 큰 의미는 없지만 당시 약물의 이름을 지을 때 대부분 끝에 붙였던 'in'을 조합해 이름을 지었다. 비록 몇몇 소비자들은 '아스피린'을 '흡입하다aspirate'는 말로 착각하기도 했지만 '아스피린'은 여전히 아세틸살리실산의 또 다른 이름인 '유스피린euspirin'보다 많이 사용되고 있다. 'eu-'라는 접두어를 빼면서 아이헨그륀은 '이 접두어는 보통 맛과 향이 나아졌을 때 사용하는 것'이라고 지적했다. 아이헨그륀이 '아스피린'이란 이름을 선택하는 데 최종 결정권이 있었다는 증거는 1899년 1월 23일 메모에 남아 있다. 이 메모에는 '유스피린'보다 '아스피린'이 더 낫다는 내용이 남아 있으며 여기에는 호프만, 뒤스베르그, 드레저의 서명이 있다.

드레저는 아스피린을 판매하면서 막대한 돈을 쓸어 담았는데 바이엘과 계약할 당시 자신의 실험실에서 탄생하는 모든 약물에 대한 로열티를 받기로 했기 때문이다. 하지만 호프만과 아이헨그륀은 그렇게 많은 로열티를 받지 못했다. 호프만은 자신이 받을 몫보다는 훨씬 많이 받았지만 아이헨그륀은 이후로 수십 년 동안 아스피린의 발견에 기여하지 못했다. 이는 아이헨그륀이 유대인 혈통을 지닌 데다 바이엘이 나치주의가 부상한 독일에서 설립됐기 때문이었다. 수년 간 아이헨그륀은 복통이 덜한 살리실산 유도체를 생산하려는 아이디어를 계속해서 발전시켰다. 동시에 호프만도 아이헨그륀의 조수처럼 지시에 따라 움직이며 아세틸살리실산 합성법을 고안했다.

1908년 아이헨그륀은 베를린에서 아세틸셀룰로스를 이용해 불연성 물질을 만드는 자신만의 화학기업을 구축하기 위해 바이엘을 떠났다. 이 시기에 아이헨그륀은 플라스틱 성형 가공법 분야를 개척하기도 했다. 바이엘을 떠난 후에도 계속된 아이헨그륀의 성공 때문에 아스피린이 탄생하게 된 이야기에서 아이헨그륀의 기여가 줄었을지도 모른다. 더는 함께 일하지 않는 데다 경쟁 화학회사를 운영하는 누군가의 노력을 홍보하는 건 바이어의 몫이 아니었다. 1934년 바이엘의 기록을 참고해 쓰여진 아스피린 발견의 역사는 드레저와 호프만을 향해 열렬한 칭찬과 찬사를 보냈다. 그 어떤 칭찬도 이 이야기 밖에 있던 과학자인 아이헨그륀을 향한 건 없었다.

안타깝게도 상황은 아이헨그륀에게 더 나쁘게 흘러갔다. 유대인이라는 이유로 아이헨그륀은 1938년 베를린 공장에 대한 권한을 잃고 쫓겨나야만 했다. 아이헨그륀은 독일 민족인 '아리아인' 아내와 결혼했는데 그 덕에 적어도 1944년까지 강제수용소

- 제2차 세계대전 직후 독일에서 창간된《제약》의 표지. 1949년 아이헨그륀의 편지를
  최초로 공개하면서 아스피린 발견에 관한 새로운 사실을 밝혔다.

에 잡혀가지 않았다. 그러나 아이헨그륀은 76세가 되던 해에 나
치 독일의 강제수용소인 체코의 테레진 수용소에 수감됐지만,
다행히 1945년에 자유를 얻을 수 있었다. 테레진 수용소에 수감
된 기간 동안 아이헨그륀은 편지에 아스피린의 탄생과 관련해
자신이 얼마나 기여했는지를 자세히 기록했다. 이 편지는 후에
독일 제약 학술지《제약Die Pharmazie》의 1949년 기사를 통해 공개
됐다. 이 편지에서 아이헨그륀이 뮌헨 박물관 명예의 전당에 갔
을 때를 떠올리며 들려준 이야기는 가슴이 미어진다. 박물관 앞
에는 '아리아인 외 출입금지'라고 쓰인 큼지막한 표지판이 붙어
있었다. 어찌어찌 박물관 안으로 들어간 아이헨그륀은 아세틸살

리실산을 독일의 위대한 업적이라 소개하며 발견한 공로를 드레저와 호프만에게만 돌리는 모습을 목격했다. 그리고 자신의 회사가 대중화시킨 아세틸셀룰로스는 발견한 사람과 발견에 기여한 사람의 이름을 적는 공간이 모두 비어 있는 채로 전시된 모습을 목격했다고 한다. 오늘날 아세틸살리실산을 재발견한 많은 학자들은 아이헨그륀의 이야기가 역사적 사실에 부합한다고 말한다.

아스피린이 시장에 등장하기까지, 대 페놀 음모와 스페인 독감 보이콧

180달톤을 조금 넘는 아세틸살리실산은 오늘날 신약개발 연구자들의 시각에서 보자면 저분자로 분류할 수 있다. 세 단계로 진행되는 아세틸살리실산의 합성 과정은 사실 꽤 쉬운 실험이기에 이과대학 학부 1학년 혹은 2학년 화학실험 수업 시간에 배운다. 이 실험 덕에 종종 학생들 사이에서 인기 있는 수업이 되기도 한다. 이 과정은 신약개발의 세계에서 완전히 동떨어지지 않은 유기화학기술을 사용해볼 수 있는 동시에 학생들에게 익숙한 물질인 아스피린을 최종 산물로 얻게 되니 말이다.

1899년 바이엘은 유럽 전역에 아스피린 키트를 보내며 아스피린의 출시가 임박했다는 사실을 알렸다. 이 시기에 아스피린은 우리에게 익숙한 알약 형태가 아니라 가루 형태로만 존재했다. 바이엘은 3만 명이 넘는 의사들에게 아스피린 키트를 뿌렸는데 이는 제약산업에서 처음으로 광범위하게 광고를 '뿌린' 사건이었다. 바이엘은 아스피린을 신뢰할 수 없는 특허로 탄생한 약과 함께 복용하는 당시에 빈번하게 일어났던 현상을 막기 위해 의사의 처방전으로만 아스피린을 구매할 수 있게 했다. 바이엘의 기적이 시장을 강타하자 진통·소염제로 사용되던 살리실산은 빠르게 인기가 식었다. 그럼에도 살리실산은 오늘날까지 꾸준히 여드름과 무사마귀 같은 국소 부위 치료제로 사용된다.

바이엘의 치료는 '만병통치약'이라는 찬사를 받으며 유명해졌다. 러시아의 차르 니콜라스 2세 아들인 알렉세이 니콜라예비치 황태자는 혈우병〔선천적으로 혈액응고인자가 결핍되어 나타나는 출혈성 질환〕을 치료하기 위해 당시 '만병통치약'으로 통했던 아스피린을 복용했다. 피를 묽게 만드는 아스피린은 혈우병 환자에게는 독이었지만 당시는 이런 아스피린의 부작용이 밝혀지기 전이었다. 혈우병이 더욱 악화되자 제정 러시아의 수도사이자 심령술사인 라스푸틴이 황태자를 치료하겠다고 나서면서 이 '서양' 약물 아스피린을 중단해야 한다고 주장했다. 라스푸틴이 아스피린의 부작용에 대해 알았는지와는 상관없이 아스피린 복용이 중단되자 황태자는 호전되었다. 황태자의 혈우병 증상이 나아지면서 라스푸틴은 러시아 왕실의 신임을 받게 되었다.

1915년 아스피린이 유명해지고 광범위하게 사용되면서 바이엘은 아스피린을 알약 형태로 만들어 처방전 없이도 구매할 수 있도록 했다. 당시 유럽에서 제1차 세계대전이 발발했지만 아직

- 제정 러시아의 마지막 황태자 알렉세이 니콜라예비치. 사진 속 황후는 혈우병을 갖고 태어난 황태자를 치료하기 위해 종교적인 부분에 심취해 라스푸틴에게 치료를 맡겼다.

미국이 참전하지 않은 상태였다. 제조 사업(특히 살리실산을 생산하는 공장은 뉴욕 렌셀러에 있었다)은 미국에 있었던 독일 기업인 바이엘을 진퇴양난의 상황에 빠뜨렸다. 아세틸살리실산의 합성 과정은 아세틸살리실산의 전구물질[어떤 화합물을 만들어내는 모체가 되는 물질. 전구체라고도 한다]인 살리실산을 만들기 위해 어마어마하게 많은 양의 페놀을 필요로 하는 렌셀러 공장에 의존하고 있었다.

그러나 당시에 막대한 양의 페놀은 진통제가 아니라 다른 이유로 필요했다. 렌셀러의 바이엘 공장에 가장 많은 양의 페놀을 공급했던 영국의 페놀 공급자들은 영국 의회의 명령에 따라 모든 페놀로 전쟁에서 사용할 폭발물인 트리니트로페놀을 생산해야 했다. 페놀이 부족해지면서 바이엘은 1915년 4월, 공장에서 아스피린 생산을 완전히 멈출 수밖에 없었다. 그 당시 시대상은 이 문제를 혼란스럽게 만들었다.

독일 해군 잠수함 U보트의 공격에 의해 RMS 루시타니아호가 침몰하면서 약 1200명의 희생자를 낸 1915년 5월 7일 사건으로 다행히 미국 내에서 반독일 여론이 커졌다. 바이엘은 여전히 페놀이 필요했다. 독일 회사였던 바이엘은 전시 상황이라는 이유로 미국의 회사와 단절돼 있었고, 이 잘 팔리는 상품을 수출하는 영국에 의존할 수밖에 없었기에 페놀 수급 문제는 해결될 수 없을 것 같았다. 바이엘에게는 다행스럽게도 미국 과학 역사상 가장 특이한 인물인 토머스 에디슨Thomas Alva Edison 덕에 머지않아 이 문제는 해결될 듯했다. 에디슨도 축음기에서 재생할 디스크를 만들기 위해 어마어마한 양의 페놀이 필요했기 때문이다. 페놀을 꾸준히 수급할 수 있도록 에디슨은 전구체인 벤젠에서 페놀을 합성하기 위한 공장을 건축했다. 에디슨의 화학 공장은 하루에 12톤의 페놀을 생산할 수 있었는데 이는 필요한 양보다 매일 3톤을 더 생산하는 것이었다.

에디슨은 남은 페놀을 어떻게 했을까? 가격이 하늘 높이 치솟던 페놀을 미국 석유 생산 회사의 브로커를 통해 자유시장에 내놓았다. 에디슨은 두 명의 독일 애국주의자를 조종해 남아도는 페놀을 판매할 적합한 대상을 빠르게 물색했다. 한 명은 독일 스파이이자 산업 화학자인 휴고 슈바이처였고 다른 한 명은 독일 내무부 공무원인 하인리히 알베르트였다. 이 둘은 독일 정부 기금으로 에디슨의 남아도는 페놀을 확보한 후 독일 화학회사인 케미쉬 파브릭 폰 하이든Chemische Fabrik von Heyden의 미국지부에 판매했다. 이 독일 화학회사는 페놀을 살리실산으로 전환해 미국 측에 있던 바이엘에 판매했다. 미국 내에서 필요한 아스피린을 계속해서 공급하기 위해 이렇게 구매한 살리실산은 아세틸살리실산으로 합성됐다.

공식적으로 미국이 제1차 세계대전에 참전한 건 1917년 4월 6일이었지만 RMS 루시타니아호가 독일의 U보트에 침공당하면서 미국은 영국의 편에서 전쟁을 지원했다. 알베르트와 슈바이처의 선물은 그리 오래 지속되지 못했다. 1915년 7월 24일, 알베르트를 미행하던 비밀국 첩보원이 기밀문서로 가득한 서류가방을 훔쳤다. 미국은 이 서류를 반독일 성향의 언론인《뉴욕월드》에 흘렸다.《뉴욕월드》는 1915년 8월 15일, 대 페놀음모를 대대적으로 폭로했다. 전국적으로 망신을 당하고 나서야 에디슨은 남은 페놀을 미국 정부에 팔겠다고 맹세했다.

3년 만에 바이엘은 미국에서 또 다른 논쟁에 휘말렸다. 1918년 8월 스페인 독감이 미국을 덮쳤을 때 그 기원에 대한 루머가 피어올랐다. 1918년 8월 18일《버밍엄뉴스》에 바이엘은 이런 광고를 실었다.

"바이엘이 생산한 아스피린 알약과 캡슐은 온전히 미국인들을 위한 것입니다. ⋯ 바이엘은 100퍼센트 미국 기업입니다."

왜 이런 모호한 광고를 거대 지역 신문에 낸 걸까? 모회사가 독일에 있었던 바이엘이 제1차 세계대전 동안 거대한 조직적인 활동으로 의도적으로 아스피린에 스페인 독감 바이러스를 주입한다는 이상한 루머를 타파하기 위해서였다. 1918년 미국이 제1차 세계대전에 깊게 관여하면서 반독일 감정은 고조됐고 보이콧의 화살은 바흐와 베토벤을 향할 만큼 흔해졌다. 그러나 1918년 1월 10일 바이엘 미국 지사의 자금을 미국 정부에서 관리하면서 바이엘에게는 그 어떤 보이콧도 의미가 없었다. 이는 미국이 공식적으로 제1차 세계대전에 뛰어들면서 독일 자산을 회수하기 위한 계획의 일환이었다. 광고에서 언급했듯이 회사를 '100퍼센트 미국 기업'으로 만들기 위해서 말이다.

아스피린은 스페인 독감의 몸살과 열을 떨어뜨리기 위해 동원됐다. 당시 미국 의무감이었던 루퍼트 블루는 스페인 독감의 증상을 완화(완전한 치료는 아니었다)시키기 위해 퀴닌과 아스피린을 사용했다. 특히 1918년 9월 성명을 통해 아스피린에게 감사를 표하기도 했다. 그러나 블루의 성명 이후에도 사망자 숫자는 하늘 높은 줄도 모르고 치솟았다. 심지어 1918년 10월은 전염병이 돌기 시작한 이후로 가장 사망자가 많은 달이었다. 두 사건 사이에 관계가 있을까? 가능성이 있다. 당시 의사들이 오늘날 유독하다고 판단될 정도의 아스피린을 환자들에게 투여했는데 스페인 독감의 증상을 완화하기 위해 하루에 8~30그램을 처방했다.

이런 고농도 아스피린을 처방받으면서 체내에는 아스피린이 축적됐다. 결과적으로 살리실산염 중독과 일부 환자에게서 폐부종 징후가 관찰됐다. 이 시기에 스페인 독감으로 사망한 많은 사람들의 폐를 부검한 결과 '폐부종'을 관찰할 수 있었다. 이는 아스피린 복용이 이들의 죽음에 어느 정도 역할을 했다는 사실을 시사한다. 아스피린이 스페인 독감의 증상을 완화하는 데 도움을 주기도 했지만 오늘날 우리가 유독하다고 판단할 정도로 처방하면서 인플루엔자 사망률을 늘리는 데 어느 정도 역할을 했을 공산이 크다.

제1차 세계대전이 끝나갈 때쯤 전쟁 배상금의 일환으로 바이엘은 미국 지부의 상표권을 완전히 상실했다. 바이엘의 엄청난 미국 자산은 제약회사 스털링 드럭에 팔렸다. 1918년 12월 12일, 바이엘의 뉴욕 렌셀러 공장은 틀림없이 매우 부끄러웠을 경매에서 530만 달러〔현재 가치로 약 140억 원〕에 낙찰됐다. 스털링 드럭은 1988년에 이스트먼 코닥의 관리를 받기 시작했고, 1994년 전 세계 스털링 드럭의 사업 운영은 제약회사 스미스클라인 비참〔현 글락소스미스클라인〕에게 팔렸다. 바이엘은 미국의 상표권을 다시 가져오기 위해 이 기회를 이용했다. 스미스클라인 비참에게 팔린 지 몇 주 지나지 않아 스미스클라인 스털링 드럭의 미국 상표권을 10억 달러〔1조 3200억 원〕에 사들였다. 그러나 바이엘을 안타까워할 필요는 없다. 아스피린 판매만으로도 매년 10억 달러 이상의 수익을 냈으니 말이다.

아스피린의 두 번째 삶

아스피린은 'NSAIDs'라는 약어로 더 잘 알려진 비스테로이드성 항염증제다. 아스피린은 전구체인 살리실산보다 소화기관에 부담을 덜 줬지만 여전히 위를 자극하고 출혈을 일으키는 문제가 남아 있었다. 대부분의 약물이 그렇듯, 새롭고 더 나은 형태를 찾기 위해 혁신을 감행한다. 그리고 아스피린도 그리 다르지 않았다. 시장에 아세트아미노펜이 등장하기 전인 1950년대까지 아스피린의 왕좌를 넘본 도전자는 없었다. 하지만 곧 1960년대의 비스테로이드성 항염증제 이부프로펜에게 자리를 내어주어야 했다. 아세트아미노펜과 이부프로펜은 둘 다 열을 내리고 통증을 줄이는 과정에서 소화계에 문제를 덜 일으켰다. 아스피린은 곧 시들해졌다.

아스피린의 명성이 높아지기까지 수십 년이 걸렸다. 이제 아세틸살리실산 역사의 일부였던 로렌스 크레이븐Lawrence Craven에 대해 자세히 알아보자. 크레이븐은 편도선 절제술 이후, 통증을 완화하기 위해 아스피린 성분이 혼합된 껌을 함께 권한 캘리포니아 가정 주치의였다. 크레이븐은 환자들이 아스피린 혼합 껌을 많이 사용할수록 출혈 문제가 더 심해진다는 사실을 발견했다. 그리고 아스피린이 혈전과 심장마비를 예방할 수 있다는 사실을 《임상보험의학회지Journal of Insurance Medicine》와 《미시시피계곡 의학회지Mississipi Valley Meical Journal》 같은 인지도가 낮은 여러 학회지에 게재했다. 자신의 연구를 주류가 아닌 학회지에 게재한 건 크레이븐의 잘못이 아니다. 크레이븐은 단지 인습적인 연구 방식에 벗어난 데다 더 인지도가 있는 학회지에 출판하기에는 학력이 부족한 희생자였을 뿐이다. 게다가 연구에는 매우 중요한 부분이 빠져 있었다. 바로, 아스피린을 섭취하지 않고 크레이븐의 연구에 참여하는 환자들로 이루어진 대조군(이는 어느 정도 이해할 수 있는데 크레이븐은 자신의 능력 안에서 환자들을 최대한 도와주려는 가정의였기 때문이다)이 없었다는 점이었다.

아스피린을 관찰한 내용을 담은 첫 논문은 1948년《서양 약물과 수술 연보Annals of Western Medicine and Surgery》에 실렸다. 이 논문에서 크레이븐은 자신이 담당한 400명의 환자들에게 2년 동안 하루에 아스피린 한 알씩 처방했고 그 누구도 심장병을 앓지 않았다는 사실을 기술했다. 아스피린이 혈액응고를 막는다는 자신의 주장을 뒷받침하기 위해 크레이븐은 하루에 아스피린을 12개씩 복용해 스스로를 실험했다. 그리고 5일이 지나자 코피가 나기 시작했다. 크레이븐은 연구 대상을 더 확장시켰고, 세 번째 논문에서는 45~65세의 주로 앉아서 생활하는 과체중 사람들에게 아스피린을 처방했다. 마지막 논문에서는 8000명의 환자들에게 예방 차원에서 매일 아스피린을 복용하라는 요법을 처방했고 단 아홉 명이 심장마비로 사망했지만 부검 결과, 이들의 사망의 원인은 대동맥 파열이었다. 다음 해인 1957년, 크레이븐은 76세의 나이에 심장마비로 세상을 떠났는데 아마도 아스피린이 심장질환을 나아지게 할 수 있다는 자신의 주장에 쏟아지는 맹비난이 영향을 준 것도 있을 것이다. 크레이븐의 실험 방법과 일반 진료를 통한 실험 설계가 임상시험 환경과는 거리가 멀 순 있지만 무언가를 발견한 것 같았다.

아스피린이 항혈소판제〔혈소판의 응집을 억제하여 혈전 생성을 막는 약물〕 역할을 한다는 연구는 1967년 크레이븐이 빠뜨린 대조군을 설계한 후 다시 세상에 등장했다. 이 연구는 대조군에 비해 아스피린을 복용한 집단의 혈액이 응고되는 데 얼마나 많은 시간이 걸리는지를 판단하기 위해 출혈량과 총 응고 시간을 측정했다. 비록 결과는 크레이븐이 사망한 후 10년이 지나 도출됐지만 결국 크레이븐이 옳았다는 사실을 증명했다. 1988년, 심장질환을 겪는 1만 7000명 이상의 환자로 이루어진 대규모 임상시험은 아스피린이 5주 동안 심장마비가 재발할 확률을 20퍼센트 줄여준다는 사실을 증명했다. 뿐만 아니라 얼마 지나지 않아 아스피린이 뇌졸중을 예방하는 데 유용하다는 연구도 등장했다.

아스피린은 우리 몸속에서 어떤 반응을 일으킬까?

과학자들을 위해 아세틸살리실산 합성법을 개발한 호프만부터 체내의 통증과 염증을 완화시키는 아스피린을 발견하기까지 거의 한 세기가 걸렸다. 1971년 영국의 생화학자 존 베인John Robert Vane과 당시 대학원생이었던 프리실라 파이퍼Priscilla Piper는 아스피린이 프로스타글란딘 형성을 방해한다는 사실을 증명했다. 프로스타글란딘은 체내에서 호르몬처럼 세포반응을 유도하는 지질 분자다. 예를 들어 프로스타글란딘E2PGE2는 고통을 느끼도록 신호를 전달한다. 아스피린이 PGE2 합성을 멈추게 하면 이 신호는 전달되지 않고 환자는 고통을 느낄 수 없다. 프로스타글란딘과 아스피린 사이의 관계를 파헤친 연구로 1982년 베인은 노벨 생리의학상을 공동수상했다. 공동 수상자 중 하나인 수네 베리스트룀Sune Karl Bergström은 30년 전에 프로스타글란딘의 존재를 밝혀내면서 베인과 파이퍼의 연구 기반을 마련했다.

베인의 발견 후 몇 년이 흘러, 프로스타글란딘의 합성을 억제하는 근본적인 원인이 밝혀졌다. 1976년, 고리형 산소화효소 COX, 특히 COX-1이 아스피린과 영구적으로 결합해 비가역적인 반응이 일어난다는 사실이 말이다. 이 결합이 형성되면 COX-1은 체내의 아라키돈산(불포화지방산의 하나)이 프로스타글란딘으로 변하지 못하게 만든다. 프로스타글란딘의 종류에는 혈소판 응고를 일으키는 분자인 트롬복산 A2도 있다. COX-1이 아스피린과 비가역적인 결합을 형성하면 혈소판은 남은 생애 동안 트롬복산 A2를 합성하지 못한다. 그 결과 아스피린을 소량 복용(하루에 81밀리그램 내외)한 사람에게서 혈액응고가 둔화(그리고 그 결과로 심장마비가 일어날 확률이 감소한다)되는 현상을 관찰할 수 있었다. COX-1은 소화관을 보호하는 프로스타글란딘도 합성하는데 이는 아스피린을 복용했을 때 복통이 생기는 이유를 설명한다.

얼마 지나지 않아 일명 COX-2라 불리는 두 번째 고리형 산소화효소(아라키돈산에 산소를 직접 결합시키는 반응을 촉매하는 효소)가 발견됐다. 아스피린이 COX-2와의 결합은 COX-1만큼 강력하지 않았지만 COX-2는 체내에 염증반응을 일으키는 프로스타글란딘을 만든다. COX-2와 결합하면서 염증 수치가 확실히 줄어들게 하기 위해서는 아스피린을 더 많이 복용해야 한다. COX-1의 활성을 막으면서 일어나는 소화계 문제를 해결하기 위해 COX-2만 멈출 수 있는 약물을 만들려는 다양한 시도가 있었다. COX-2의 선택적 억제제 중 가장 논란이 많은 건 제약회사 머크의 바이옥스(성분명: 로페코시브)였다. 바이옥스vioxx는 1999년에 FDA의 승인을 받았지만, 2004년 9월 자발적으로 시장에서 사라졌다. 왜냐하면 바이옥스를 복용한 환자에게서 심장마비와 뇌졸중이 발생할 확률이 상승한다는 증거가 발견됐기 때문이다. FDA 약물안전국의 부국장인 다비드 그레이엄에 따르면 바이옥스를 복용한 8800~13만 9000명의 미국인들이 복용 기간 중 추가적으로 심장마비와 뇌졸중을 겪었다고 한다.

수십 년에 걸쳐 베인을 비롯한 수많은 사람들의 연구는 일련의 연구와 임상시험을 거쳤다. 1994년,《영국의학저널》은 이 연구들을 '아스피린 논문'으로 정리하고 심장마비뿐만 아니라 허혈성 뇌졸중(혈액이 흐르는 동맥이 막혀 생명을 유지해주는 산소가 뇌로 공급되지 못할 때 일어나는 뇌졸중)을 예방하기 위해 아스피린을 광범위한 용도로 사용할 수 있다고 못 박았다. 게다가, 이에 더해 심장마비 초기에 아스피린을 사용하는 데에도 찬성 의견을 내놓았다. 약물로써 아스피린의 두 번째 생애는 첫 번째보다 훨씬 더생기 넘칠 뿐만 아니라 제조업자의 주머니를 불려주기도 했다. 생명을 위협하는 일을 피하기 위해 아스피린을 매일 복용하는 요법은 두통이 사라지게 하기 위해 이따금 한 번씩 복용하는 것보다 금전적으로 훨씬 더 큰 기회였기 때문이다.

시간이 지나며 아스피린은 암이 발생하는 걸 예방하는 데도 유용할 수 있다는 가능성을 보여주었다. 지금이야말로 이 책에 있는 어떤 것도 의학적 조언이 될 수 없다는 말을 해야 할 순간이다. 앞으로 목격하겠지만 아직 완전히 밝혀지지 않은 무궁무진한 약물 활용법처럼, 약물을 활용할 수 있는 용도에 대한 가이드라인도 전부 존재하는 건 아니다. 만약 조금이라도 항암 효과를 보인다면, 암에 맞서 싸우는 아스피린의 메커니즘은 COX-2를 중심으로 작동될 것이다. COX-2 효소의 움직임은 종양에서 크게 늘어난 다는 사실이 관측됐다. 그 결과 아스피린이 COX-2 활동을 감소시켜 종양 세포의 확산을 막고 아포토시스〔세포가 유전자에 의해 제어되어 죽는 방식의 한 형태〕 저항성을 감소시킨다는 가설이 탄생했다. 아스피린을 암을 예방하는 약물로 사용하는 최근 진행된 커다란 규모의 연구는 8~10년 동안 매일 아스피린을 일정량 복용하면 대장암으로 사망할 확률이 35퍼센트까지 줄어든다고 말한다. 이 연구에서는 5년 이상 복용하면 어떤 형태의 암이든 암으로 사망할 확률을 21퍼센트 줄여준다고 기술했다. 이는 한 가지 결과일 뿐이지만 아스피린과 대장암 예방 사이에 긍정적인 상관관계가 있을지도 모른다.

아스피린과 관련된 수많은 이야기를 살펴보았다. 비록 부차적인 전구물질일 뿐이지만 수천 년 동안 신세를 진 버드나무 껍질에 진심을 담아 감사의 뜻을 보낸다. 이제 다음 약물인 리튬으로 눈을 돌려보자. 우리가 이 알 수 없는 금속을 어떻게 정신과 약물로 사용하게 됐는지를 짚어가며 말이다.

약물 설계에서 천연자원의 역할

수없이 다양한 환경에서 생존을 위해 유기체가 고안한 방어 메커니즘의 가짓수를 고려한다면 자연은 수많은 약물 후보군 화합물을 얻을 수 있는 곳이다. 식물이나 미생물, 혹은 심해에 사는 보기 드문 무척추동물의 체내에 있는 특정 분자가 어떤 역할을 하는지에 대한 지식으로 무장한 의약화학자들은 이런 특징적인 분자들을 사람의 신체에 있는 비슷한 문제를 해결하기 위한 시작 지점으로 사용한다. 예를 들어 버드나무 껍질의 조추출액(원재료에서 분석대상을 분리하기 위해 일차적으로 추출한 충분히 정제되지 않은 용액)은 수천 년 동안 통증을 완화하거나 열을 내리는 데 사용했다. 오랜 세월 동안 과학자들은 버드나무 추출액 속의 유효 성분이 오늘날 살리실산이라 알려진 저분자였다는 사실을 발견했다. 살리실산은 나무의 면역반응을 일으킨다. 살리실산의 구조를 살짝만 변화시켜 과학자들은 우리에겐 아스피린으로 더 익숙한 아세틸살리실산을 만들어냈다. 다행히 우리는 두통이나 열이 있을 때 버드나무를 찾아 숲속을 헤집고 다닌 끝에 쓰디쓴 명약을 만들어내는 대신 아스피린을 복용한다.

가장 최근, 그리고 독특한 사례로 지코노타이드(상품명: 프리알트)를 들 수 있다. 지코노타이드는 독이 있는 촉수를 쏘아서 먹이를 사냥하는 바다 생명체인 바다달팽이Conus magus의 독소에서 얻을 수 있다. 지코노타이드는 모르핀보다 1000배는 강한 진통제다. 하지만 매우 민감한 화합물이기에 혈액뇌장벽[혈액속의 물질 중 선택된 일부 물질만이 뇌 속으로 이동할 수 있도록 하는 중추신경계통의 미세혈관 구조의 특성. 혈관과 조직이 매우 촘촘하게 그물을 형성해 해로운 물질이 뇌로 도달하는 것을 막는다]에 가로막히지 않도록 뇌를 보호하는 액체인 수액에 직접 주입해야 한다.

혈액뇌장벽 통과하기

혈액뇌장벽은 체내에 투여된 화합물이 최종적으로 뇌와 상호작용하기를 바라는 연구진의 앞을 가로막는 커다란 난제다. 이 장벽은 혈관을 구성하는 세포와 동일한 내피세포로 이루어지는데 귀중한 뉴런에 독소가 침투하지 못하도록 막는 역할을 한다. 일종의 뇌의 검문소라 생각하면 된다. 이 장벽은 에너지로 사용할 수 있는 혈액 속 물과 포도당을 포함한 여러 물질은 들여보내지만 뇌를 흐르는 혈액과 뇌척수액에 자리를 잡고 번식할 수 있는 바이러스와 박테리아 같은 병원균은 들여보내지 않는다. 몇몇 운 좋은 의약품은 아무런 도움 없이 혈액뇌장벽을 통과(예를 들면 카페인이 있다)해 뇌에 영향을 미치기도 한다. 어떻게 연구진은 자신의 특정한 분자가 뇌에 영향을 미치도록 혈액뇌장벽을 속이고 지나가게 만들 수 있을까?

신약 개발자들은 두 가지 해결법을 찾았다. 한 가지는 '전구약물'을 사용하는 것이다. 전구약물이란 실험실 수준에서 효과를 보인 약물 분자에 더 많은 원자를 붙여 소수성을 높이고 그 결과 내피세포의 세포벽을 흉내 내면서도 의학적으로 활성이 없는 부분이 방향을 인도하기를 바라는 약물이다. 이 경우에서는 뇌로 향하기를 바라는 것이다. 전구약물은 신체에서 활성을 보이는 분자라기보다 활성을 띠게 될 때까지 신체에 오래도록 남아 있을 수 있는 형태로 디자인된다. 두 번째는 나노입자를 사용하는 방법이다. 혈액뇌장벽을 통과할 수 있다고 알려진 나노입자에 약물 분자를 부착하는 방식으로 말이다. 혈액뇌장벽을 통과하는 또 다른 속임수는 아직 연구 중이다. 여기에는 제제가 흡수될 때까지 초강도초점성 초음파로 혈액뇌장벽을 방해하는 방법도 있다. 하지만 아직은 우리가 이를 알약 형태로 사용할 날은 오래 걸릴 것 같다.

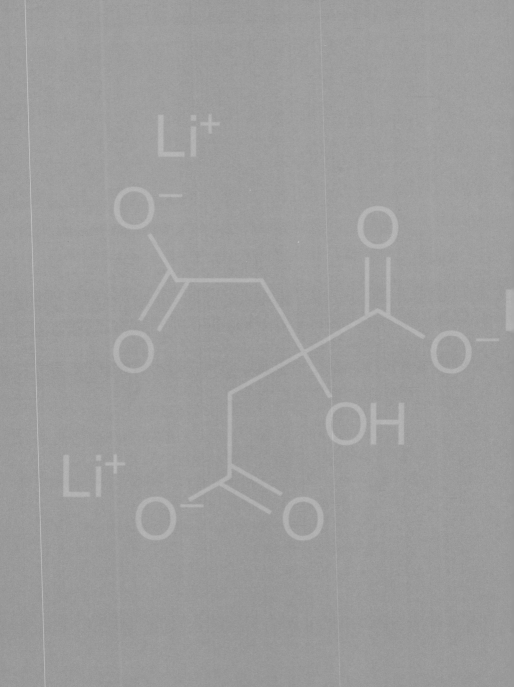

리튬

조울증을 치료한 금속

알칼리 금속에 속하는 화학 원소로,
기호는 'Li'이고 원자 번호는 3이다.
의학적 용도로는 전 세계에서
생산된 리튬 중 약 2퍼센트가
양극성 장애(조울증) 치료에 쓰인다.

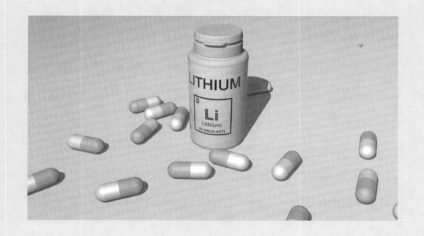

- 리튬은 가장 효과적인 급성기, 유지기의 양극성 장애 치료제이자 재발 방지약의 하나
  이다.

리튬은 이제까지 우리가 다뤘던 약물과는 조금 다르다. 리튬은 대중문화의 일부인 동시에 오명을 뒤집어쓰기도 했으며 밴드 너바나의 유명한 노래 제목이기도 하다. 하지만 당시에 정신적인 질병으로 고통받는 사람들은 실질적으로 리튬을 사용하지는 못했다. 그러나 상대적으로 잘 알려지지 않았지만 자원이 풍부했던 호주의 외딴 곳에서 한 의사의 호기심과 노력, 집 뒷마당에서 피실험동물로 기니피그를 활용한 연구 덕분에 오늘날 우리는 실제로 리튬을 사용하고 있다.

리튬의 발견

리튬은 우리가 이제까지 봐왔던 저분자 의약품과는 살짝 다르다. 리튬이라는 원자 자체가 약물을 복용하는 환자의 의학적 상태를 나아지게 하기 때문이다. 환자들은 처방전에 리튬이 기록돼 있으면 보통 못마땅해하기에 리튬은 보통 두 가지의 염salt 상태로 처방된다. 하나는 체내에서 속방형 제제(복용 즉시 효과가 방출되는 약물) 혹은 서방형 제제(체내에서 효과가 천천히 방출되는 약물)로 존재하는 탄산리튬이고 다른 하나는 액체 상태로 존재하는 시트르산리튬이다. 탄산리튬과 시트르산리튬은 체내에서 쉽게 리튬이온을 내놓으며 제 역할을 하는 염이다. 리튬 역시 저분자다. 리튬이온은 7달톤 정도이며 가장 잘 알려진 의약품 두 가지인 탄산리튬과 시트르산리튬은 각각 74달톤과 210달톤을 밑돈다. 게다가 리튬은 금속이기도 하기에 우리가 이제까지 접한 약물과는 또 다른 차이점이 있다. 이제까지 우리가 봐왔던 약물은 탄소, 질소, 황, 산소, 수소, 이렇게 다섯 가지 원소가 서로 다른 형태로 결합해 구조를 만들기 때문이다.

리튬은 1817년까지 발견되지 않았다. 리튬이란 이름은 그리스어로 '돌'을 뜻하는 λιθος를 'lithos'로 옮겨 적은 단어에서 유래했다. 리튬이 발견된 후 거의 한 세기 반이 지나고 나서야 호주 의사인 존 케이드John Cade는 자신이 근무하던 정신병원의 환자와 기니피그를 대상으로 일련의 실험을 진행하며 정신의학에 새로운 국면을 열었다. 케이드는 제1차 세계대전 참전용사이자 의사인 아버지, 데이비드 케이드의 뜻을 이어받았다. 아버지는 집으로 돌아온 후 전쟁으로 피폐해진 마음 때문에 고통받았다. 존 케이드는 정신적 스트레스와 스페인 독감의 후유증으로 아버지를 반복해서 찾아오는 극심한 피로에서 벗어날 수 있는 방법을 찾기 시작했다. 아버지가 지역 병원의 정신위생부서에 자리를 잡고 진료를 시작하면서 케이드는 그 방법을 찾으려 했다. 이런 배경의 이면에는 존 케이드가 21세의 나이로 멜버른대학교 의과대학을 졸업하는 대단한 명성을 얻은 데 있었다.

페니실린을 발견한 알렉산더 플레밍과 비슷하게 존 케이드는 1931년, 세상을 떠난 삼촌으로부터 유산을 상속받았다. 삼촌도

의사였는데, 케이드는 자신의 학비를 부담했던 아버지의 짐을 덜기 위해 유산을 학비에 보탰다. 당시 케이드는 제2차 세계대전에 징집될 정도의 나이였다. 의학대학과 전쟁터 사이에서 케이드는 호주 멜버른 왕립어린이병원에서 일을 하며 자신의 목숨을 위협했던 폐렴균에 시달렸다. 다행히도 케이드는 목숨을 건질 수 있었다. 그리고 폐렴균 덕에 미래의 아내인 진을 만날 수 있었다. 진은 케이드가 다시 회복할 수 있도록 보살폈던 간호사 중 하나였다. 1941년 케이드는 29세가 되던 해에 제2차 세계대전에 참전하기 위해 호주를 떠났다. 그리고 싱가포르의 창이교도소에서 일본의 전쟁포로로 3년을 보냈다.

어쨌든, 기니피그

창이교도소에 억류돼 있던 동안에도 케이드는 의사로서 동료 병사들을 위해 쉬지 않고 일했다. 케이드는 자신이 담당했던 정신과 환자들의 병리학적인 부검 자료와 그 결과를 기록했다. 이 관찰로 케이드는 이들의 고통을 유발하는 유독물질이 존재한다는 사실을 발견했다. 특히 조울증을 보이는 사람들에게는 더욱 그랬다. 케이드는 조울증으로 고통받는 환자들의 신체에서 건강한 사람들의 신체에서 평범한 수준으로 관측되는 화학물질이 과도하게 만들어졌고, 우울증이 있는 환자들에게서는 오히려 이 화학물질이 충분하지 못하다는 사실을 발견했다. 양극성 장애는 과거에 조울증으로 불리기도 했기에 초기 연구에서 등장하는 양극성 장애에 대해 이야기할 때 나는 '조증' 혹은 '조울증'이라는 단어를 사용하려 한다. 정확한 단어는 아니지만 이 장애를 둘러싼 오해(안타깝지만 이는 오늘날까지 존재한다)를 그려내고 당시에 사용했던 단어를 확실히 하기 위해서 말이다. 비록 다양한 종류의 양극성이 존재(여기에는 급속순환형〔한 해 동안 조증과 우울증이 네 번 이상 타나는 증상〕이 해당된다)하지만, 대부분은 '극단'적인 마음이 요동(외부의 자극 없이 자연스럽게 조증이 찾아왔다가 현실과 맞닥뜨리면서 울증이 찾아오는 사이클이 반복되는 순간)친다는 특징이 공통적으로 드러난다.

케이드는 전쟁포로에서 벗어나 호주에서의 평범한 삶으로 돌아왔다. 고향으로 돌아온 케이드는 멘탈 하이진Mental Hygiene 빅토리아주 산업부의 선임 의료진까지 승진했다. 멘탈 하이진은 본국으로 송환된 참전용사들을 위해 빅토리아주 교외인 분두라에 세워진 정신병원이다. 멘탈 하이진은 만성 정신질환에 특화된 병원이었다. 케이드는 자신의 환자 상태를 악화시킨 유독물질을 찾기 위해 다른 곳으로 시선을 돌렸다. 병원에 제대로 된 실험실이 부족했지만, 케이드는 1947년 조증을 일으키는 조울증 환자의 오줌에 특별한 성분이 있는지를 확인하기 위해 기니피그를 대상으로 실험을 시작했다. 케이드는 무슨 생각을 했던 걸까? 환자의 오줌을 기니피그에 주입하고 기니피그의 행동을 지켜봤다. 요소와 요산은 체내에서 오줌으로 배출되는 고체 폐기물인데 케이드는 이 폐기물 안에 조울증의 비밀이 있을 것이라 생각했다.

케이드는 조울증 환자뿐만 아니라 우울증과 조현병으로 고통받는 환자의 오줌도 기니피그에 주입했다. 대조군으로는 이런 질병이 없는 환자의 오줌을 사용했다. 케이드의 실험실은 보기에 따라 병원 부지 혹은 버려진 간이식당 자리에 세워진 헛간이었다. 어느 쪽이든 간에 세계 최고의 연구를 할 수 있는 곳과는 거리가 멀어 보였지만, 케이드는 연구에 몰두하기 위해 아내와 네 아이와 함께 병원 부지에서 살다시피 했다. 가족이 사용하는 냉장고에는 우울증 환자의 오줌이 가득하고 뒤뜰 정원에는 실험에 사용할 기니피그를 기르는 것은 일상이 되었고, 케이드의 실험은 계속 반복됐다.

케이드는 기니피그의 복강 내, 그러니까 복부 안에 오줌을 주입했다. 케이드는 나무 창고에서 몇 시간 동안 기니피그의 반응을 관찰했다. 조울증 환자의 오줌이 특히 유독해 대조군과 우울증 환자에 비해 아주 소량의 오줌으로도 기니피그가 죽을 수 있다는 사실이 밝혀졌다. 기니피그가 죽음에 이르기까지의 과정은 꽤 무서웠다. 기니피그의 조절 능력이 떨어지면서 덜덜 떨기 시작했고 얼마 지나지 않아 마비가 왔으며 발작을 일으켰고 마지막으로 숨을 거두었다. 조울증 환자의 오줌으로 일어난 이 기이한 결과를 더 연구하기 위해 그리고 기니피그를 죽게 만든 정확한 유독물질을 찾길 바라며, 케이드는 오줌에서 발견할 수 있는 세 가지의 가장 주된 질소계 고체인 요소, 요산, 크레아틴 용액을 각각 기니피그에 주입했다. 조울증 환자의 오줌을 주입한 기니피그처럼 요소를 주입한 기니피그도 죽었다. 반면, 요소와 크레아틴을 동시에 주입한 기니피그는 발작을 일으키지 않았는데 크레아틴이 요소의 영향을 막는 것처럼 보였다.

케이드가 기니피그에게 요산을 주입할 액체를 선택하면서 뜻밖의 재미난 일이 일어났다. 고체인 요산은 물에 녹기 어렵다. 하지만 케이드는 자신의 예리한 통찰력을 활용해 가장 물에 잘 녹는 요산염(요산의 염 형태의 이름)인 리튬요산염을 발견했다. 이는 요소를 녹게 했다. 리튬 요산염은 요산과 화학적 구성이 매우 유사했다. 리튬요산염은 요산의 산소 원자에 리튬 원자가 하나 더해진 구조이다. 케이드가 기니피그에 리튬요산염이 담긴 8퍼센트 요산 용액에 주입한 결과 유독성이 크게 줄었다. 만약 리튬요산염이 이 실험에서 사용되지 않았다면 (케이드가 요산칼륨을 대신 선택했다고 가정해보자) 결과(그리고 우리가 앞으로 보게 될 세계도)는 완전히 달랐을 것이다.

　리튬이온이 요산의 활동을 막는다고 생각했던 케이드는 탄산리튬이 녹아 있는 8퍼센트 요산 용액을 사용해 실험을 다시 한 번 진행했다. 이 용액을 주입한 열 마리 모두 살아남았다. 반대로 탄산리튬이 없는 8퍼센트 요소 용액을 주입한 기니피그 열 마리 중 다섯 마리는 죽었다. 하지만 기니피그에 탄산리튬만 주입하자 상대적으로 정상적인 설치류의 모습으로 돌아가기 한두 시간 전 별 반응이 없는 무기력한 모습을 보였다. 이 실험을 통해 케이드는 리튬이 기니피그를 차분하게 만드는 동시에 요산의 활성을 막는 역할을 한다고 확신하게 되었다. 하지만 이 사실로 뭘 할 수 있을까? 케이드는 리튬의 효능을 사람에게 실험해야 할 동기가 생겼다. 리튬염을 시장에 내놓기 위해서는 사람에게 안전하다는 사실을 먼저 증명해야 했다.

　사람에게 리튬염을 주입하기 전 케이드는 자신을 실험 대상으로 활용했다. 케이드는 계획한 용량만큼의 리튬염을 복용했고 문제를 발견하진 못했다. 이 놀라운 위업으로 케이드는 오늘날 우리가 아는 리튬 투여량을 만들었다. 이는 케이드의 건강에 심각한 문제를 일으키며 예상을 크게 빗나갈 수도 있었다. 투여량의 안전성을 확인하기 위해 케이드는 1948년과 1949년에 걸쳐 19명의 환자들(10명은 조증, 6명은 조현병, 3명은 우울증에 시달리고 있었다)에게 리튬을 투여했다. 케이드의 생체실험에는 대조군이 부족했다는 사실을 명심해야 한다. 로렌스 크레이브의 아스피린 실험에서 아스피린을 복용하지 않은 집단이 누락돼 약물의 유용성을 완전히 판단하지 못한 것처럼 말이다.

케이드가 선택한 실험체는 40~63세 사이의 환자들이었다. 조증 환자들 중에는 병원에서 가장 많이 만날 수 있는 파괴적인 증상을 보이는 사람들이 있었다. 연구 논문에 대한 케이드의 자부심과 즐거움은 5년 동안 만성적인 조증에 시달린 51세 남성 'WB'를 통해 소개됐다. WB는 상태가 심각했기에 병원의 환자들로부터 떨어뜨려 놓아야 했다. 케이드는 1948년 3월 29일, WB에게 시트르산리튬을 투여했다. 3주 만에 WB는 재활병동으로 이동할 수 있게 됐고 1948년 7월 9일, WB는 탄산리튬 일정 용량을 꾸준히 복용하라는 처방을 받고 병원에서 퇴원했다. 심지어 WB는 곧 이전에 일했던 직장으로도 돌아갔다. WB는 1948년 크리스마스 직전까지만 꾸준히 일정량을 복용하는 요법을 지속했고, 이로 인해 1949년 1월 30일, WB의 상태는 다시 원상 복구됐다. 리튬 투약을 재개하면서 WB는 1949년 2월 28일 가정과 직장으로 복귀할 수 있었다. 케이드는 '눈에 띄게 몸이 탄탄한 47세 남성'이자 25세 이후로 반복해서 조증 상태에 빠지는 WS의 재미있는 사례도 소개했다. 케이드는 WS가 덩치가 컸음에도 선천적으로 쾌활한 기질을 지녔다는 사실에 감사했다. WS는 증상이 가장 심했을 때도 절대 폭력적으로 변하지 않았다. 이 신사는 시트르산리튬으로 치료를 시작한 지 한 달 만에 회복했다. 오래된 친구는 WS가 케이드의 치료를 받을 때 '이렇게 WS가 평범한 상태인 걸 본 적이 없다'고 말할 정도였다. 연구에 참여한 모든 조증 환자들의 상태가 나아졌지만 조현병 환자

여섯 명과 우울증 환자 세 명은 드라마틱하게 무언가 나아지는 경향을 보이지 않았다.

연구하는 동안 케이드는 탄산리튬 고체가 시트르산리튬보다 소화계를 더 편안하게 해준다는 사실을 강조했다. 그리고 부작용이 발생하면 리튬 약물의 제제를 변화시켰다. 케이드가 오늘날 치료에서 빼놓을 수 없는 환자들의 혈청 내 리튬 농도 조절에 관한 고려 없이 이 연구를 진행했다는 사실은 중요하다. 오늘날에는 리튬염을 처방받은 사람들의 혈액 내에 리튬 농도를 정확하게 측정하기 위해 혈액 샘플을 채취하는 식으로 주의 깊게 모니터링 한다. 리튬의 치료적 범위는 매우 좁기 때문에 농도를 아주 조금만 높여도 체내에 극단적인 영향을 일으킬 수 있으며 메스꺼움, 구토, 떨림, 경련 증세를 보이는 극심한 리튬 중독을 일으킬 수 있다. 극심한 리튬 중독 환자를 치유하기 위해서는 혈액 속 과도한 리튬을 제거하기 위해 혈액투석을 해야 한다. 리튬은 갑상선에 농축됐다가 신장을 통해 밖으로 빠져나가기에 리튬을 오남용하거나 신장의 기능이 떨어지면 리튬에 중독될 수 있다. 신장성 요붕증〔갈증이 심각함에도 신장의 기능이 떨어져 소변이 과잉으로 생산되는 상태〕, 신부전, 갑상샘 저항증 등 다방면으로 신장과 갑상선에 해로운 영향을 끼칠 수 있기에 리튬은 주기적으로 관리가 필요하다.

리튬 중독과 치료제로 승인되기까지의 긴 시간

크레이븐이 아스피린으로 심장마비를 예방할 수 있다는 효능을 인정받기까지 오래 걸린 것처럼, 케이드의 증거가 과학계에 받아들여지기까지는 수십 년이 걸렸다. 이를 모두 케이드의 잘못으로 돌리긴 어렵다. 1949년 9월 3일, 케이드는 무명의《호주 의학저널》에 〈정신적 흥분 치료를 위한 리튬염Lithium Salts in the Treatment of Psychotic Excitement〉이란 논문을 발표했다. 이는 미국에서 리튬의 위험성이 알려진 지 몇 달밖에 되지 않았을 때였다. 그 범인이 바로 염화리튬이 25퍼센트 들어 있는 소금의 대체재, 웨스탈〔1940년대 짧은 기간 동안 고혈압 환자를 위해 소금 대체물로 사용한 염화리튬)이었다.

염화리튬을 소금(염화소듐)의 대체재로 활용하자는 말도 어느 정도 과학적 근거가 있었다. 주기율표상에서 리튬은 소듐 바로 위 칸에 있기에 리튬은 소듐과 비슷한 특성을 지닌다. 게다가 리튬은 염화 이온과 쉽게 결합해 염을 만들기에 화학적인 관점에서 보면 염화리튬을 사용하는 것도 이해할 수 있다. 특히 지극히 평범한 소금 맛이 난다면 말이다. 그러나 생리적인 관점에서 염화리튬은 성공적인 대체재와는 거리가 멀다. 사실, 음식을 양념하기 위해 다량을 사용할 때는 꽤 치명적이다. 미국에서 염화리튬을 사용하면서 생기는 비극을 몰랐던 케이드는 1949년, 독창적이라 평가될 이 논문을 주류에서 받아들일 기회도 완전히 날려버린 것 같았다. 왜냐하면 대대적으로 언론을 탄 웨스탈 사건(소금 대체제로 쓰인 25퍼센트 염화리튬 화합물의 독성으로 인한 떨림, 피로, 메스꺼움 등이 나타나자 이후 금지된 일)에 대응하기 위해 같은 해에 FDA가 리튬이 들어 있는 소금 대체재를 모두 회수했기 때문이다. 이 시기에 리튬을 포함하고 있던 소비재가 염화리튬만 있었던 건 아니었다. 청량음료인 세븐업은 '빕-레이블 리튬산화 레몬-라임 소다'라는 이름으로 시작했고 일곱 가지 초기 재료 중 하나에 시트르산리튬을 포함시켰다. 리튬을 복용했을 때의 느낌을 강화시키기 위해 이름에 '업up'을 넣었다. FDA가 맥주와 청량음료 첨가제로 시트르산리튬을 사용하지 못하도록 금지한 1948년까지 세븐업은 고객들에게 꾸준히 활력을 불어넣어주었다.

시간상 20년, 거리상 1만 6000킬로미터 떨어진 플레밍과 페니

* 1929년 미국에서 출시된 청량음료 세븐업(7up)은 한때 리튬을 주요 성분 중 하나로
  포함했다.

실린처럼 케이드도 1949년 리튬 연구에서 한 발자국도 더 나아
갈 수 없었다. 비록 케이드가 탄산리튬과 시트르산리튬을 통해
목격했던 진정효과를 일으킬 수 있는 다른 금속염을 찾기 위해
연구를 더 진행했음에도 말이다. 늘 겸손했던 케이드는 자신을
기리기 위해 열린 1970년 심포지엄에서 가볍게 이 연구를 언급
했다. 케이드가 연구했던 여러 금속 중에는 류비듐과 세슘이 있
었는데 둘 다 원소주기율표에서 리튬과 같은 족에 속한 원소였
다는 점을 고려하면 자연스러운 선택이었다. 스트론튬을 비롯해
다른 희토류 원소인 세륨, 란타넘, 네오디뮴, 프라세오디뮴도 마
찬가지다. 이 중 탄산스트론튬만이 약간이라도 효과가 있었다.

케이드가 사용했던 리튬염인 탄산리튬과 시트르산리튬은 유명한 합성약물이며 조울증 환자 치료제라는 용도가 밝혀지기 수십년 전부터 사용됐다. 경제적으로 성공할 가능성이 없는 대부분의 연구가 그렇듯 이 연구로 얻을 금전적인 이득이 거의 없었기에 제약회사는 효능을 판단하기 위한 시험을 끌고 나가는 부분을 학술적인 연구 집단의 몫으로 남겨두었다. 케이드와 비슷한 연구를 대조군을 두고 진행한 덴마크 정신과 의사인 포울 보스트루프Poul Christian Baastrup와 모겐스 쇼우Mogens Schou의 연구가 없었다면 케이드가 관찰(양극성 장애)했던 일련의 증상에 오늘날 우리가 사용하는 리튬염을 써볼 기회는 없었을지도 모른다. 1982년, 케이드를 기념하기 위한 강연에서 쇼우는 자신과 케이드, 보스트루프를 비교하며 세상에는 두 종류의 과학자가 있다고 언급했다. 케이드 같이 예술적인 감각이 있는 과학자와 보스트루프 그리고 자신 같이 체계적인 과학자 이렇게 둘이 있다고 말이다. 쇼우는 예술적 감각이 있는 과학자들이 예리한 관찰력, 풍부한 호기심, 있을 것 같지 않은 가설을 실험하고자 하는 욕망, 자신을 웃음거리로 만드는 시선에도 굴하지 않는 마음을 갖는 반면, 체계적인 과학자는 예술적 감각이 있는 과학자의 발견을 공고히 하기 위해 준비한다고 말했다. 의학 역사와 미래의 환자들은 이 두 종류의 과학자가 모두 존재한다는 사실에 기쁠 것이다. 쇼우, 보스트루프, 케이드, 그 밖의 여러 과학자들의 연구에 감사하게도 FDA는 1970년에 리튬을 급성 조증 치료제로, 4년 후에 양극성 장애의 반복적인 조증을 예방하기 위한 약물로 승인했다.

비록 양극성 장애 치료제로 리튬을 사용하게 된 과학적인 이유는 케이드였지만 정신적인 질병을 치료하기 위해 리튬을 처음 사용한 건 케이드가 아니었다. 케이드 훨씬 이전에 리튬을 다양한 방법으로 사용하는 데 성공한 사람은 꽤 있었다. 19세기 중반이 되기 직전 영국 의사인 아치볼드 개로드Archibald Edward Garrod는 통풍 환자의 혈액 속에 요산이 들어 있다는 사실을 여러 실험을 통해 확인했다. 실험실 조건에서 리튬용액은 요산결정(요산결석이라고도 부른다)을 용해시켰기에 당시 개로드가 요산결석을 치유하기 위해 리튬용액을 사용한 것도 이해할 수 있다. 안타깝게도 요산결석을 녹일 수 있을 정도의 리튬 농도는 사람에게 유독해 여러 부작용을 일으켰다. 그 당시에 개로드는 이 사실을 알지 못했기에 '통풍성 조증' 그리고 '뇌 통풍'(오늘날 일련의 우울증 혹은 조증 삽화라 부르는 질병)이라 명명했던 질병을 앓던 환자에게 요산체질이라는 이론을 근거로 리튬을 처방했다.

개로드가 말한 요산체질로 인해 환자들의 체내에 과도한 요산이 농축됐다. 특히 뇌에 다량이 농축됐는데 이로 인해 환자는 조증 혹은 우울증을 겪게 됐다. 수십 년이 지나 남북전쟁 시기에 미국육군의무감이었던 윌리엄 해먼드William Alexander Hammond는 1881년 《신경계의 질병에 대한 논문A Treatise on Dieases of the Nervous System》에서 리튬이 들어 있는 물질의 용도에 대해 기술했다. 이 책에서 해먼드는 브롬화리튬 형태(브롬화칼륨과 브롬화소듐)를 사용하는 근거로 네 가지를 들었는데, 진정효과를 유도하는 데 있어서는 리튬이온보다 브롬이온이 더 효과적이라고 결론을 냈다. 리튬

• 한 남성이 텍사스주 광천의 물을 마시고 있다.(1930년) 일명 '크레이지 워터'라고 불린 이 물에는 리튬이 포함되어 있었다.

이 미국 남북전쟁에 참전한 병사들을 '과하게 흥분'시킨다는 흥미로운 결과가 있었지만 정확히 어떤 형태의 리튬을 사용했는지는 남아 있지 않다. 탄산리튬의 확실한 근거는 덴마크 정신과의사인 프레데릭 랑게Frederick Lange의 논문에서 찾을 수 있다. 랑게는 1894년 고체 리튬염을 35세 우울증 환자에게 처방했다. 랑게 이후로 리튬 사용에 대한 연구는 거의 이루어지지 않았다. 어쩌면 당시에는 리튬을 과용했을 경우 부정적인 영향이 발생하는 데다 환자 체내의 리튬 농도를 모니터링 할 수 있는 기술이 부족했기 때문일지도 모른다. 게다가 자연적으로 리튬이 녹아 있는 광천이 많은데 일례로 미국 텍사스주 온천수의 광천을 들 수 있다. 이 광천을 마신 몇몇 사람들의 증상이 가라앉는 것을 목격한 지역 사람들 때문에 이 광천에는 '크레이지 워터'라는 이름이 붙었다.

케이드의 핵심적인 연구가 진행된 지 70년이 지나고도 과학자들은 리튬이 환자의 기분을 안정시키는 정확한 메커니즘을 아직 밝히지 못했다. 그렇기에 과학자들은 책 몇 권은 거뜬히 채울 수 있을 만큼 다양한 메커니즘을 제시했다. 어쩌면 양극성 장애에 즉각적으로 반응하는 리튬의 장점을 위해서는 다양한 메커니즘이 필요할 수도 있다.

체내에서 리튬이 어떻게 작동하는지에 대한 설명 중 가장 광범위한 건 리튬이 마그네슘과 유사하다는 점에서 시작한다. 리튬이 포함된 약물을 복용하고 체내에서 분해된 후의 리튬이온은 마그네슘이온(0.76~0.72옹스트롬〔빛의 파장, 원자 사이의 거리를 재는 데 사용하는 길이의 단위〕)과 이온반지름이 매우 유사하다. 마그네슘이온은 체내에 굉장히 흔하게 존재하며 여러 세포기작에 핵심적인 역할을 한다. 크기가 비슷한 덕에 리튬이온은 마그네슘이온에 의지해 세포의 메커니즘이 진행되는 부위를 '착각'에 빠뜨린다. 그 결과 신체에 다양한 영향을 미치게 되는데 너무 많은 곳에 영향을 미치기에 정확히 어떤 반응이 양극성 장애를 치유하는 리튬의 특성을 보여주는지를 확신하기 어렵다. 그러나 리튬이온과 마그네슘이온 사이의 가장 큰 차이는 리튬 이온은 1가밖에 될 수 없는 데 반해 마그네슘이온은 2가가 될 수 있다는 데서 벌어진다. 동물실험을 통해 리튬이 체내에서 합성되고 분비되는 세로토닌(기분을 조절하는 신경전달물질)의 양을 증가시킨다는 사실이 증명됐다. 리튬은 환자의 뇌에 신경보호작용을 일으키기에 리튬을 처방받은 환자들을 대상으로 한 영상검사로 대뇌겉질과

해마의 크기가 증가한다는 사실을 관찰할 수 있었다. 이 반응이 어떻게 일어나는지는 아직도 완전히 밝혀지지 않았지만 아마도 단백질 복합체인 Akt/GSK-3β에 달려 있는 듯하다. Akt/GSK-3β의 활성은 리튬이온의 존재에 따라 달라지는데 그 결과 단백질 Akt가 세포막 가소성, 연속적인 세포주기, 그리고 운동성을 촉진해 더 많은 단백질에 영향을 미칠 수 있다.

  치료제로써 리튬의 커다란 성공 중 하나는 양극성 장애 혹은 다른 기분장애를 앓고 있는 환자가 약물을 복용하는 동안 자살할 위험성이 크게 줄어든다는 사실이다. 양극성 장애를 앓는 사람들의 자살률은 최대 10퍼센트에 달하는데 이는 일반적인 사람들의 자살률보다 10배는 더 높은 수치다. 10퍼센트라는 확률은 자해 경험이 있는 남성 양극성 장애 환자에게서는 25퍼센트까지 상승한다. 리튬 치료를 거치면 자살률은 일반적인 사람들의 자살률보다 배로 낮아졌다. 1994년 연구에 따르면 미국에서 자살률이 낮아졌을 뿐만 아니라 리튬 치료를 통해 조울증 환자의 장기입원 비용으로 약 1450억 달러(191조 2700억 원)를 아꼈다고 추측했다. 혈액 성분 모니터링이 반드시 필요하고 시한폭탄처럼 유독성의 위험을 안고 있었음에도 리튬은 많은 사람들이 적어도 어느 정도 평범한 삶(특히 우리가 앞서 1949년 케이드의 연구에 등장한 WB를 통해 확인한 것처럼)으로 돌아갈 수 있도록 도와줬다. 그리고 이는 환자의 질환 기저에 깔려 있는 원인을 예리한 시선으로 관찰하고 좋은 파트너가 된 리튬요산의 요산 용해도를 기반으로 한 케이드의 뜻밖의 재미난 결정 덕이다.

서방형 의약품은 어떻게 작용할까?

서방형extended release 의약품이란 일정한 기간 동안 일정하게(방출 조절) 혹은 일정하진 않더라도 꾸준히(지효성) 약효를 전달하는 약물이다. 서방형 의약품은 약물을 복용하는 문턱을 낮추는 것을 목표로 한다. 약의 복용 횟수가 줄어들수록 환자의 순응도가 높아지며, 이 과정은 즉각적으로 효과를 보이는 제형보다 서방형 의약품으로 더 안정적으로 일정한 농도를 유지하며 진행해야 한다. 대부분의 서방형 의약품의 중심에는 유효 성분이 있고 그 주위를 여러 층의 고분자가 겹겹이 감싸고 있는 방식으로 만들어졌다. 그 결과, 알약을 삼키면 확산되는 과정에서 마치 목적을 잃은 동물 탐험가가 길을 찾는 것처럼 유효 성분은 고분자로 이루어진 미로를 빠져나와야 하는 상황이 된다. 고분자로 된 겉 부분은 부풀어 올라 유효 성분이 빠져나오는 속도를 더 늦추는 젤 같은 물질로 둘러싸이기도 한다.

한층 더 멋진 서방형 의약품도 있다. 훨씬 더 흥미로운 기술 중 하나는 삼투조절 방출 경구 전달시스템OROS이다. OROS 의약품은 알약에 유효 성분을 담고 그 주위를 레이저로 여러 개의 구멍을 뚫은 코팅으로 감싼다. OROS 의약품을 삼키면 뚫린 구멍으로 물이 밀려들어간다. 체내의 물이 알약 안으로 흡수되면서 알약 안의 유효 성분을 밖으로 끄집어낸다. 이 삼투작용을 거치면서 조금 더 확실한 서방형 의약품이 만들어진다.

당연한 말이지만 서방형 의약품은 쪼개거나 가루로 만들면 안 된다. 위에서 언급했던 방법으로 제작되기 때문에 이를 쪼개거나 가루로 만들면 제약회사에서 조절한 방출 메커니즘을 망칠 수 있다. 어떤 방식으로 방출될지를 선택하는 것은 의약품에 따라 다르다. 가격에 영향을 미칠 수 있는 재료뿐만 아니라 약물이 전달되는 과정에서 알맞은 농도를 유지하는지도 고려해야 한다. 특허가 만료되기 직전의 서방형 의약품도 제약회사들이 관심을 갖는 것 중 하나다. 곧 제네릭이 되면서 자신의 울타리를 벗어나게 될 의약품으로부터 연구 비용을 만회할 또 한 번의 기회를 선사하기 때문이다.

약리학적인 반감기란 무엇일까?

약물은 체내에서 얼마나 오랫동안 남아 있을까? 이는 대사반감기metabolic half-life의 핵심이 되는 질문이다. 반감기는 체내에서 약물의 농도가 가장 높은 순간부터 다양한 대사 과정을 통해 약물이 체내에서 분해될 때까지 얼마나 오랜 시간이 걸리는 지를 측정하는 것이다. 반감기의 길이는 복용량과 복용빈도를 결정한다. 예를 들어 유명한 벤조디아제핀 클로나제팜(상품명: 클로노핀)의 반감기는 하루 정도다. 이는 여러분이 약물을 복용한 후 약물이 상당 시간 체내에 머물러 있으므로 더 적은 용량을 더 긴 시간 간격을 두고 복용할 수 있다는 것을 의미한다. 반면에 이부프로펜과 아세트아미노펜 같은 진통제의 반감기는 2시간 정도 이고 4시간 정도가 지나면 통증을 호소할 것이다. 이는 반감기가 두 시간 정도이며 '네 시간 정도마다 복용'하는 패턴을 설명해준다. 반감기는 서방형 약품의 후보군에 적합한지 판단하는 역할을 한다. 하루 종일 체내에 머무를 필요가 있지만 반감기가 짧은 약물이 이에 해당하며 서방형 제제로 치료를 위한 용량을 유지할 수 있다.

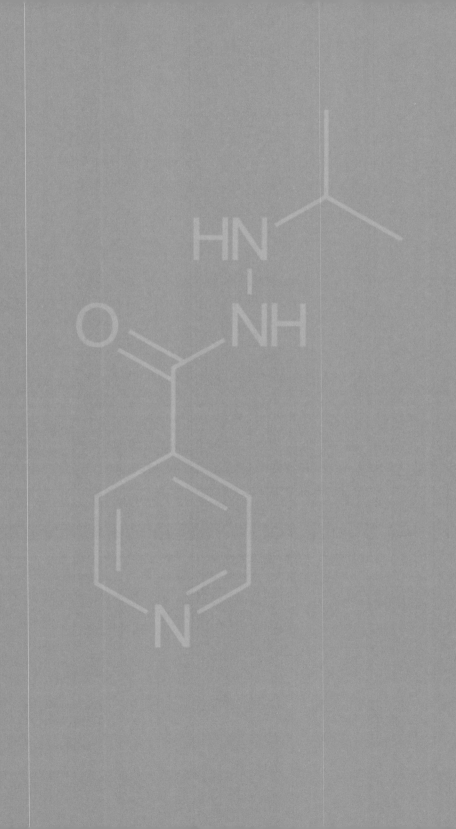

이프로니아지드

우연히 발견한 최초의 우울증 치료제

Iproniazid

상품명 마르실리드

모노아민산화효소 억제 작용을
통해 항우울 작용을 나타내는 약물.
정신 흥분 효과도 있다.

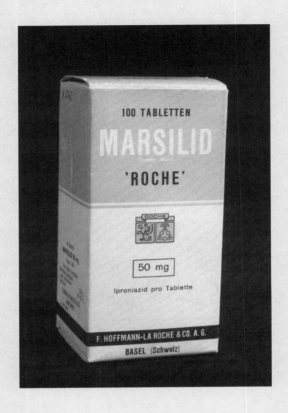

- 결핵 치료를 위해 개발한 이프로니아지드(마르실리드)가 우연히 임상 과정에서 우울증 치료제로 효과를 나타내자 1950년대 40만 명 이상의 사람들에게 우울증 치료제로 처방됐다.

이 책에 등장하는 페니실린을 비롯한 다른 약물과 달리 이프로니아지드에 대해서는 아마 들어본 적이 없을 것이다. 이프로니아지드는 결핵과 맞서 싸우는 약물로서 사용되기 시작했지만 나중에 흥미로운 부작용이 발견됐다. 환자들은 이프로니아지드를 복용한 직후 어지럼증을 호소했다. 이 부작용은 이프로니아지드를 사용하는 가장 큰 이유가 됐고 모노아민산화효소 억제제〔MAOIs. 모노아민 계통의 생화학물질인 세로토닌. 도파민. 아드레날린 등의 분해를 담당하는 효소의 효과를 막아 화학 물질의 부족으로 나타나는 우울증의 생화학적 요인을 막아준다〕라 부르는 항우울제에 가장 먼저 이름을 올리게 됐다.

아이소나이아지드부터 이프로니아지드까지

원래의 전구체부터 이프로니아지드라는 화학물질까지 도달하기 위해서는 몇 가지 실험실 규모에서의 실험이 필요하다. 1951년 두 연구진이 동물의 결핵을 치료하는 데 아이소니코티닐하이드라진이 효과가 있다는 사실을 몇 달 사이로 발견했다. 한 명은 뉴저지의 스퀴브연구소라는 학계에 있었고 다른 한 명은 호프만 라 로슈 제약회사에 있었다. 이렇게 비슷한 시기에 발견하게 된 이유는 둘 다 비슷한 합성 전구체인 하이드라진으로 시작했기 때문이었다. 그렇다면 왜 둘 다 하이드라진으로 연구를 했을까? 독일에서 V-2로켓의 연료로 사용하기 위해 에탄올 대신 사용한 하이드라진이 제2차 세계대전이 끝난 후 어마어마하게 남아 있었기 때문이다. 어마어마한 양의 하이드라진이 제약회사에 제공되면서 화학회사는 적은 비용으로 이를 유기합성 반응의 전구체로 사용할 수 있었다. 아이소니코티닐하이드라진을 활용해 결핵 문제를 해결하는 데 성공했음에도 아이소니코티닐하이드라진을 처음 합성한 건 호프만 라 로슈도, 스퀴브연구팀도 아니었다. 이 분자는 독일의 찰스-페디나드대학교에서 박사학위 논문을 마무리하던 한스 마이어Hans Meyer와 요제프 말리Josef Malley가 처음 합성했다. 스퀴브연구소와 호프만 라 로슈는 모두 아이소니코티닐하이드라진으로 사람의 결핵을 성공적으로 치유하기 위한 임상시험에 착수했다.

결핵은 감염성이 매우 높은 질병이며 대부분 폐에 집중적으로 감염을 일으키는 결핵균으로 발생한다. 결핵 환자는 몇 주 동안 기침발작, 가슴 통증, 열, 식은땀, 급격한 체중 감소를 겪는다. 한 세기 반 전 결핵은 미국과 유럽에서 사망하는 일곱 명 중 한 명이 걸리는 병이었다. 만약 우리가 조금 더 과거로 돌아가 17세기와 18세기 유럽을 들여다본다면 넷 중 하나는 결핵에 걸렸을 것이다. 결핵은 수천 년 동안 사람들을 괴롭혔다. 사람이 결핵에 감염됐다는 가장 오래된 증거는 대략 기원전 7250년으로 추측되는 해골에서 발견된 결핵균 DNA의 흔적으로 남아 있다. 결핵균 DNA는 지중해에 가라앉은 아틀리트-얌〔이스라엘 아틀리트 앞 바다에 침수된 신석기 시대 마을 유적〕과 함께 매장된 엄마의 갈비뼈와 팔뼈, 아이의 장골에서 발견됐다. 지난 세기가 돼서야 우리는 이 살인자에 대항할 발판을 마련할 수 있었다. 결핵균에 노출됐을 때 눈에 띄게 '부푼 부분'이 생기는지를 보여주는 결핵 피부반응 검사는 주변에 결핵 환자가 있다면 꼭 받아야 하는 검사가 됐다.

1950년대 스트렙토마이신〔박테리아 단백질 합성을 억제해 사멸시키는 항생물질〕은 결핵균과 맞서 싸우기 위한 용도로 사용됐지만 항생제 저항성이 문제가 됐다. 폐허탈요법(폐 안으로 과도한 질소를 의도적으로 주입하는 방법)도 한 가지 선택지였지만 이 과정이 폐가 휴식하고 치유할 시간을 준다는 가설을 만족시키는지는 영원히 의문으로 남아 있다. 이 두 가지 치료를 하기 전, 신선한 공기를 얻기 위해 요양원에서 요양을 하거나 야외 환경에서의 휴식은 가장 좋은 치료지만 이는 부유한 사람만 가능한 방법이었다. 요양원은 수개월 동안 요양을 하며 일을 하지 않아도 비용을 감당할 수 있는 사람들 사이에서만 인기를 끌었다. 그렇기에 20세기 초에는 이런 사람들을 위한 요양원이 폭발적으로 늘어났다. 이 시기에 미국 요양원 침대의 숫자는 1900년에 약 5000개였던 것이 1925년이 되자 67만 5000개까지 늘었다. 요양원이라는 선택지는 모든 사람이 선택할 수 있는 사항이 아니기에 결핵 문제에 더 나은 답이 필요했다. 그리고 임상시험은 아이소니코티닐하이드라진이 그 답이 될 수 있다는 사실을 보여주었다.

임상시험 결과가 나온 후 아이소니코티닐하이드라진은 곧 아이소나이아지드라는 이름을 얻었다. 그러나 얼마 지나지 않아 평범한 유기화학실험(탄소 세 개가 수소와 결합돼 있는 이소프로필기를 첨가하는 실험)을 통해 호프만 라 로슈의 과학자는 아이소니코티닐 하이드라진을 이프로니아지드라는 더 효과적인 약물로 둔갑시켰다. 아이소나이아지드의 분자량은 137달톤이고 이프로니아지드의 분자량은 179달톤이기에 둘 다 오늘날 저분자 신약개발의 제약에 잘 들어맞는다. 만약 호프만 라 로슈가 이 발견의 가치를 제대로 알아봤다면 이프로니아지드로 일확천금을 벌었을 것이다. 마르실리드라는 이름 아래에 판매된 이프로니아지드는 결핵과 맞서 싸우는 의사들에게 매우 필요한 군비를 보충해주었다.

이프로니아지드의 새로운 역할

그러나 호프만 라 로슈는 이프로니아지드의 다음 단계를 예측하지 못했다. 의사들이 결핵 치료제로 이프로니아지드를 처방하기 시작한 지 그리 오래 지나지 않아 씨뷰병원의 어빙 셀리코프Irving Selikoff와 에드워드 로비즈텍Edward Heinrich Robitzek은 흥미로운 부작용(활기를 불어넣어 주거나 심지어 환자들이 희열을 느끼기도 했다)을 관측했다. 유구한 전통을 자랑하는 연합통신사가 이 시기에 찍은 씨뷰병원의 결핵 환자들 사진에는, 예언이라도 하는 듯한 아래의 설명과 함께 한 무리의 요양원 환자들이 춤을 추는 모습이 담겨 있었다.

- 결핵 약물 실험 후 항우울 효과를 발견할 무렵, 씨뷰병원에서 촬영된 춤 추는 말기 결핵 환자들.(1952년)

"몇 달 전만 하더라도 여기서는 결핵 환자들이 기침하며 무기력하게 삶을 흘려보내는 소리만 들을 수 있었다."

같은 해, 노스웨스트대학교의 어니스트 젤러Ernst Zeller 연구팀은 이프로니아지드가 비가역적인 결합을 형성하며 모노아민산화효소의 움직임을 억제한다는 사실을 발견했는데 이는 수많은 모노아민산화효소 억제제 중 가장 첫 번째로 발견한 물질이었다. 이 사실이 중요한 이유가 뭘까? 모노아민산화효소는 신경전달 물질인 세로토닌, 도파민, 노르에피네프린을 분해하는 효소다. 모노아민산화효소의 영향을 멈추면 뇌 속의 세로토닌과 도파민의 농도가 높아지며 그 결과 항우울 효과가 생길 수 있다. 이 효과는 약을 복용하지 않은 시점부터 몇 주 동안 지속될 수 있다. 체내에 존재하는 모노아민산화효소는 체내의 이프로니아지드와 비가역적으로 결합하기에 우리의 몸은 새로운 모노아민산화효소를 만들어내야 한다. 젤러는 이프로니아지드의 전구체인 아이소나이아지드는 모노아민산화효소와 결합하지 않는다는 사실도 강조했다. 결국 결핵 환자들에게 이프로니아지드가 기분을 전환해주는 효과가 있다는 결과를 관측했다는 연구가 진행되면서, 희열을 느끼는 이프로니아지드의 '부작용'은 처음 의도했던 결핵 치료 용도보다 더 흥미로워졌다. 이런 연구를 발표한 한 연구자인 막스 루리Max Lurie는 이프로니아지드의 예상치 못한 효과를 부르기 위해 처음으로 '항우울제'라는 단어를 사용했다.

항우울제 시장에 대한 회사의 의문

그러나 몇 가지 연구가 누락돼 있었다. 결핵이 없는 환자에게서 이프로니아지드의 효과를 보여주는 분명한 데이터가 없었다. 뉴욕 오렌지버그 로크랜드주립병원의 정신과 의사인 네이든 클라인Nathan Kline은 24명의 환자를 관찰한 연구팀을 이끌었다. 이 환자 중 17명은 조현병이 있었고 7명은 우울증이 있었다. 환자들은 매일 세 번 이프로니아지드 50밀리그램을 처방받았고 17명은 약물을 복용하는 동안 눈에 띄게 증세가 나아졌다. 미래에 사용될 이프로니아지드의 용도에 대한 성공 가능성을 두고 흥분을

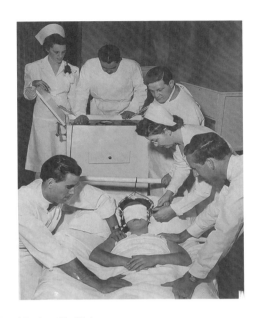

• 전기경련요법을 받고 있는 환자.(1942년)

가라앉히지 못했던 클라인은 약물의 효과에 대해 설명하며 '초자연적인 에너자이저'라 표현했다. 이 당시에는 정신과 약물이 환자를 차분하게 만드는 약물이라고만 생각했기 때문에 이 남아도는 에너지는 그 자체로도 매우 큰 발견이었다.

이프로니아지드는 마르실리드라는 이름의 결핵약으로 이미 성공적이었기에 이프로니아지드를 담당하고 있던 호프만 라 로슈는 1957년 클라인의 연구에서 거의 손을 떼려 했다. 회사 상부는 여기에 쏟는 그 어떤 노력을 보증하기에 항우울제 시장이 너무 작고 예측하기 힘들다고 생각했다. 지나고 나서 보니 이 생각은 말도 안 되는 추측이었다는 사실이 드러났다. 로크랜드주립

병원의 클라인과 연구진은 저녁을 먹으며 호프만 라 로슈 회장인 다비드 바니에게 기한 막바지까지 사정한 끝에 진행 중인 연구를 지켜낼 수 있었다. 안타깝게도 이프로니아지드에게 항우울제로 사용될 가능성이 있다는 발견에 대한 공헌을 두고 옥신각신하면서 그해 말에 클라인의 연구팀은 갈기갈기 찢어졌다.

호프만 라 로슈는 마르실리드를 우울증 치료제로 FDA 승인을 받으려 하지 않았다. 그럼에도 마르실리드는 암암리에 우울증 치료제로 사용됐다. 결핵 치료제이자 첫 모노아민산화효소 억제제인 마르실리드는 40만 명 이상의 사람들에게 우울증 치료제로 처방됐다. 당시 가장 인기 있었던 치료법이 환자를 전신마취한 상태에서 뇌에 전류를 흘려보내는 전기경련요법ECT이었던 만큼 이는 정신과의사들 사이에서 대단히 유용한 처방이었다. 전류는 뇌에 발작을 일으켰는데 이론적으로는 뇌의 화학적 환경을 달라지게 만들어 행동이나 감정에서 변화를 이끌어낼 수 있었다. 당시에 전기경련요법이 적어도 동물실험에서는 뇌의 세로토닌의 농도를 높인다는 사실을 알고 있었기에 뇌의 화학적 환경을 바꾼다는 생각이 완전 허무맹랑한 건 아니었다. 두말할 필요도 없이 항우울제를 알약으로 복용하는 건 전기경련요법을 받을 위기에 처했던 사람들 사이에서 큰 환영을 받았다.

사라진 이프로니아지드

1961년 이프로니아지드는 미국 시장에서 사라졌다. 약물을 복용하는 환자들 사이에서 빈번하게 간염이 발생했다는 것이 그 이유였다. 이프로니아지드는 대사되는 과정에서 자유라디칼(전자쌍을 구성하지 않은 전자를 가진 반응성이 매우 큰 원자단)을 만들었는데 이 자유라디칼은 약물을 복용하는 동안 간을 심각하게 망가뜨렸다. 이프로니아지드는 1964년까지 캐나다에서 사용됐지만, '치즈 효과'라 알려진 일련의 상호작용이 알려지고 나서는 시장에서 완전히 사라졌다. 치즈 효과는 이프로니아지드나 다른 모노아민산화효소 억제제를 복용하는 사람이 티라민(교감신경을 활성화하는 아미노산의 일종)이 고농도로 들어 있는 치즈, 와인, 초콜릿, 다양한 카페인 음료, 혹은 훈제고기 같은 음식을 섭취할 때 발생한다. 일반적인 경우라면 티라민은 노르에피네프린을 분비하도록 인체를 자극하지만 분비된 노르에피네프린은 모노아민산화효소에 의해 분해된다.

그러나 체내에 이프로니아지드 같은 모노아민산화효소억제제가 있으면 분비된 노르에피네프린이 항상성을 유지하려는 인체 시스템으로 조절되지 않아 분해되지 않고 남는다. 그 결과 환자는 깨질 것 같은 두통을 호소할 뿐만 아니라 혈압까지 빠르게 높아진다. 하지만 티라민을 함유한 음식이 많았기에 치즈 효과를 막기 어려웠다. 나중에 이프로니아지드는 1980년대에 시장의 90퍼센트를 차지한 두 가지 모노아민산화효소 억제제인 페넬진(상품명: 나딜)과 트라닐시프로민(상품명: 파네이트)로 대체됐다. 우울증을 치료할 수 있는 선택적 세로토닌재흡수 억제제가 등장하면서, 모노아민산화효소 억제제 계열 약물은 티라민과 상호작용하며 치즈 효과를 일으키는 등 다양한 부작용으로 인해 인기가 떨어졌다. 재미있게도 이프로니아지드의 전구체인 아이소나이아지드는 여전히 매년 천만 명 이상의 사람들이 걸리고 약 150만 명의 사람들의 목숨을 앗아가는 결핵 치료제로 사용되고 있다.

알약 두 개를 복용하면
왜 두 배만큼 좋아지지 않을까?

여러분이 머리를 다쳤다고 상상해보자. 그러니까 진짜로 말이다. 여러분이 선택한 진통제의 겉 포장지에는 네 시간마다 알약을 복용하라는 설명이 있다. 하지만 세상에, 머리가 깨질 것 같다. 네 시간마다 복용하는 수고를 덜고 빠르게 통증을 없애기 위해 한꺼번에 두 알 혹은 세 알을 복용하면 안 될까? 그렇다, 그렇게 복용하면 안 된다.

어떤 약물이 치료제로 사용되는지 혹은 체내에 유독한 영향을 미치는지는 한 끗 차이다. 이는 대부분 그리고 감사하게도 처방전 없이 구매할 수 있는 약물에는 해당하지 않는다. 하지만 처방전이 필요한 약물에 이 차이는 종이 한 장밖에 되지 않아 환자에게 추가적인 부작용을 일으키거나 환자가 위급한 상황에 빠지게 할 수도 있다.

적절한 용량을 판단하기 위해 연구진은 시간이 지남에 따라 혈청 속 약물 농도를 측정해 효과적인 용량을 결정한다. 약을 복용할 때 유효량(혈액 속 필요한 약물의 농도)이 어느 지점에 도달한 후에 더 많은 양을 복용하는 것은 종종 부정적 영향을 일으키기도 한다. 더 많은 약물이 몸속에 흡수되면 환자의 상태는 약물의 치료 범주를 넘어 추가적인 부작용이 발생하는 쪽으로 이동하게 된다. 왜 그럴까? 상상 속 두통약은 이미 결합할 수 있는 거의 모든 수용기와 결합을 했기에 추가로 들어오는 약물 분자는 저분자와 결합할 수 있는 다른 수용기와 되는 대로 결합할 것이다. 이 원치 않는 결합이 일어나면 긍정적인 이점이 없을 뿐만 아니라 대부분의 경우 원하지 않는 부작용을 일으킬 수 있다.

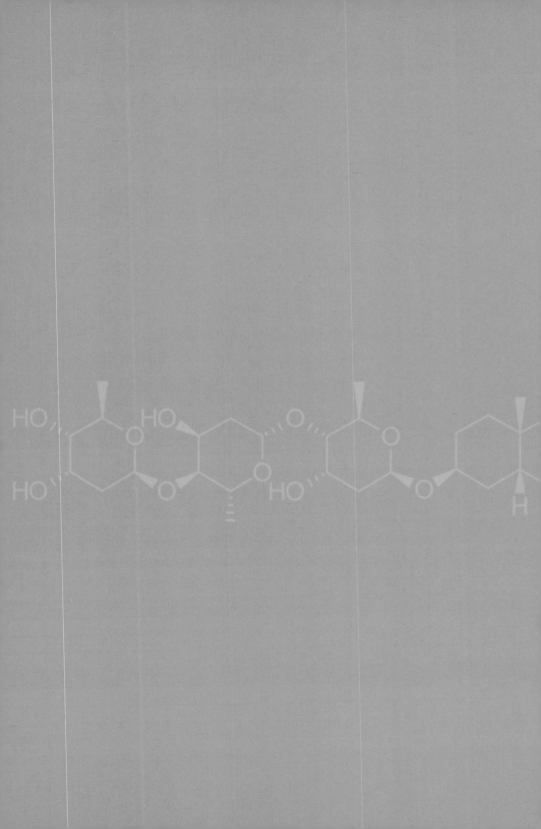

디곡신

잘못 쓰면 세상에서 가장 위험한 약

상품명 라녹신 등

다양한 심혈관계 질환을 치료하기
위해 사용되는 약물. 대부분은
심방세동, 심방조동, 심부전을
대상으로 사용된다.

- 1809년 한 식물 잡지에 실린 디기탈리스의 일러스트.

치료하는 동시에 해를 입히는 힘이 있는 디곡신은 수수께끼 같은 물질이다. 이는 이번 장 마지막 부분에서 간호사였던 찰스 컬런의 행동을 통해 명쾌하게 살펴볼 것이다. 적당량을 복용하면 디곡신은 심장의 효율을 상승시키지만 너무 많이 복용하면 환자를 죽음의 문턱까지 끌고 가기도 한다. 디곡신은 디기탈리스dig-italis lanata에서 추출한다. 1500년대부터 사람들은 디기탈리스가 의학적 비밀을 품고 있다는 사실을 알고 있었다. 하지만 이 비밀을 안전하게 밝히기 위해서 수많은 전문가가 수백 년 동안 연구에 매달려야 했다.

디기탈리스의 승자, 윌리엄 위더링

디기탈리스(영어명: foxglove)는 그 자체로 불가사의하다. '폭스글로브'란 이름은 요정이 등장하는 이야기를 떠올리게 한다. 디기탈리스라는 학명이 등장하게 된 기원은 잘 알려져 있다. 16세기경 꽃이 손가락 같이 생겼다고 기록한 독일의 식물학자이자 의사인 레온하르트 푹스Leonhart Fuchs는 이 식물에 디기탈리스라는 이름을 붙였다. 푹스는 1542년 출판한 《스터피움 코멘타리의 역사De Historia Stirpium Commentarii》에서 디기탈리스를 활용한 치료법을 소개했다. 비록 푹스는 과도한 양을 투약했을 때만 일어나는 반응으로 디기탈리스를 설사와 구토를 일으키는 부종 치료제로 소개했지만 말이다. 부종은 몸이 부풀어 오르면서 심장이 원래보다 피를 쥐어짜지 못해 사지에 액체가 모이는 증상을 말한다. 1661년《런던 약전》에도 디기탈리스가 등장했지만, 당시에는 용량을 아주 살짝만 변화시켜도 유독한 부작용을 일으켰기에 많이 사용되지는 않았다.

그러나 윌리엄 위더링William Withering이라는 르네상스 시대 지식인의 놀라운 노력 덕분에 디기탈리스가 오랫동안 관심 밖에 있진 않았다. 의사였던 위더링은 식물학과 광물학을 포함해 수많은 분야에서 뛰어난 능력을 보였다. (잉글랜드 북부에는 위더링의 이름을 딴 위더라이트라는 광물을 흔하게 발견할 수 있다. 위더라이트는 바륨, 탄소, 산소 세 가지 원소가 결합돼 이루어진 광물이다.) 위더링은 탐험적이었을 뿐만 아니라 인류에 대한 사랑과 연민도 지닌 인물이었다. 그렇기에 위더링은 대도시인 버밍엄에 종합병원이 건축되기 전, 가난한 사람들을 위해 영국 스태퍼드셔에 병원을 짓는 데 도움을 줬다. 이는 위더링의 멘토이자 명망 높은 의사이며 생물학자이기도 한 찰스 다윈의 할아버지인 이래즈머스 다윈이 부탁한 덕분이기도 했다. 위더링은 특별한 인연으로 디기탈리스를 알게 됐다. 1775년 위더링의 한 친구가 위더링에게 20개 이상의 허브 재료로 이루어진 부종 치료제 제조법을 소개했다. 위더링이 식물학에 배경지식이 있다는 사실을 떠올리며 친구는 위더링에게 어떤 재료가 실질적인 치유 능력이 있는지 물었다. 위더링은 한

눈에 활성 물질로 디기탈리스를 골라냈다. 이 우연한 만남으로 디기탈리스를 활용하는 10년간의 여정이 시작됐다. 특히 위더링은 디기탈리스digitalis purpurea를 163명의 환자에게 투여하는 과정을 조심스럽게 관리하고 기록해 자신의 발견을 《디기탈리스의 의학적 용도에 대한 고찰: 부종을 비롯한 여러 질병에 대한 실질적인 언급An Account of the Foxglove, and Some of its Medical Uses: with Practical Remarks on Dropsy, and Other Diseases》라는 책으로 발표했다.

위더링이 발견한 디기탈리스에 대한 중요한 사실 중 하나는 패혈성 인두염이나 성홍열을 한차례 겪고 난 후 발생하는 부종을 가라앉히는 데 효과적이라는 것이었다. 이제 우리는 둘 다 연쇄구균 속의 박테리아로 발생하며 이 박테리아로 인한 감염이 심각해지면 심장에, 그중에서도 판막을 훼손한다는 사실을 안다. 그 결과 심장은 효과적으로 피를 짜내지 못해 부풀어 오르게 된다. 위더링은 디기탈리스가 '눈에 띄지 않을 정도의 심장 움직임까지도 관장하는 다른 그 어떤 의학기술보다 뛰어난 능력'이 있어 심방세동과 심방조동* 속에서 관찰되는 불규칙적이고 빠른 심장박동을 완화한다고 언급했다.

위더링은 모든 질병에 디기탈리스를 처방하진 않았지만 그 어

---

* 심방세동이란 심방이 규칙적으로 뛰지 않고 심방의 여러 부위가 무질서하게 뛰면서 분당 400~600회의 매우 빠른 파형을 형성하고 이로 인해 맥박이 불규칙해지는 부정맥(불규칙한 맥박) 질환의 일종이다. 심방조동은 심방이 분당 약 300회 정도로 빠르고 규칙적으로 뛰지만 심장 내부의 구조적 특성으로 인해 부정맥이 형성되는 질환을 말한다.

떤 약도 들지 않았을 때 처방하는 최후의 방편으로 사용했다. 위더링은 자신의 책에서 구토를 유발하고 시력 문제(황시증〔물체가 황색으로 보이는 증세〕)을 포함해서 말이다)를 일으키며 맥박을 극도로 늦추는 디기탈리스의 독성에 대해서도 기록했다. 어떤 환자는 심장박동이 1분에 35번까지 낮아지기도 했다. 위더링은 특히 디기탈리스 이파리의 투여 조건과 용량에 관심이 많았는데 이 부분이 효능에 큰 영향을 미친다는 사실을 알았기 때문이다. 위더링의 책에는 디기탈리스가 유용하다는 사실은 알았지만 너무 많이 복용했을 때 어떤 끔찍한 상황에 처할 수 있는지는 몰랐던 한 여성에 대한 비참한 이야기도 있다. 이 여성은 남편의 천식을 치유하기 위해 물 0.5리터에 디기탈리스 한 움큼을 담은 후 팔팔 끓여 만든 디기탈리스 차를 남편에게 가져다주었다. 하지만 남편에게 그 차는 거의 치명적인 수준의 디기탈리스였다. 위더링은 이렇게 기술했다.

"이 마음씨 좋은 여성은 본국에서 어떤 약을 사용하는지는 알았지만 얼마나 사용해야 하는지는 몰랐다. 남편이 가까스로 목숨을 부지할 수 있을 정도였다."

초기에 위더링은 이 부작용, 그중 특히 구토가 디기탈리스가 환자에게 영향을 미치고 있다는 신호라 생각했기에 환자에게 부작용이 나타날 때까지 이 치료법을 밀고 나갔다. 그러다 나중에는 부작용의 신호가 처음 나타나는 순간 처방을 멈췄다.

자상한 아내와 안타깝게도 너무 강력했던 디기탈리스 차에 얽힌 이야기에 영향을 받아 위더링은 중독을 피하기 위해 환자에게 투여하는 디기탈리스의 용량을 표준화하려 했다. 이를 위해 위더링은 1년에 한 번 디기탈리스의 개화 시기에 이파리를 모았다. 활성물질은 디기탈리스의 이파리뿐만 아니라 꽃, 씨앗, 수액에도 적지만 들어 있었다. 그 후 위더링은 햇볕이나 난롯가에 이파리를 건조시키고 곱게 갈아 초록색 가루로 만들어 이 가루를 환자에게 처방하거나 가루 상태로 환자에게 주입했다.

빈센트 반 고흐와 디기탈리스

새로운 세기로 들어서던 1799년 위더링은 58세의 나이에 결핵으로 생을 마감했다. 위더링의 경고에도 디기탈리스는 당대의 의학 사전에 등재됐고 부종을 가라앉히는 일 외에도 다양한 용도로 사용할 수 있다는 사실이 밝혀졌다. 디기탈리스는 빈센트 반 고흐의 삶에도 논란의 중심이 되었다. 고흐의 그림에서 흔하게 등장하는 노란색 계열과 디기탈리스 사이에 연결고리가 있다는 이야기가 떠돌았기 때문이다. 세상이 노랗게 보이는 황시증은 한 사람의 시력에 영향을 주는데, 이는 오랜 기간에 걸쳐 디기탈리스를 과하게 복용하는 과정에서 드물게 눈에 빌리루빈〔적혈구를 이루고 있는 물질로서 적혈구가 파괴될 때 나오는 노란 색소〕이 쌓이면서 일어난다. 고흐는 다양한 정신적·육체적 질환에 시달렸으며, 1889년 36세의 나이에 정신병원에 들어갔고 의사 폴 가셰의 처방으로 어떤 형태로든 디기탈리스를 섭취했을 것이다. 왜냐하

• 〈가셰 박사의 초상〉. 고흐의 이 초상화는 두 가지 판이 있는데 왼쪽이 첫 번째, 오른 쪽이 두 번째판이다.

면 디기탈리스는 그 당시 일종의 만병통치약이었기에 정신적인 질병부터 두통, 안구 통증까지 모든 질병에 처방됐다. 게다가 고흐의 그림 중 하나에서 실마리를 찾을 수 있다. 〈가셰 박사의 초상〉(1890)에는 의사 가셰의 모습이 담겨 있다. 첫 번째 그림은 책상에는 책이 한가득 쌓여 있고, 먼 곳을 바라보며 한 손으로 머리를 받친 가셰 박사 아래로 디기탈리스가 꽂힌 컵이 보인다. 두 번째 그림에서는 다른 한 손으로 디기탈리스를 만지고 있다.

하지만 이런 연결고리에도 디기탈리스 때문에 고흐가 그림에 노란색을 많이 사용했는지는 논쟁의 여지가 있다. 가셰 박사는 디기탈리스에 내재된 위험성에 대해 꽤 잘 알고 있었다. 심지어 약물을 적절하게 사용하기 위한 적정 용량에 대한 논문을 작성하기도 했다. 게다가 고흐는 가셰 박사의 처방을 단 두 달밖에 받지 않았으며 이는 황시증이 발발하기에는 충분하지 않은 기간이다. 1889년 이전에 그린 반 고흐의 그림, 특히 1888년에 그린 〈해바라기〉는 고흐가 노란색을 좋아했다는 사실을 잘 보여주는데 이는 시기상 가셰 박사의 처방을 받거나 정신병원에 입원하기 전이다. 고흐가 가셰 박사를 만나기 전에 이미 시력이 손상될 정도의 디기탈리스를 섭취했을 가능성도 있지만 가셰 박사가 진행한 고흐의 시력 검사는 그런 추측에 결정타를 날렸다. 이 검사는 고흐의 시력에는 거의 문제가 없으며 색을 구분하는 데 있어 이상이 없다는 사실을 보여주었다. 만약 가셰 박사가 이 검사를 제대로 수행했다면 황시증의 신호가 조금이라도 발견됐어야 했다. 마음이 자주 괴로웠던 고흐가 단지 노란색을 좋아했기에 작품에서 노란색을 많이 사용했을 가능성이 높다.

디기탈리스에서 분리해낸 디곡신

일반적으로 디기탈리스에서 추출한 디곡신을 사용하는 치료법을 디기탈리스 치료라 부른다. 디기탈리스속 식물은 대부분 심장이 더 잘 뛰게 하는 효과가 있기 때문에 심장박동을 더 극대화하는 디기탈리스속 식물의 성분이 디곡신이라는 사실이 밝혀졌음에도 여전히 '디기탈리스'라는 이름을 사용한다. 디곡신은 1930년 시드니 스미스Sydney Smith가 처음 분리해냈다. 스미스는 '털디기탈리스'라는 재미있는 이름으로도 알려진 디기탈리스 라나타D. lanata의 이파리가 같은 속인 디기탈리스 푸푸레아D. purpurea의 이파리보다 디기탈리스 치료에 더 많은 가능성을 지니고 있는 이유를 찾았다. 디기탈리스 푸푸레아의 활성물질로 알려진 디기톡신 화합물은 이보다 60년이 앞선 1875년 오스발트 슈미데베르크Oswald Schmiedeberg가 추출했다. 유명한 독일 약리학자이자 교수였던 슈미데베르크는 1911년에 이상한 사건 하나를 증언하며 이름을 알렸다. 그것은 바로, 연방 정부가 코카콜라에서 카페인(코카인을 제거하면서 코카콜라는 상대적으로 카페인의 양을 늘렸다)성분을 제거하기 위해 코카콜라를 고소한 〈미국 대 40배럴과 20통의 코카콜라United States v. Forty Barrels and Twenty Kegs of Coca-Cola〉사건이었다. 1912년, 첫 재판은 코카콜라 회사가 카페인이 자연에서 얻을 수 있는 물질이기에 첨가물이 아니라 주장을 펼치며 승소했다. 그러나 1916년 정부의 대법원 항소로 결과가 뒤집혀 미국 대법원은 카페인이 첨가물이라 결론지었다. 결국 코카콜라 회사는 결과에 승복하고 모든 법적 비용을 지불하고 콜라의 카페인 함량을 절반으로 줄이는 데 동의했다.

시드니 스미스는 슈미데베르크가 디곡신을 발견했다는 사실과 디곡신이 털디기탈리스 내부에 들어 있다는 사실은 알고 있었지만 디기탈리스 치료에 사용시 털디기탈리스가 왜 그토록 효과가 좋은지는 몰랐다. 이 문제를 해결하기 위해 스미스는 디기톡신을 분리할 방법을 찾았는데, 이는 효과가 좋아진 이유가 디곡신의 농도가 늘어났기 때문인지 아니면 생리학적 영향을 도와주는 유사한 화합물이 있는지 확인하기 위해서였다. 뛰어난 화학적 기술 덕에 스미스는 이전에는 절대 분리할 수 없었던 디곡신을 분리해내는 데 성공했다. 그리고 여기에는 디곡신이 들어 있는 털디기탈리스가 디기탈리스보다 생물학적 활성이 더 뛰어난 이유의 열쇠가 있었다. 더 많은 연구를 통해 털디기탈리스에는 주로 디기톡신이 들어 있는 반면, 디기탈리스에는 디곡신과 디기톡신이 혼합돼 있다는 사실이 밝혀졌다. 디기톡신과 디곡신은 매우 유사한 화합물로, 둘 다 강심배당체〔심장의 수축 능력을 향상시키는 약물〕로 사용할 수 있다.

이 발견이 있었던 당시 스미스는 오늘날 글락소스미스클라인의 일부가 된 버로스 웰컴이라는 제약회사에 근무하고 있었다. 글락소스미스클라인은 지금까지도 디곡신을 추출하는 사업을 하고 있는데, 가공을 위해 미국으로 말린 이파리를 보내기 전에 네덜란드에서 농부들과 계약을 맺고 털디기탈리스를 재배하도록 한다. 디곡신을 합성해서 얻을 수도 있었지만 디기탈리스에서 계속해서 추출하는 편이 더 쉽고 이윤도 훨씬 높다. 이 시점에서 디곡신이 단 세 원자(탄소, 수소, 산소)로만 이루어졌지만 분자량은 거의 781달톤에 달한다는 사실을 언급해야겠다. 이전에 언급했던 다른 의약품과는 확연히 다르며 리핀스키 제5법칙Lip-inski's rule of 5, RO5〔1997년 화이자의 크리스토퍼 리핀스키가 고안한 규칙으로 약물 가능성을 판단하거나 어떤 화합물이 구강 투여될 만한 특성을 갖고 있는지 판단하는 데 쓰인다〕에서 제한하는 분자량 500을 넘어서는 첫 의약품이다.

디곡신은 소듐-포타슘 ATP가수분해효소의 효과를 변화시키는 역할을 담당한다. 이 효소는 소듐 펌프 역할을 하며 아데노신삼인산ATP 분자 하나가 아데노신이인산으로 가수분해될 때마다 세포 밖으로 소듐 이온 세 개를 방출하고 포타슘 이온 두 개를 세포 안으로 가져온다. 디곡신은 소듐-포타슘 ATP가수분해효소의 활동을 방해해 심장에 칼슘 같은 완전히 다른 이온의 농도가 늘어나게 만든다. 그 결과 심장 근섬유의 수축률이 늘어나 심장박동을 자극한다. 이 일련의 과정으로 심장의 능률이 높아져 탈진까지 갔던 심장은 다시 평범한 상태로 거의 회복된다. 이는 오늘날 디곡신을 치료제로 사용하는 주된 이유다. 2008년 연구에 따르면 디곡신이 암을 유발하는 유전자가 암호화된 단백질인 저산소증 유도인자-1〔HIF-1. 세포에 대한 산소 공급이 부족 상태에 빠진 경우에 유도되는 단백질이며 전사 인자로 기능을 한다〕를 억제한다고 한다.

하지만 이 연구에서 사용된 디곡신의 농도는 일반인의 혈장 디곡신 농도보다 3~10배가량 높았다. 항암효과를 일으키기 위해서는 고농도의 디곡신이 필요하지만 그 결과 다양한 부작용과 독성이 나타나 더 많은 양을 복용하는 것을 무용지물로 만들 수 있다. 지금까지 다룬 대부분의 의약품처럼 디곡신 용량을 잘못 판단하면 심각한 부작용을 일으킬 수 있기에 디곡신의 치료 범위는 매우 좁다. 좁은 치료 범위를 둘러싼 문제 때문에 시간이 지나며 일부 의사는 디곡신 사용을 기피하게 되었다. 하지만 디곡신 조사그룹이 주도한 광범위한 연구로 디곡신을 적정량만 복용한다면 사망에 이르는 부정적인 결과 없이 울혈성심부전〔다양한 원인에 의해 심장이 신체에 필요한 혈액을 충분히 공급하지 못하는 심장 기능 저하 상태)으로 입원하는 비율을 낮출 수 있다는 사실을 보여주었다.

디곡신과 연쇄살인마 찰스 컬런

극단적인 상황에서 디곡신을 복용하면 독극물이 될 수 있다는 사실은 잘 알려져 있다. 소설가 애거사 크리스티는 작품 속 여섯 가지 사건에서 디곡신을 독극물로 사용했다. 명탐정 에르퀼 푸아로가 자신의 업무를 파악하기 위해 여정을 떠난 이야기를 담은 1937년 출간된 《죽음과의 약속》을 포함해서 말이다. 디기탈리스는 현실에서 벌어진 다양한 범죄에서도 사용됐다. 디기탈리스는 1930년대 뉴욕에서 벌어진 보험사기극의 중심에 있기도 했다. 이 사기극에서 환자들은 상해조항이 있는 생명보험 약관을 들고 심부전 질환이라는 진단을 받고 의사에게서 디기탈리스를 받았다. 의사는 비정상적인 심전도 결과를 통해 환자의 기록과 일련의 서류를 수정했다. 그러면 환자는 공식적으로 이 질병을 갖게 되는 동시에 의사(그리고 이 사기에 의사를 참여시킨 변호사)도 뜻밖의 이득을 얻게 됐다. 보험회사가 이 사기의 전말을 밝히기까지 거의 5년이 걸렸지만 의사와 변호사의 고리는 1941년이 되어서야 기소되고 유죄선고를 받았다. 디곡신을 불법으로 사용하면서 수년 동안 전반적으로 작은 보험사기보다 더 많은 피해를 입혔다. 디곡신은 역사상 가장 많은 사상자를 발생시킨 연쇄살인범 찰스 컬런이 선택한 무기이기도 했다.

찰스 컬런은 불안정한 사람이었다. 컬런은 아홉 살이 되던 해에 교회 바자회에서 얻은 중고 화학세트에서 남은 물질을 우유한 잔에 타서 마시면서 처음으로 자살을 시도했다. 컬런은 일생에 걸쳐 자살을 시도했고 컬런의 머릿속은 자살에 대한 생각으로 가득했다. 컬런이 고등학교 3학년이 되던 해에 간질 발작으로 고통받던 어머니가 교통사고로 세상을 떠나자 또 한 번 자살을 시도했다. 병원에서 컬런이 어머니의 시신과 마지막 인사를 하지 못하도록 제지하면서 컬런의 우울증이 시작됐다고 보는 이도 있다. 어머니는 컬런보다 일곱 살이나 많은 형과 누나로부터 컬런을 지켜주었다. 컬런은 일생을 보호해준 누군가와 재회하고자 하는 희망으로 그릇된 방향을 향해 걷기 시작했다.

적어도 얼마간은 벗어난 듯 보였다. 컬런은 해군에 입대해 6년 동안 미국 함선 우드로 윌슨에 실려 있던 포세이돈 C3 핵미사일 16개를 고정하는 전기기술자로 근무했다. 이 배는 폐소공포증을 일으키는 공격 잠수함이었다. 스스로를 위험에 빠뜨리는 일은 컬런의 일생에 걸쳐 계속됐다. 상관 중 하나였던 마이클 리넨 하사는 어느 날 컬런이 수술복을 제대로 갖춰 입고 우드로 윌슨의 포세이돈 미사일 조종실에 앉아 있는 모습을 발견했다. 컬런의 현재 정신 상태로는 핵무기 근처에서 근무하는 것이 위험하다고 판단한 리넨 하사의 보고로 컬런의 배에서의 생활은 끝났다. 이 사건 이후로 컬런은 덜 중요한 보직인 미국 함선 카

144

노포스로 전출됐다. 이 잠수함에 오른 컬런은 심해에서 여유로운 시간을 보내기도 했지만, 안타깝게도 군에 있는 동안 찰스턴 해군정신병원에서 세 번에 걸친 자살 시도를 하는 등 순탄치 않았다.

1984년 컬런은 해군을 떠났고, 스물넷이 된 컬런은 자신의 삶의 지표를 찾기 시작했다. 컬런은 간호대학에 입학하면서 그 방향성을 찾았다. 그 대학은 그냥 평범한 간호대학이 아니라 컬런의 어머니가 사망했던 바로 그 병원과 붙어 있던 곳이었다. 해군에 있을 당시 컬런은 내무반 동료인 마린 엠스윌러에게 간호사가 되고자 하는 사람들을 돕고 싶다고 언급했는데 이는 이미 오래전 컬런의 마음속에 깊이 자리하고 있던 생각이었다. 컬런이 같은 학년에서 유일한 남자였던 탓에 학년 대표로 선출되기도 했다. 컬런에게 이전에는 없었던 사람을 끌어당기는 매력이 생기며 상황이 달라졌다. 컬런은 아르바이트하며 학비를 충당했다. 일을 하며 아드리안느 바움이라는 여성을 만났고, 얼마 지나지 않아 둘은 결혼을 했다. 컬런은 처음으로 자신의 삶에서 스스로 결정을 내리고 있었다.

이 스스로 내린 결정으로 컬런은 16년 동안 간호사로서 근무하면서 수십, 아니 수백 명의 목숨을 앗아갔다. 이 기간 동안 컬런은 해고를 당해 여러 병원을 전전했는데, 해고된 이유는 보통 컬런이 담당했던 환자의 사망과 관련된 것이었다.〔해고한 병원에서는 담당 환자의 사망과 관련해 컬런을 의심했지만, 소송이나 논란에 대비해 부검이나 내부 조사 없이 컬런을 해고하고 사건을 일단락했다는 사실이 추후에 알

려졌다.]

　간호대학에서 시작한 컬런의 삶의 여정은 얼마 지나지 않아 멈췄다. 1992년 말, 아드리안느 바움은 이혼소송을 제기했고 집중치료실에서 근무하고 있던 컬런에게 소장이 전달됐다. 컬런이 함께 키우던 요크셔테리어를 학대했을 뿐만 아니라 바움과 한 침대에서 자고 대화하길 거부했다는 것이 그 이유였다. 그다지 돈이 많지 않았던 컬런은 소송 과정에서 변호사 없이 법정에 서야 했고 이혼한 후에는 아파트 지하로 이사를 해야 했다. 컬런은 몇 년 안에 간호사를 때려치울 수도 있었지만 컬런은 매달 이혼 수당과 두 아이의 양육비를 충당하기 위해 일을 그만두지 않았다.

　이혼한 지 얼마 지나지 않아 컬런은 뉴저지주 필립스버그에 있는 워렌병원에서 일하게 됐다. 여기서 컬런은 치료제가 아니라 독극물로써 디곡신에 대해 알게 됐다. 얼마 지나지 않아 디곡신은 컬런의 주 살인 무기가 됐다. 유방암 수술 후 회복 중이던 91세 헬렌 딘의 병실에 신원미상의 남자 간호사가 들어왔다. 간호사는 딘의 아들인 래리에게 잠시 자리를 비켜달라고 요청했고 래리가 자리를 뜨자 딘에게 디곡신을 주입했다. 예상할 수 있듯이 딘의 상태는 급속도로 나빠졌고 다음 날 오후에 세상을 떠났다. 하지만 독성 검사로는 그 어떤 불법 약물도 검출할 수 없었다. 100개 이상의 화합물을 테스트했지만 디곡신은 검사 대상이 아니었기 때문이다. 컬런을 비롯해 여러 주변 인물들을 철저히 조사하고 거짓말탐지기도 실시했지만 컬런은 이를 무사히 통과해 위렌병원에서 계속 근무할 수 있었다. 컬런은 얼마 지나지 않아 다른 병원으로 이직했고, 1998년 10월 리버티병원에서 근무하면서 꼬리가 잡혔다.

컬런이 자신의 담당도 아닌 나이든 여성 환자 병실에 주사기를 들고 들어가는 모습을 동료들이 목격했기 때문이다. 다행히 환자는 목숨은 건졌지만 컬런과 실랑이를 벌이다 팔이 부러진 것 같았다. 리버티병원은 즉시 컬런을 해고했지만 컬런은 금세 다른 일을 찾을 수 있었다. 이 당시 전국적으로 간호사가 부족한 상황이었고 병원 간 고용시장에 나온 구직자들에 대한 자세한 정보를 공유하는 시스템이 없었기 때문이다. 컬런은 일주일도 안 돼서 다시 이직했는데 이번엔 펜실베니아의 이스턴병원이었다. 그해 말, 컬런은 자신이 담당한 환자가 금방 목숨을 잃었다는 이유로 다시 한 번 발목을 잡혔다. 이번에는 은퇴한 78세 철강노동자 오토모 슈람이었다. 슈람은 인공심박조율기가 있었기에 원래라면 디곡신을 절대 받지 않았겠지만, 컬런은 슈람에게도 디곡신을 심각한 수준으로 투여했다. 이 사건이 일어난 이후인 1999년 컬런은 근처 레이벨리병원으로 옮기기 전까지 이스턴병원에서 짧게 파트타임으로 일했다.

컬런은 상대적으로 감시가 허술한 디곡신과 인슐린 같은 약물을 사용했기에 쉽게 살인을 저지를 수 있었다. 밤마다 기록하는 점검표에서 가격이 비싸거나 스케줄에 맞춰 투여해야 하는 약물도, 모르핀같이 주의를 기울여 모니터링 해야 하는 약물도 사라지지 않았기에 직원들은 위험 신호를 알아차릴 수 없었다. 컬런은 이 방법에 있어서 두뇌 회전이 빨랐다. 디곡신은 보통 심박수와 심장 박동 리듬을 영구적인 손상이 생길 수준으로 떨어뜨려 죽음에 이르게 만든다(환자의 심박 수가 분당 35번까지 낮아졌다는 위더링의 기록을 떠올려보자).

수많은 환자들의 죽음에 연루돼 있는 상황에서도 컬런은 자살 충동을 멈추지 못했다. 그리고 2000년 1월 2일, 새천년이 시작하던 순간 컬런은 욕실에 들어가 숯불 그릴을 설치했다. 욕실을 밀실로 만들기 위해 조심스레 환풍기의 구멍을 막았고 숯불에 불을 붙였다. 그렇게 해서 일산화탄소 중독으로 생을 마감하려 했다. 하지만 이웃이 등유 냄새를 맡고 경찰을 부르면서 아파트 지하에서 생을 마감하는 일을 간신히 면할 수 있었다. 비통, 혼란, 절망, 죽음은 계속해서 컬런을 따라다녔다. 죽음만이 아직 컬런을 찾아오지 않았다.

경력이 쌓이자 컬런은 이 병원 저 병원을 옮겨 다니면서 병원의 시스템과 전기시설(해군에 있던 동안 익힌 것이 분명하다)에 대한 지식을 사용해 병원 정책과 컴퓨터를 조작했다. 여기에 딱 들어맞는 예시 중 하나로 컬런이 자신의 간호사 커리어 후반에 피크시스 약품보관기를 능숙하게 다뤘다는 점을 들 수 있다. 피크시스 약품보관기는 의약품을 보관하는 복잡한 조제 기계로 간호사, 약사 혹은 의사가 의약품 주문서를 입력하는 단말기와 연결돼 있다. 실제 스테로이드가 들어 있는 스테로이드 자판기를 상상해보자. 컬런은 피크시스 약품보관기에 주문을 입력하자마자 취소하면 약품을 보관하는 서랍의 문이 닫히지 않는다는 사실을 발견했다. 이 과정을 통해 컬런은 주문한 약을 손에 넣는 동시에 서류에 다른 사람이 알아차릴 수 있는 흔적을 하나도 남기지 않았다. 얼마 지나지 않아 다른 직원들이 컬런이 주문을 너무 많이 취소한다는 사실을 알아차리며 이 시스템의 결함을 의심하기 시작했다. 하지만 컬런은 자신이 원하는 것을 얻을 수 있는 다른 방법을 발견했다. 컬런에게는 다행히도 아세트아미노펜과 디곡신은 같은 서랍에 들어 있었다. 하나는 두통을 완화시켜줬고 다른 하나는 사망에 이르게 만들 수 있었다. 컬런은 아세트아미노펜을 주문하고 서랍 문이 열리면 디곡신을 꺼냈다.

컬런은 다시 뉴저지주 베들레헴에 있는 성누가병원의 심장질환 집중실로 근무지를 옮겼다. 이전 근무지를 그만둔 정황이 의심스러웠음에도 어떻게 매번 성공적으로 일자리를 구할 수 있었을까? 여러 병원과 잠재적 내부고발자들은 명예훼손을 주장하거나 법적 행동을 취한다고 위협하는 컬런을 두려워했을지도 모른다. 하지만 이 병원의 성심 캠퍼스의 어느 용감한 수간호사에게는 이 방법이 통하지 않았다. 이 수간호사는 컬런이 계속 병원에서 근무한다면 자신은 사표를 내겠다고 강력하게 말했다.

살인 간호사를 고발한 용기 있는 목소리

이 시점에서 컬런의 동료 간호사들이 용기를 내어 목소리를 냈고 뉴저지주 경찰이 수사를 시작했다. 경찰은 컬런과 관련해 특히 한 가지 사건에 주목했다. 동료 간호사 하나가 폐기물 수거함 (사용한 주사기를 버리는 쓰레기통)에서 뚜껑을 열지도 않은 프로카인 아미드와 나이트로프루사이드나트륨 유리병을 발견하고 보고를 올렸다. 프로카인아미드와 나이트로프루사이드 나트륨 모두 저렴한 의약품인 데다 향정신성 물질도 아니었지만 과도하게 복용하면 죽음에 이를 수 있다는 점에서 컬런이 살인에 사용한 의약품의 특성에 딱 들어맞았다. 프로카인아미드는 심장의 움직임을 달라지게 해 심박 수가 급격하게 늘어나게 할 수 있으며, 나이트로프루사이드 나트륨은 혈압을 급격하게 낮출 수 있다. 심지어 나이트로프루사이드 나트륨은 독특한 화학구조 때문에 과도하게 사용할 경우 청산가리에 중독될 수도 있다. 조사 결과, 컬런이 이 약품 은닉과 관련이 있다는 사실이 밝혀지자 컬런은 즉시 성누가병원을 그만뒀다. 동료 간호사는 주 경찰에게 컬런의 절도 행각을 신고하고 컬런이 보살폈던 약 70명의 환자가 사망했지만 컬런과의 상관관계를 밝혀내지 못한 병원 자체 기록을 제공하며 수사를 요청했다. 2002년 중반, 다행히 컬런이 병원에서 근무할 수 있는 시간은 거의 끝을 향해 달려가고 있었다. 동료들은 컬런이 본인 담당이 아닌 환자들의 기록을 훔쳐보고 그 환자의 병실에 있는 모습을 발견했다. 컬런은 2003년 뉴저지주의 서머싯에 있는 서머싯 메디컬센터로 근무지를 옮겼다. 그해 여름, 서머싯에서 컬런은 덜미를 잡혔다.

2003년 6월 15일, 컬런은 담당 환자가 아니었는데도 한진경이라는 마흔 살 암환자의 의료기록을 요청했다. 한씨는 이후 3개

· 최악의 연쇄살인 중 하나로 손꼽히는 찰스 컬런의 실화를 바탕으로 한 넷플릭스 영화 <그 남자, 좋은 간호사>의 오리지널 포스터.

월 만에 세상을 떠났다. 한씨가 사망하기 전 컬런이 다른 환자의 이름으로 디곡신을 주문했다는 사실이 소프트웨어 기록에 남았다. 그달 말, 컬런이 자신의 담당 환자가 아니었던 로마 가톨릭 성직자 플로리안 갈의 병실에 출입한 모습을 여러 직원들이 목격했다. 2003년 6월 27일, 컬런은 다른 환자의 이름으로 주문한 디곡신을 갈에게 반복적으로 투여했고 결국 다음 날 갈은 사망했다. 하지만 이번에는 목사였던 갈의 여동생 루실이 오빠의 부검 결과에서 디곡신을 발견했고, 타살의 가능성을 제기했다. 2003년 12월 12일 금요일, 컬런은 갈의 살인 사건과 서머싯 메디컬센터 재직 중에 있었던 살인미수 사건으로 체포됐다. 컬런은 애인과 스프링롤을 곁들여 술을 마시던 중 체포됐다. 다음 날, 컬런은 환자 40명에 대한 살인 혐의로 조사를 받기 시작했다. 수사관들은 피해자가 이보다 더 많을 것이며, 대략 300~400명 정도일 것이라고 추측했다. 컬런은 단숨에 미국 역사상 가장 끔찍한 연쇄살인범이 됐다. 컬런은 22명을 살해했고 6명은 살인미수에 그쳤다고 자백했다. 수사에 적극 협조하고 자백한 대가로 사형을 면한 컬런은 사실상 종신형에 해당하는 397년형을 선고받고 복역 중이다.

컬런은 노인뿐만 아니라 젊은 사람의 목숨도 노렸는데 세상을 자신 마음대로 조종할 수 있다는 것을 증명하기 위해 21세의 남자의 목숨을 앗아갔다. 21세의 남자는 별로 위험하지 않은 수술인 비장 이식을 위해 병원에 입원해 있었다. 컬런은 그렇게 많은 사람들의 삶에 관여해 목숨을 앗아가면서 자신이 정말로 좋은 일을 하고 있다고 생각했다. 컬런은 자신의 범행이 환자들이 느낄 고통의 고리를 끊어준 것이라며 항변했다. 지금 당장 고통스러운 건 아니더라도 결국 고통을 느낄 것이기에 자신이 미리 처리한 것이라고 주장했다. 비뚤어진 방식으로 컬런은 자신이 환자에게 좋은 일을 하고 있다고 생각했다.

살인자였지만 컬런에게 진짜로 좋은 일을 할 기회가 생겼다. 컬런은 자신의 아이를 낳은 전 여자친구의 어머니로부터 편지를 한 통 받았다. 편지의 내용은 신장이식이 절실한 자신의 아들인 어니 펙햄을 위해 신장이식 적합성 검사를 해달라는 것이었다.

컬런이 혈족은 아니었지만 7년 동안 기증자를 찾지 못하고 있던 참에 딸과 인연이 있는 컬런에게 한번 부탁을 해본 것인데, 컬런은 검사를 받았고 놀랍게도 신장이식이 가능한 것으로 나왔다. 펙햄의 가족은 너무나도 절실했기에 연쇄살인범의 신장을 받기로 했지만, 컬런의 피해자 가족들은 컬런이 자신의 죄를 선행으로 씻을 수 있다는 착각으로 정의의 심판대를 빠져나가는 것을 원하지 않았기에 컬런의 신장이식을 반대했다.

컬런의 신장 기증 절차에는 큰 난관이 하나 있었다. 컬런이 신장을 기증하기 위해서는 컬런에 관한 모든 선고 절차가 끝나야 가능한 일이었다. 사경을 헤매고 있는 펙햄의 상태를 알고 있던 컬런은 선행을 할 기회가 사라질까 봐 자신에 대한 선고 절차를 빨리 진행하지 않는 재판정에 큰 불만을 품고 있었다. 펜실베이니아주에서 판결을 받는 동안 컬런은 판사에게 불같이 화를 냈다. 컬런은 쉬지 않고 이렇게 말했다.

"친애하는 판사님, 옷 벗으셔야 할 겁니다."

컬런은 신장이식을 반대하는 피해자의 가족들의 시위로 인해 신장을 기증할 기회를 날려버리지 않을까 하는 두려움 때문에 계속 큰 소란을 피웠다. 재판정 직원은 컬런의 머리에 두건을 씌웠다. 컬런이 계속 소리를 지르자, 컬런 입에 재갈도 물렸다. 그래도 컬런의 절규는 멈추지 않았다. 그날의 소란으로 인해 컬런은 종신형에 6개월이 더 추가된 선고를 받았다. 이후 우여곡절 끝에 컬런은 2006년 8월 펙햄에게 성공적으로 신장을 기증했다. 이 글을 쓰는 지금도 컬런은 미국 어딘가의 감옥에 갇혀 있을 것이다. 가석방 신청이 가능한 2403년을 기다리며 말이다.

리핀스키의 제5법칙

(Lipinski's Rule of Five)

약물을 복용할 환자에게 얼마나 효과가 있는지 그리고 경구제제의 형태로 복용해도 효과가 있는지를 알고 싶은 의약화학자를 위한 간단한 방법이다. 이는 보통 타깃과 결합하는 물질을 찾는 연구를 진행하는 신약 개발 초기 단계에서 사용한다. 흥미롭게도 '법칙' 자체는 네 개밖에 없다. 그럼에도 제5법칙이라 한 이유는 모든 법칙 안에 5의 배수가 들어가기 때문이다.

리핀스키의 제5법칙은 약물이 아래의 네 가지 법칙 중 한 번 이상 위반하지 않는다면 경구제제로 만들 수 있다고 말한다.

① 수소결합 주개(다른 분자에게 수소 원자를 제공하는 특성)가 5개 이하.

② 수소결합 받개(다른 분자의 수소 원자를 받을 수 있는 특성)가 10개 이하.

③ 분자량은 500달톤 이하.

그리고 인정하건데 마지막 법칙은 가장 이해하기 어렵다.

④ 옥탄올과 물 사이에서 분배계수〔섞이지 않는 두 용매에 용해된 용질의 농도〕가 5보다 커야 한다. 마지막 법칙은 지질(예를 들어, 지방이 있다)에 저분자가 얼마나 잘 용해되는지 그리고 체내를 돌아다니다 다양한 기관과 얼마나 잘 결합하는지를 보여준다.

의약 합성에서 매우 중요한 규칙 중 하나이지만 '규칙'이기 때문에 예외도 많이 있다.

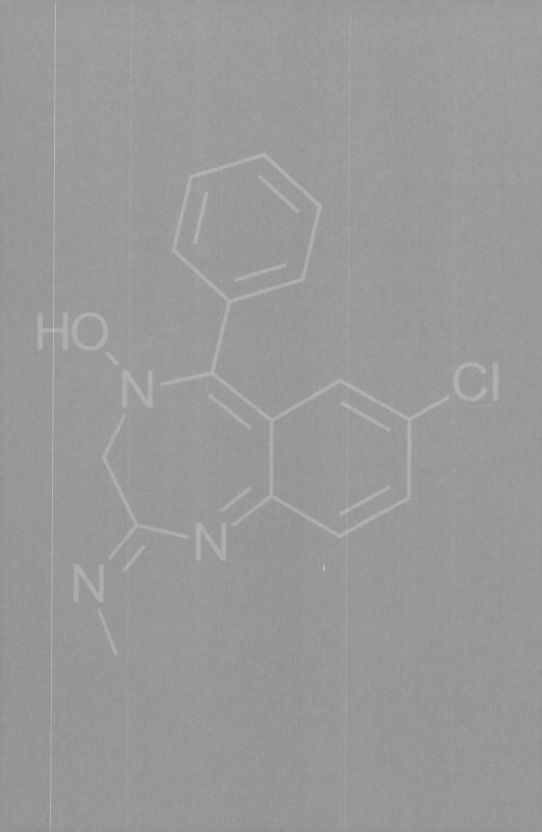

클로르디아제폭시드

스스로 실험 쥐가 되어 만든 신경안정제

Chlordiazepoxide

상품명 리브륨

불안, 불면증, 알코올이나 기타
중독의 금단증상의 완화에
사용되는 벤조디아제핀계 의약품.

- 1977년 1월 의학 저널 《메디컬 이코노믹스Medical Economics》에 실린 리브륨의 광고. 전 세계에서 수행된 수많은 약리학 및 임상 연구에서 지속적으로 효과가 입증되었다고 강조하는 내용.

희귀하고 많은 연구가 이루어지지 않은 화합물이 담긴 유리병이 오랫동안 기억에서 잊힌 채 선반에서 자리를 지키고 있었다. 하마터면 반년마다 한 번씩 진행하는 실험실 청소 중에 쓰레기 더미 속에 버려질 뻔 했다. 만약 버려졌다면 어떻게 됐을까? 그랬다면 우리는 벤조디아제핀, 클로르디아제폭시드, 그리고 그 뒤에 등장한 모든 유도체[어떤 화합물의 일부를 화학적으로 변화시켜서 얻어지는 유사한 화합물](20세기에 가장 중요한 약물 중 하나인 바리움)를 발견할 기회를 놓쳤을 것이다. 클로르디아제폭시드와 밀접한 경력을 지닌 과학자는 레오 스턴바크Leo Henryk Sternbach였다. 스턴바크는 쓰레기 더미에서 클로르디아제폭시드를 구해낸 과학자다. 이번 장에서는 스턴바크가 불안에 고통받는 사람을 치유할 수 있는 새로운 시대를 열고 뒤따라 등장하는 수많은 유명한 의약품이 탄생하기 전 어떻게 격동의 유럽에서 도망쳐 안전한 미국으로 오게 됐는지를 들여다볼 것이다.

뉴저지주의 피난처

스턴바크는 1908년 오늘날 크로아티아 자리에 있었던 오스트리아-헝가리 제국에서 약사의 아들로 태어났다. 태생적으로 화학과 자연에 대한 궁금증이 많았고, 자신만의 화약을 만들기 위해 제1차 세계대전이 휩쓸고 간 자리에 남은 포탄을 분해하면서 생긴 화학과의 사랑을 평생에 걸쳐 키워나갔다. 위험한 작업이었지만 스턴바크의 기민한 머리와 손 덕에 큰 사고가 일어나지는 않았다.

어린 시절 스턴바크의 가족은 약국을 열기 위해 폴란드 크라쿠프로 이사했고, 어렸던 스턴바크의 교육과정을 마치기 위해 쭉 크라쿠프에 머물렀다. 1931년 스턴바크는 크라쿠프대학교에서 유기화학 박사학위를 취득했다. 스턴바크은 유대인 집안에서 태어났기에 그다음 단계를 내딛는 과정을 심사숙고할 수밖에 없었다. 그 당시 이 지역에 나치 정권의 세력이 커지고 있었기에 이를 피하기 위해 스턴바크는 자신의 경력을 어디에서 쌓아야 할지 조심스럽게 계산하고 있었다. 졸업한 후 몇 년이 흘러, 나치의 군홧발에 폴란드가 짓밟히자 스턴바크는 미래에 노벨상을 받게 되는 레오폴트 루지치카Leopold Ruzicka와 함께 스위스 취리히의 스위스연방연구소로 향했다. 크라쿠프대학교에서 스턴바크와 함께 일한 과학자들은 대부분 나치의 작센하우젠 수용소로 보내졌다. 스턴바크는 자신이 유대인 핏줄을 지니고 있어 앞길이 순탄치 않을 것이라 생각했기에 빠르게 스위스연방연구소로 적을 옮기고 1940년 스위스 바젤의 F. 호프만 라 로슈(오늘날에는 그냥 호프만 라 로슈라 부른다)에 입사했다. 하지만 스위스에도 그리 오래 머무를 수 없었다. 호프만 라 로슈는 모든 유대인 직원과 그 가족들을 미국 지사로 이동시키려는 당시에는 드물었던 미래를 예견한 회사였다. 1941년 6월 22일, 뉴저지주의 너틀리(크라쿠프나 바젤과는 완전히 다른 지역)는 까다로운 이주 여정 동안 서로에게 의지했던 스턴바크와 아내인 헤타 같은 커플들을 위한 안식처가 됐다.

1940년대 초, 스턴바크가 미국에 정착한 후 호프만 라 로슈는 스턴바크에게 천연물인 비오틴을 인공적으로 합성할 수 있는 방법을 찾으라는 까다로운 숙제를 맡겼다. 비오틴은 비타민 B7이라는 이름으로 더 잘 알려져 있으며 이 비타민이 들어 있는 보충제는 종종 머리카락, 피부, 손톱에 윤기를 더한다는 광고 문구를 달고 있다. 비오틴이 부족하면 머리카락이 가늘어지고 피부가 거칠어지며 발진이 생기고 손톱이 잘 부러진다. 비오틴을 공장 규모로 합성하는 방법을 발견한 스턴바크의 업적은 지금까지 그가 일궈낸 위대한 업적 중 하나로 찬사를 받는다. 여기에 사용한 화합물은 매우 까다로운 물질이었는데, 최종물질을 만드는 과정 중에 여러 개의 카이랄 중심〔중심 원자를 기준으로 좌우가 다른 구조를 갖는 경우 중심 원자〕을 보호해야 했기 때문이다. 스턴바크는 비오틴에 대한 연구를 진행하면서 약물 디자인 세계에 발을 들여놓게 됐다. 수술 중 심장 활동을 늦추는 자율 신경절〔교감신경간, 말초신경절 또는 자율신경계의 지배를 받는 기관벽 내에 존재하는 신경절〕 차단약인 트라이메타판 캄실레이트(상품명: 아르포나드) 효율이 높아지도록 제조하면서 말이다. 아르포나드를 제작한 후 스턴바크는 자신의 경력에 있어 가장 중요한 임무를 맡게 됐는데 이 모든 건 정말 단순한 부분에서 시작했다. 바로 스턴바크가 간단한 방법을 포기하고 의도적으로 더 복잡한 방법을 선택한 것이었다. 이 방법으로 신경안정제인 토피소팜 같이 완전히 새로운 종류의 의약품이 세상에 등장했다.

호프만 라 로슈는 스턴바크와 함께 당시 사람들이 많이 복용하던 메프로바메이트〔최면, 항불안제, 진정제, 항경련제〕의 미투me-too 약물〔이미 존재하는 성공적인 약물 구조를 모델로 해 오리지널 의약품보다 효과를 높이는 방향으로 합성하고 임상시험을 거쳐 시장에 등장한 약물〕을 만드는 연구를 할 때만 해도 완전히 획기적인 무언가가 만들어질 것이라 생각하지 않았다. 메프로바메이트는 1950년대 왈라스 제약회사가 판매했던 놀라운 약물이었는데 대변인이자 환자였던 밀튼 버얼이 늘 갖고 다니던 진정제로, 밀타운이란 이름으로 판매됐다. 버얼은 자신이 진행하던 프로그램에서 자신을 '밀타운 아저씨'라는 별명으로 소개했다. 호프만 라 로슈는 스턴바크가 간단한 일 하나를 했으면 했다. 메프로바메이트의 구조를 바꿔 불안 증세를 완화할 수 있을 정도의 활성을 지니면서도 가장 중요하게도 왈라스 제약회사의 권리를 침해하지 않을 수 있는 화합물을 만드는 일을 말이다.

그러나 스턴바크는 단순한 방법을 원하지 않았다. 바로 몇 년 전 비오틴을 성공적으로 합성해낸 바로 그 인물의 적성에 맞지 않는 일이었기 때문이다. 스턴바크는 1930년대 폴란드에서 연구했을 때 합성했던 다양한 화합물을 떠올리며 신경안정제의 이점을 지닌 완전히 새로운 약물을 만들기로 결심했다. 벤즈헵트옥사디아진benzheptoxdiazines은 원래 합성염료로 사용됐지만 이 화합물은 염료로써의 역할을 잘 해내지 못했다. 스턴바크는 벤즈헵트옥사디아진을 기억하고 있었고, 이 화합물의 구조적인 특징 덕에 신경안정제 역할을 할 수 있으며 수많은 합성 실험의 출발점이 될 것이라 생각했다. 이번 장에서는 스턴바크가 연구 경력 동안 자신에게 이미 친숙한 것에 집착하는 모습을 보게 될 것이다. 이런 집착은 스턴바크에게 어마어마한 배당금을 선사했다. 스턴바크는 이 벤즈헵트옥사디아진 합성염료를 수도 없이 많이 합성했고 헵트-1,2,6-옥소디아진hept-1,2,6-oxodiazine에서 출발해 적어도 40개의 제각기 다른 형태를 지닌 전도유망한 신경안정제 약물을 만들었다. 그러나 몇 번이고 반복해서 동물실험을 했음에도 별 효과가 없다는 사실만 증명했다. 그럼에도 첫 벤조디아제핀(신경안정제에 속하는 향정신성의약품의 하나)을 향한 여정에 운이 없진 않았다.

두 다리가 달린 생쥐를 찾아온 행운

새로운 신경안정제 약물을 찾는 동안 2년이 흘렀고 그사이 호프만 라 로슈는 스턴바크에게 새로운 항생제를 만들라는 임무를 주었다. 항생제 프로젝트를 시작한 지 몇 년이 지난 1957년, 스턴바크는 실험실을 청소하는 중요하면서도 몹시 고된 임무를 수행하고 있었다. 청소하던 중 스턴바크는 'Ro 5-0690'이라는 라벨이 붙어 있던 헵트-1,2,6-옥소디아진 유도체를 발견했다. 스턴바크는 즉흥적으로 이 화합물로 동물실험을 해보기로 했다. 실험결과는 Ro 5-0690의 성능이 메프로바메이트보다 뛰어나진 않더라도 최소한 거의 비슷하다는 사실을 보여주었다. 구조 분석 결과, Ro 5-0690의 정체가 벤조디아제핀이며 완전히 새로운 종류의 약물이 등장했다는 사실을 알게 됐다. 호프만 라 로슈는 상품명을 달고 시장에 나오기 전, Ro 5-0690에게 '클로르디아제폭시드'라는 이름을 선사했다.

신경안정제로서 화합물의 유효성을 결정한 첫 테스트 중 하나는 이 화합물을 투약한 쥐가 그물 형태의 철망을 오르게 하는 것이었다. 만약 쥐가 성공적으로 철망을 기어 올라간다면 화합물은 이미 존재하는 약물만큼 효과적이지 않다는 뜻이겠지만 쥐가 철망 아래로 미끄러진다면 신약개발팀은 승리를 거머쥐게 될 것이다. 쥐에게는 그리 재미있는 일이 아니었겠지만 몇 년 동안 진행된 수많은 동물실험보다는 훨씬 인도적인 것이었다(적어도 이 책에서 언급된 것보다 말이다. 나라면 존 케이드의 리튬염 실험에 사용된 기니피그처럼 복부에 소변을 주입하기보다 차라리 약을 투여하고 철망에서 미끄러지는 쪽을 택할 것 같다). 역사는 베릴 카펠Beryl Kappel이라는 분석업무 담당자를 조명했다. 카펠이 수많은 실험을 진행하던 시기는 호프만 라 로슈가 클로르디아제폭시드를 발견한 시기와 7년 정도 겹친다. 카펠은 약물의 효능을 측정하기 위한 기준으로 그 당시 시장을 주름잡던 두 신경안정제인 메프로바메이트와 클로르프로마진을 사용했다.

스턴바크는 그 당시 많은 화학자들처럼 스스로를 '다리 두 개

달린 쥐'라 생각하며 스스로에게 합성한 약물을 투약해봤다. 염기와 산을 맛으로 구분(일반적으로 염기는 쓴맛이 나고 레몬에 있는 시트르산을 떠올리면 알 수 있듯이 산은 신맛이 난다)하기도 했기에 이런 방법이 장점이나 타당한 이유가 없는 완전히 비이성적인 행동은 아니었다. 그러나 스턴바크는 맛을 보는 데서 그치지 않고 자신이 합성한 약물이 실제로 효과가 있는지를 스스로 확인하려 했다. 클로르디아제폭시드를 시험해본 날 스턴바크는 집으로 돌아가는 길이 유난히 고됐다는 사실을 떠올렸다. 하지만 이는 아직까지 알려지지 않은 다른 화합물을 사용한 실험보다는 나았다. 스턴바크가 이 화합물을 복용한 지 몇 시간 지나지 않아 다리가 후들거리기 시작했고 동료들은 스턴바크의 아내에게 전화해 데려가라고 말해야 했다. 스턴바크는 그 후로 이틀을 침대에서 보내야 했다.

여기서 두 번째로 재미있는 이야기가 등장한다. 이 이야기는 벤조디아제핀을 처음 '운 좋게' 발견한 이야기와 종종 함께 등장한다. 이는 스턴바크가 호프만 라 로슈의 규정에 따라 항생제 연구를 시작했음에도 신경안정제로 사용할 수 있는 벤즈헵트옥사디아진을 꾸준히 찾아다닌 이야기다. 두 번째 이야기에서 스턴바크는 의도적으로 Ro 5-0690을 개발하고 시험했지만 6개월 동안 별 다른 진척이 없었다. 그리고 '공식적으로' Ro 5-0690로 실험을 하기 위해 정기적으로 했던 실험실 대청소 도중에 발견했다는 평계를 대고 분석실로 보냈다. 이 이야기에서 눈에 띄는 점은 실험실을 청소하는 평범한 작업을 하던 스턴바크를 행운의 여신이 굽어 살폈다는 것이다. 이 이야기는 과학자들에게 뜻밖의 재미가 고개를 들 수 있는 기회를 간과하지 말고 늘 주시하고 있어야 한다는 교훈을 준다.

1958년 클로르디아제폭시드의 첫 임상시험은 나이든 사람들을 중심으로 진행됐다. 안타깝게도 환자에게 투여한 클로르디아제폭시드의 용량은 오늘날 우리가 보기에는 과하다는 생각이 들 것이다. 그래서인지 나이든 임상시험 참가자들은 과하게 안정돼 말이 어눌해지기까지 했다. 환자들의 불안은 사라졌지만 과도하게 안정되고 어눌해진 말투는 시장에 내려는 신약에서 발생하지 않았으면 하는 부작용이었다. 호프만 라 로슈는 클로르디아제폭시드의 용량을 줄여 실험하기 위해 텍사스주 갤바스턴의 의사를 설득했고 두 번째 임상시험은 성공적이었다. 1960년 클로르디아제폭시드가 시장에 등장했다. 약물연구는 실험대에서 임상시험, 그리고 환자까지 맹렬한 속도로 진행됐지만 당시는 FDA가 지금처럼 불필요한 절차에 매달리기 60년 전이었다는 점을 기억하자. 시장에 내놓기 위해 클로르디아제폭시드라는 우스꽝스러운 이름 대신 환자가 안정감과 평정심을 느낄 수 있도록 리브륨librium이라는 이름을 붙였다.

클로르디아제폭시드는 오늘날 꾸준히 효과를 발휘하는 벤조디아제핀계 약물이다. 클로르디아제폭시드의 반감기는 대략 하루 정도지만 효과는 더 오래 가는 듯한 느낌이 든다. 이는 클로르디아제폭시드 분자가 간에서 대사되고 계속해서 신체를 진정시키는 효과가 있는 분자인 데스메틸디아제팜을 생성하기 때문

166

이다. 데스메틸디아제팜은 대략 100시간 정도까지 효과가 지속되는 물질이다. 클로르디아제폭시드와 다른 벤조디아제핀계 물질은 신경전달물질인 감마아미노뷰티르산(혹은 GABA라는 약칭으로도 부른다)과 뉴런이 결합하는 위치 근처에 결합해 신체에 영향을 미친다. 이 과정을 통해 GABA 분자가 결합할 가능성은 더 높아진다. GABA 분자가 이 위치에 결합하면 염화이온이 뉴런 안으로 밀려들어가 뉴런 안이 음전하를 띠게 된다. 결국 뉴런은 전체적으로 음전하를 띠기에 뉴런이 활성화되기 위해 한 순간에 전위가 양전하로 전환되는 반응을 더 어렵게 만든다. 이는 뉴런의 반응을 효과적으로 억제하며 결국 중추신경계를 억제하여 진정시킨다.

클로르디아제폭시드의 발전과 바륨의 탄생

스턴바크는 이전에 만들었던 화합물을 한 단계 더 발전시키면서 스스로에게 도전했고 더 효과적인 약물을 만들기 위해 클로르디아제폭시드의 구조를 꾸준히 손봤다. 그리고 마침내 성공했다. 몇 년 만에 스턴바크는 바륨(이 이름은 라틴어 'valere'에서 따왔는데, '용맹하다'는 뜻을 담고 있다)이라는 상품명으로 더 잘 알려진 디아제팜을 만들어냈다. 1963년 바륨은 시장에 등장하자마자 곧장 클로르디아제폭시드의 자리를 빼앗았다.

디아제팜(바륨)이 클로르디아제폭시드를 변형시킨 것이기에 구조적으로 비슷한 점이 많을 것이라 추측된다. 그리고 그런 추측은 타당하다. 디아제팜은 사실 미미한 원자 단위에서 변화가 일어나 클로르디아제폭시드의 일부가 잘려진 형태다. 클로르디아제폭시드는 300달톤에 조금 못 미치지만 디아제팜은 285달톤이 안 된다.

1960년대와 1970년대에 바륨은 미국에서 처방전이 필요한 다른 그 어떤 약물 보다 많이 팔렸다. 1987년 한 해에만 바륨 알약은 28억 개가 생산됐다. 얼마 지나지 않아 바륨이 클로르디아제폭시드를 대체했던 것처럼 바륨도 수많은 정신과의사와 일반의의 처방전에서 같은 벤조디아제핀 계열 약물인 자낙스(제네릭명〔카피약명〕: 알프라졸람)로 대체됐다.

수십 년 동안 신경안정제로써 벤조디아제핀의 이점은 금단증상, 의존 문제, 남용 문제를 무색하게 만들었다. 벤조디아제핀의 의존성에 대한 징후는 1970년대에 수면 위로 올라왔다. 하지만 여전히 어마어마한 비율로 처방되고 있다. 이 징후는 클로르디아제폭시드를 고농도로 복용한 수감자들에게서 확연히 드러났다. 당시에는 클로르디아제폭시드와 그 자매품 격인 디아제팜을 저용량으로 일상에서 사용해도 비슷한 의존성을 일으키는가에 대해서는 잘 몰랐다. 벤조디아제핀 의존성은 우리의 몸이 작은 분자에 의존해 작동하기 시작할 때 고개를 들었다. 환자는 벤조디아제핀을 끊으면 처음의 불안한 상태로 다시 돌아갔다. 일단 상태가 원상 복구되면 증상은 치료하기 전보다 훨씬 악화되기도 했다. 벤조디아제핀 복용을 갑자기 멈추면서 생기는 금단증상은 흔히 불면증으로 이어지며 여러 날 밤에 잠이 들지 못하게 만들기도 한다. 이 금단증상은 몇 주에 걸쳐 벤조디아제핀의 용량을 천천히 줄이는 테이퍼링〔tapering. 폭이 점점 가늘어진다는 의미로, 마라톤이나 수영 선수 등 지구력이 필요한 운동선수들이 중요한 시합을 앞두고 훈련량을 점차적으로 줄여나가는 과정을 일컫는 말〕 같은 방법으로 완화할 수 있다.

정상인에 가까운 삶을 영위하기 위해 벤조디아제핀에 의지하는 사람의 의존성과 정반대편에 있는 건, 처방전 없이 약물을 향락적으로 사용하는 벤조디아제핀 남용자들이다. 벤조디아제핀을 장기간 복용했다면 금단증상이 생길 수 있다. 알코올과 벤조디아제핀을 같이 복용하는 건 특히 위험하다. 둘 다 중추신경계를 억제하기에 그 힘이 배로 늘어나기 때문이다. 그 결과 둘을 동시에 복용한 환자에서 호흡억제, 혼수상태를 반복적으로 관찰할 수 있었고, 심지어 사망하기까지도 했다.

흥미롭게도 벤조디아제핀은 알코올 금단증상으로 고통받는 사람을 도울 수 있다. 알코올은 벤조디아제핀계열인 GABA과 유사하게 작동하지만 갑자기 술을 끊으면 뉴런은 그 순간 과잉 활동을 한다. 벤조디아제핀은 증상을 오랜 시간에 걸쳐 천천히 완화시키기에 이 과잉 활동을 늦추는 데 활용할 수 있다. 디아제팜과 클로르디아제폭시드도 알코올 금단증상을 치료하는 데 활용할 수 있다. 둘 다 벤조디아제핀으로 장기간에 걸쳐 안정적으로 활성을 띠기에 금주를 했을 때 뉴런에서 벌어지는 폭풍우를 가라앉힐 수 있다.

- 2019년 스턴바크의 고향인 크로아티아 오파티야 거리에 등장한 그를 기리는 벽화.

스턴바크의 오랜 유산

벤조디아제핀을 둘러싼 단점에도 바륨과 클로르디아제폭시드를 발견한 업적만으로 스턴바크는 20세기에 들어 가장 성공적인 신약개발자가 됐다. 그러나 스턴바크는 여기서 멈추지 않았다. 스턴바크는 바륨과 클로르디아제폭시드뿐만 아니라 신경안정제인 클로노핀, 불면증 치료제인 모가돈과 달마인, 제산제인 쿼즌, 또한 안타깝게도 종종 남용되는 로히프놀(벤조디아제핀계 수면제로 효과가 강력해 복용 시 심신을 무력하게 하는 효과가 있어 범죄에 사용되는 경우가 많다)을 개발하는 데도 큰 역할을 했다. 대부분은 벤조디아제핀과 비슷한 계열이며 새로운 물질을 발견하고자하는 희망으로 이전에 만든 물질을 계속 손보는 스턴바크의 성격을 엿볼 수 있다. 스턴바크는 일을 그만둘 때쯤 241개의 특허를 출원한 과학자가 되었다.

스턴바크의 연구로 호프만 라 로슈는 오늘날 거대한 제약회사로 성장했다. 1994년 어느 날, 스턴바크의 특허에서 시작된 연구는 호프만 라 로슈 전 세계 판매 수익의 28퍼센트를 담당하고 있었다. 회사 수익의 4분의 1 이상이 뇌와 화합물 사이의 관계에 대한 스턴바크의 연구 덕분이었지만, 제약의 역사를 수놓은 다양한 발견에도 불구하고 스턴바크는 특허당 1달러밖에 수익(클로르디아제폭시드와 디아제팜의 발견도 각각 1달러밖에 수익을 내지 못했다는 뜻이다)을 내지 못했다. 호프만 라 로슈에서 월급을 받았고 계약에 따라 회사는 스턴바크 발견에 대한 모든 권리를 가져갔다.

호프만 라 로슈는 스턴바크에게 금전적인 것을 포함해 여러 번 상을 수여했다. 스턴바크는 그 덕에 회사에서 높은 직급까지 올라갈 수 있었고 1973년 의약화학국장으로 퇴직했다. 마음씨가 따뜻했던 스턴바크는 고문으로서 호프만 라 로슈와의 관계를 이어갔다. 스턴바크가 2003년, 95세의 나이가 될 때까지 꾸준히 사무실에 나왔기에 의심할 여지없이 회사는 상당한 추가 이득을 얻었을 것이다. 스턴바크가 회사를 그만둔 이유는 아내인 헤타와 함께 두 아들 중 하나인 대니얼의 집 가까운 곳으로 옮기기 위해 뉴저지주에서 노스캐롤라이나주로 이사를 했기 때문이다. 대니얼은 아버지의 뒤를 따라 비슷한 직업을 가졌지만 라이벌 제약회사인 글락소스미스클라인에서 근무했다. 그러나 대니얼에게 뭐라 할 순 없을 것이다. 아버지의 커다란 그늘에서 벗어나는 일은 극복하기 힘든 일이었을 것이기 때문이다. 스턴바크가 자신을 다리 두 개 달린 쥐라고 생각했음에도 말이다.

미투 약물이란 무엇일까?

정말 딱 어울리는 이름이다. 이름처럼 이 약물은 이미 존재하는 성공적인 약물 구조를 모델로 해 오리지널 의약품보다 효과를 높이는 방향으로 합성하고 임상시험을 거쳐 시장에 등장한 약물을 뜻한다. 약리학 분야의 거인이자 그 유명한《굿맨과 길먼의 치료학의 약리학적 기초Good-man and Gilman's the Pharmacological Basis of Therapeutics》를 쓴 루이스 굿맨Louis Sanford Goodman은 1956년 심포지엄에서 처음 이 단어를 사용했다. 심포지엄에서 굿맨은 환자에게 더 많은 혜택을 선사할 새로운 치료법을 연구 개발할 수 있는 길을 개척하는 대신, 자신의 혹은 다른 제약회사의 성공을 모방하는 제약회사의 현재 진행 중인 문제를 언급했다. 특히 미국과학한림원을 대상으로 한 심포지엄에서 '그 어떤 이점도 없는 약물인 미투 약물이 등장하면서 생긴 문제'를 두고 격분했다.

미투 약물을 두고 굿맨이 가장 걱정했던 부분은 수십 년이 지난 지금도 여전히 문제가 되고 있다. 이 범주에 속하는 약물은 종종 특허로 출원되고 시장에 등장해 이전에 진행된 연구 개발의 이득을 취해 제약회사의 주머니를 불린다. 그리고 구조적으로 미미한 변화 덕에 승인을 받을 확률도 증가한다. 특히 특허가 끝나가는 유명한 약물의 구조를 아주 살짝만 변화시켜 생산하고 특허를 출원하는 '미어게인me-again' 약물도 여기에 해당한다.

미투 약물의 예로 1960년에 세상에 등장한 삼환계 항우울제 아미트리프틸린amitriptyline을 들 수 있다. 이는 1958년에 탄생한 이미프라민impramine의 구조를 보고 만들었다. 아미트리프틸린과 이미프라민의 유일한 차이는 탄소가 질소로 치환된 것뿐이며 그마저 환자에게는 그 어떤 이

점도 없다. 흥미롭게도 아미트리프틸린은 여전히 사용되고 있으며 심지어 완화치료제와 우울장애 치료제로써 세계보건기구의 필수 의약품 목록에도 올라 있다. 요즘에는 거울상 이성질체〔거울에 비춘 상처럼 좌우만 뒤바뀌었을 뿐 나머지 구조는 같은 이성질체〕가 혼합돼 있는 라세미 혼합물〔서로 거울상 관계에 있는 우회전성 물체와 좌회전성 물체가 각각 50퍼센트씩 섞여 있는 혼합물〕을 분리하는 식으로 미투 약물 혹은 미어게인 약물을 만든다. 손쉬운 목표를 원하는 이들과 약학계의 특허 전쟁이 계속되는 한 미투 약물은 사라지지 않을 것이다. 우리의 몫은 소비자로서 이를 인지하고 새로 나왔다고 해서 더 나은 것이 아니라는 사실을 명심하는 것이다.

아산화질소

의료용 웃음 가스

Nitrous Oxide

질산암모늄을 열분해할 때 생기는
화학식 N2O의 무색 투명한 기체.
흡입하면 얼굴 근육에 경련이 일어나
마치 웃는 것처럼 보여 '웃음 가스'라고도
한다. 마취성이 있어 외과수술 시
전신마취에 사용하는 경우도 있다.

NITROUS OXIDE (LIQUEFIED.)

Patented March 25, 1879 (Nos. 213,575 and 213,576) ; Jan. 1, 1884.

Surgeon's Case, F No. 1.

- 액화 아산화질소 탱크 특허 포스터. 1772년 프리스틀리가 아산화질소를 발견한 후 1800년대 후반이 되어서야 아산화질소가 외과 및 치과 시술에 사용되기 시작했다.

1772년 처음 합성되고 치과의사와 내과의사가 오늘날 우리가 익숙하게 사용하는 것처럼 아산화질소를 진정제와 진통제로 사용하기까지는 100년이 넘게 걸렸다. 그동안 아산화질소는 그 당시 가장 유명했던 두 명의 과학자, 조지프 프리스틀리Joseph Priestley와 험프리 데이비Humphry Davy의 손으로 전해져 내려왔다. 이들의 손으로 전해진 아산화질소는 약간의 비상한 재주를 갖게 됐다. 아산화질소는 여행 전람회에서 사람들을 끌어들이는 용도로 사용했고 비용을 지불할 용의가 있는 사람이라면 누구나 환영이었다. 그러나 전시가 열렸던 어느 운명적인 밤, 의약품으로써 한 사람의 인생을 완전히 파괴하는 동시에 약물로써 활용될 수 있는 아산화질소의 미래가 시작됐다.

과학과 종교의 진리를 탐구한 박식가, 프리스틀리

의류 화학처리 담당자(직물산업에서 화학적 처리를 담당하는 사람을 부르는 말)의 아들이었던 프리스틀리는 1733년에 태어났다. 아내가 세상을 뜨면서 가족을 부양하는 일이 버거워지자 프리스틀리 아버지는 직물산업에 대해 걱정이 많아졌다. 프리스틀리의 어머니가 세상을 떠난 지 얼마 지나지 않아 여섯 살이 된 어린 프

리스틀리는 숙모인 키틀리에게 보내졌다. 키틀리는 프리스틀리
와 함께 살게 된 지 얼마 지나지 않아 남편을 잃었지만 평생 동
안 프리스틀리에게 어머니가 되어주었다. 일반적이지 않은 정치
적, 종교적 신념을 지녔던 키틀리는 이 어린 아이에게 자신의 생
각을 '투영'하며 어린 아이의 내면을 만들어나갔다. 남편을 잃은
지 얼마 안 됐던 키틀리는 1742년 프리스틀리를 입양하면서 프
리스틀리에게 영원한 안식처를 선사했다. 종교와 과학이 분리되
기 전인 이 시기에 유명해진 걸 보면 프리스틀리('priestly'는 '사제
같은'이라는 뜻도 있다)는 꼭 맞는 이름을 지닌 듯하다. 키틀리는 프
리스틀리의 교육을 맡으며 프리스틀리를 18세기의 위대한 박식
가 중 한 명으로 이끌 배움에 대한 열정에 힘을 쏟았다. 키틀리
는 스스로 그 과정에서 아홉 가지 언어를 배우며 뛰어난 종교적,
과학적 연구도 수행했다.

그럼에도 프리스틀리가 최고의 명문 학교에 입학하지 못했다
는 사실은 매우 놀랍다. 프리스틀리에게 맹목적인 사랑을 쏟았
던 숙모는 자신의 종교적 신념으로 프리스틀리를 양육했다. 숙
모는 영국 국교회에 반하는 비국교도가 되도록 지도했다. 옥스
퍼드대학교와 케임브리지대학교는 비국교도였던 프리스틀리에
게 문을 열지 않았기에 프리스틀리는 교육받을 기회가 제한적
이었다. 10대였던 프리스틀리는 대번트리에 있는 비국교도학교
에 입학했다. 그 후 프리스틀리는 22세가 되던 해에 영국 서퍽
에 있는 작은 교회를 관리하는 목사직을 맡았다. 프리스틀리는
뛰어난 지적 능력에도 교회에서는 1년에 30파운드(현재 가치로 약

200만 원)밖에 받지 못했기에 늘 돈이 부족했다. 그래서 교회 옆에 작은 학교를 세워 수입을 충당했다. 게다가 프리슬리는 원래 말을 더듬는 습관이 있었기에 의도적으로 자신의 설교와 강의 스타일을 조금 여유롭게 만들려 했다. 교육을 하는 동안 프리스틀리는 첫 책을 쓰기 시작했다. 1761년 자신의 깊고 넓은 지식에 대한 광범위한 설명을 담은《영문법의 기초The Rudiments of English Grammar》를 출간했다.

이 책은 그다음 세기에서도 읽힐 만큼 꽤 인기를 끌었다. 런던에 있는 동안 벤저민 프랭클린(미국의 정치인, 일명 '건국의 아버지들' 중 한 명)과 친구가 되고 프랭클린의 전기電氣에 대한 연구에 매료된 프리스틀리는 완전히 다른 두꺼운 책을 읽었다. 프랭클린이 중대한 연구를 구축해나가던 동안 프리스틀리는 자신만의 연구와 실험을 다양하게 진행했고 1767년《전기의 역사와 현재 The History and Present State of Electricity》를 출간했다. 이 책의 두 번째판을 쓰는 동안 프리스틀리는 카우츄크(18세기에 영국에 처음 소개된 천연 고무)에 연필 선을 지울 수 있는 특성이 있어, 이전에 사용하던 빵부스러기를 대신할 수 있다는 사실을 발견했다. 또, 오늘날 우리가 마시는 탄산음료의 선구자 격인 피어몬트 워터를 만들기도 했다. 지역의 광천에서 얻은 물에 자신의 집 근처에 있던 맥주공장의 도움을 받아 이산화탄소를 주입해서 말이다. 이산화탄소가 물에 녹아 생기는 흥미로운 영향에 감명받은 프리스틀리는 다양한 기체를 연구(비록 이 기체를 오늘날 우리처럼 이를 기체라 부르는 대신 '공기'라 불렀지만)하기 시작했다. 이 연구는 프리스틀리의 과학

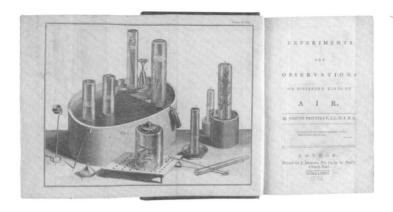

연구에서 가장 유익한 부분이었다. 이 관찰을 기록하기 위해 프리스틀리는 1775년 초에《다양한 종류의 공기에 대한 실험과 관찰Experiments and Observations on Different Kinds of Air》이라는 제목으로 책 몇 권을 출간했다.

산소를 발견하고 정제하는 일은 프리스틀리의 가장 중요한 업적이자 다양한 기체 혹은 당시 프리스틀리의 말을 빌리자면 '공기'에 대한 연구의 핵심적인 부분이었다. 기체를 연구하기 위해 프리스틀리는 직경 30센티미터 크기의 렌즈를 사용했다. 이 렌즈는 시야에 있는 물체에 태양 빛을 집중시키기에 '불타는 렌즈'라고도 불렸다. 1774년 어느 날, 프리스틀리는 오늘날 우리가 산화수은이라 알고 있는 아름다운 다홍색 물질을 불타는 렌즈에 발랐고 산화수은이 분해되면서 발생하는 기체를 포집했다. 프리스틀리는 이 유리에 홀딱 마음을 빼앗겼고 이를 '탈플로지스톤 공기'라 불렀다. 더 오랫동안 그리고 더 강력하게 타오르는 불꽃을 만드는 탈플로지스톤 공기의 능력에 감탄했다. 프리스틀리가 '탈플로지스톤 공기'라 부른 기체가 바로 산소였다.

프리스틀리는 탈플로지스톤 공기로 동물실험도 진행했다. 그리고 영리하게 오늘날 우리가 산소라 부르는 기체를 다른 기체와 섞이지 않고 포집할 방법을 고안해 자신의 실험에 사용했다. 실험의 정확도를 놀라운 수준으로 유지하기 위해 프리스틀리는 유리 실험도구를 뒤집고 바깥에는 수은을 가득 채웠다. 수은의 밀도 덕에 실험도구 속으로 기체가 더 들어가거나 안에 있는 기체가 밖으로 새지 않을 수 있었다. 이런 방식으로 수은을 사용하는 건, 수은이 유독하다는 사실을 이미 알고 있는 오늘날 우리의 관점에서 볼 때 눈살을 찌푸리게 한다. 수은이 비타민 C와 E를 순환시키고 항산화물질을 보호하는 특성이 있는 셀레늄 의존단백질을 방해하기 때문이다. 산소와 아산화질소뿐만 아니라 암모니아, 이산화황, 테트라플루오라이드도 같은 방식으로 실험을 했기에 그동안 수은에 지속적으로 노출됐지만 프리스틀리가 특정한 질병에 시달렸다는 기록은 찾을 수 없었으며 프리스틀리는 적당히 나이가 든 70세로 생을 마감했다.

프리스틀리는 실험을 통해 흥미로운 사실을 발견했다. 프리스틀리가 만들어낸 기체가 불꽃을 얼마나 오래 그리고 얼마나 잘 타오르게 만드는지 뿐만 아니라 기체 안에서 쥐 같은 동물이 얼마나 오래 살아 있을 수 있는지를 말이다. 산소는 생생한 불꽃을 잘 유지해주었기에 프리스틀리는 후자의 실험으로 눈을 돌렸다. 프리스틀리는 탈플로지스톤 공기가 들어 있는 뒤집힌 유리 실험도구에 쥐를 가두고 쥐가 한 시간 동안 살아 있다는 사실을 관찰했다. 평범한 공기를 담고 있던 유리병을 활용한 대조군 실험 속 쥐보다 네다섯배 더 오래 살아 있었다.

아산화질소를 발견하다

프리스틀리는 당시 '탈플로지스톤 아질산 공기'라는 이름으로 불렸던 아산화질소도 만들어냈다. 농도가 묽은 질산에 아연 조각을 넣고 발생하는 기체를 포집(보통은 불순물이 많이 섞여 있다)하는 고되고 느린 과정을 통해 말이다. 이 방법은 얼마 지나지 않아 질산암모늄을 가열한 후 순도를 높이는 훨씬 더 효과적인 방법에 자리를 빼앗겼다. 아산화질소를 발견한 지 2년 후인 1772년, 프리스틀리는 이 기체를 주입하자 불꽃이 갑자기 크게 타오르는 모습을 관찰했다. 이 특징은 산소와 꽤 비슷했지만 아산화질소가 가득한 곳에 쥐를 넣자 그 즉시 사망했다(나중에 살펴보겠지만 적어도 프리스틀리가 보기엔 그런 것 같았다). 아산화질소의 발견과 유리 실험기구를 사용한 제한적인 동물실험이 프리스틀리가 했던 아산화질소에 대한 연구의 전부였을 것이다.

　프리스틀리는 공직을 맡은 적 없지만 인생의 후반부에서는 뚜렷한 정치적인 성향을 드러냈다. 프리스틀리는 미국과 프랑스에서 일어난 혁명을 지지했다. 이는 오늘날의 관점에서 보자면 천지개벽할 정도의 생각은 아니지만 영국 버밍엄의 상류층에 자리 잡은 공인들 사이에서는 주류의 의견이 아니었다. 프리스틀리는 당시 영국 기득권층 사이에 주류로 자리한 종교적 관점을 비판하고 반란을 지원하는 열정적인 후원자로 굳건하게 자리를 지켰다. 프리스틀리는 자신을 "성공회 아래에서 언젠가 폭발할 소량의 화약"이라 불렀다. 프리스틀리는 기득권들이 영국으로 혁명의 기운이 번질까 두려워했던 프랑스혁명을 열렬히 지지했다. 이로 인해 영국 귀족들의 미움을 사게 되어 프랑스혁명 2주년이었던 1791년 7월 14일 그들의 공격을 받게 되었다. 귀족들이 선동한 성난 시위자들이 프리스틀리의 실험실과 집에 불을 질렀다. 다행히 화를 피한 프리스틀리와 가족들은 영국을 떠나 1794년 초기 미국의 펜실베이니아주 노섬버랜드에 정착했다. 프리스틀리의 첫 목표는 북아메리카에서 비슷한 생각을 지닌 사람들끼리 종교적인 커뮤니티를 만드는 것이었다. 하지만 이 노력은 수포로 돌아갔다. 프리스틀리는 벤저민 프랭클린이 설립한 펜실베이니아대학교의 화학과장 자리를 거절하고, 그 대신 미국에 첫 유니테리언〔기독교의 한 파로 삼위일체론의 교리에 반하는 교파〕 교회를 설립했다.

　일생에 걸쳐 프리스틀리는 평판이 좋은 사람들을 다양하게 알고 있었다. 이래즈머스 다윈(찰스 다윈의 할아버지이자 '디기탈리스'를 발견했던 윌리엄 위더링의 멘토), 벤저민 프랭클린, 토머스 제퍼슨〔미국의 제3대 대통령〕과 어느 순간부터 친구가 됐다. 이래즈머스 다윈은 보름달이 뜨는 월요일마다 지식인들이 모이는 버밍엄 회의인 루나 소사이어티 멤버였다. 멤버들은 이른 아침까지 토론을 했기에 보름달을 벗 삼아 집에 안전하게 돌아갈 수 있었다.

미국과 프랑스혁명의 성공과 혁신적인 정치적 관점에도 불구하고 프리스틀리는 독특하고 오래된 과학적 신념을 굳게 유지했다. 프리스틀리는 플로지스톤 이론을 고수했는데, 이는 오늘날 우리가 화학반응이라 부르는 과정을 설명하기 위해 반응이 일어날 때마다 물질에서 빠져 나오는 불같은 물질을 상정한 이론이다. 오늘날 우리가 화학반응을 이해하는 관점에서 보자면 플로지스톤 이론을 받아들이기 힘들지만 이 이론에 따르면 연소하는 물질은 보통 플로지스톤이 풍부하며 물질이 연소하는 과정에서 플로지스톤이 방출된다고 한다. 프리스틀리가 플로지스톤 이론을 믿었던 이유 중에는 수학적, 물리적 실험이 부족한 탓도 있었을 것이다. 또, 프리스틀리는 이 당시 대부분의 과학자들이 믿었던 질량보존법칙 같은 개념은 고려하지도 않았다. 프리스틀리는 죽는 그 순간까지 플로지스톤 이론을 폐기하지 않았다. 플로지스톤 이론뿐만 아니라 이제껏 여러 번 언급했듯이 프리스틀리는 기체를 기체 그 자체로 받아들이지도 않았다. 대신 아산화질소, 산소, 그리고 다른 기체들을 모두 '공기'라 뭉뚱그렸다.

프리스틀리가 평범하지 않은 믿음을 내비치긴 했지만 의심할 여지없이 뛰어난 인물이었으며 자신의 믿음을 굳건히 유지했다. 비록 의학적인 용도를 발견하고자 사람에게 아산화질소를 주입해보진 않았지만 다음 이야기 주인공이 될 젊은 험프리 데이비는 스물셋이 되기도 전에 이 기회를 잡아 아산화질소의 가능성을 열었다.

실험에 미친 험프리 데이비

1778년, 영국 펜잰스 해안 마을에서 일거리가 거의 없는 목재조각가와 그의 아내 사이에서 태어난 험프리 데이비는 프리스틀리가 북쪽으로 300킬로미터 떨어진 버밍엄에서 난폭한 군중들과 싸우는 동안 이제 막 걸음마를 떼고 있었다. 프리스틀리처럼 데이비는 어린 나이에 부모를 잃고 경제적으로 어렵게 자랐다. 그 때문에 데이비는 정규 교육을 받는 대신 열다섯의 나이로 펜잰스에서 잘 나가던 외과의사 존 빙엄 볼레스의 견습생으로 일했다. 데이비 앞에는 의사로서 탄탄대로가 펼쳐진 듯 보였지만 의사를 하고자하는 열망은 부족했다. 이 시기에 데이비는 풀장이나 해안을 거닐며 대부분의 시간을 보내던 게으르고 나태한 인물이었다. 열여덟 살이었던 데이비는 이 삶이 자신과 맞지 않다는 생각이 들었다. 데이비는 의사가 되는 길을 포기하고 그 대신 화학실험에 푹 빠져 자신만의 커리큘럼을 만들었다. 자신의 열정을 발견한 데이비는 목표의식이 생겼다. 그리고 이 열정은 데이비가 가장 아끼는 물건인 조난당한 프랑스 의사로부터 받은 유리 관장주사로 확인할 수 있다. 젊은 데이비는 이 주사기를 활용해 앞으로의 화학실험에서 계속해서 사용할 공기펌프를 만들었다. 연구를 시작한 지 한 달밖에 안 됐을 때 데이비는 18세기 동안 화학 분야에서 가장 중요한 인물이었던 앙투안 라부아지에가 열이 발생하는 과정에서의 빛의 역할과 화학반응에서 빛이 존재하는 실질적인 이유를 설명하는 데 실패했다고 생각했다.

뉴욕의 새뮤얼 레이섬 미첼 교수가 아산화질소에 대해 논란의 여지가 있는 주장을 제기하면서 데이비는 아산화질소에 완전히 빠져 있었다. 미첼은 사람들에게 프리스틀리의 탈플로지스톤 아질산 공기(감사하게도 얼마 지나지 않아 데이비가 이 기체의 이름을 아산화질소라 명명했다)가 전염병을 일으키는 '나쁜' 기운인 미아스마의 원천이라 주장했다. 미아스마설〔지진, 홍수, 화산의 분화 등이 일어난 후에 많은 전염병이 급격히 발생하는 것은 심하게 오염된 공기를 흡입하기 때문에 일어난다고 주장하는 히포크라테스 시대(BC459~377)의 전염병 발생설. 이 오염된 공기를 '미아스마'라고 한다〕은 이 시기에 흔하게 받아들여지는 이론은 아니었지만 데이비는 미첼의 가정이 틀렸음을 입증하기 위한 일련의 실험을 고안했다. 데이비는 탈플로지스톤 아질산 공기로 쥐가 들어 있는 통을 가득 채웠다. 그리고 상처 난 부위에 아산화질소를 노출시켜 감염이 되는지를 확인하기도 했다. 또, 아산화질소로 가득 찬 통에 고기 한 줄을 넣고 고기의 부패 속도를 관찰했다. 데이비는 미첼의 이론을 손쉽게 반박했고 그렇게 함으로써 주로 아산화질소를 연구했던 자신의 경력을 분명히 할 수 있는 새로운 연구 방법의 기반을 다졌다. 아산화질소를 더 잘 이해하기 위해 데이비는 기체를 이용한 프리스틀리의 실험을 반복하기만 했지만 이 과정에서 미묘하게 다른 결과를 얻었다. 아산화질소가 들어 있는 통에서 작은 동물이 죽은 이유를 밝히는 대신 데이비는 동물(보통의 경우는 쥐였다)들이 아산화질소에 몇 분 노출시키면 움직임이 줄었다가 실험기구에서 꺼내면 원래 상태로 돌아온다는 사실을 발견했다.

이 모든 실험은 데이비가 매우 어린 나이에 진행한 것이었다. 데이비가 허비한 시간을 만회하는 데 집중한 셈이다. 그리하여 열아홉이 되던 해, 데이비는 브리스톨 의료연구소의 설비관리직을 맡았다. 브리스톨 의료연구소는 수종, 소아천식, 결핵, 성매개 감염병, 림프절결핵(왕의 괴질이라는 이름으로도 알려진 외부에 발발하는 결핵 합병증) 같이 까다로운 여러 질병을 매일 같이 치료하기 위해 다양한 기체를 활용하는 의료 기관이었다. '왕의 괴질'이라 불인 이유는 자신이 사는 지역의 군주가 스치듯 건드리기만 해도 질병이 낫는다는 믿음에 뿌리를 둔 것이었다. 브리스톨 의료연구소가 이런 질병 중 하나라도 성공적으로 치유했는지는 의심스럽다. 하지만 데이비는 자신의 직책 덕에 아산화질소에 대한 더 많은 실험을 수행하고 기록으로 남길 수 있었다. 그로부터 2년 후 데이비는 당시 아산화질소의 핵심을 다룬 중요한 논문을 작성했다. 아산화질소와 동물에 미치는 영향이 아산화질소와 비슷한 기체를 제조하는 방법에 대한 자세한 내용을 담은 논문인 〈아산화질소와 호흡을 중점적으로 고려한 화학적·철학적 연구Researches Chemical and Philosophical, Chiefly Concerning Nitrous Oxide and Its Respiration〉는 거의 600쪽에 달한다.

프리스틀리가 그랬던 것처럼 한 종류의 '공기'에서 다른 종류의 '공기'로 건너뛰는 대신 데이비는 아산화질소 실험에 집중했다. 데이비는 아산화질소가 너무 마음에 든 나머지 아산화질소가 '즐거운 광란'을 일으킨다는 사실을 널리 알리며 기분 전환을 위해 사용하기도 했다. 당시 스스로에게 실험해보던 다른 화학자들처럼 데이비도 스스로에게 실험을 했다. 하지만 데이비의 개인적인 실험은 대부분의 실험보다 조금 더 즐거웠다. 1799년 크리스마스이브 전날 데이비는 아산화질소가 알코올의 영향을 잠재울 수 있는지는 꼭 실험을 해봐야겠다고 생각했다. 이 실험을 위해 데이비는 8분 만에 와인 한 병을 비우고 막대한 양의 아산화질소를 들이마셨다. 데이비의 메모에 따르면 아산화질소가 숙취를 줄여줬다고 한다. 데이비는 아산화질소를 들이마신 후 종종 두통이 사라진다는 사실도 발견했다. 그러던 어느 날 데이비의 사랑니에 염증이 생겼고 데이비는 이를 아산화질소를 실험해볼 기회라 생각했다. 아산화질소를 통해 고통이 완화되는 현상을 관찰한 데이비는 1800년 아산화질소를 수술에 활용할 수 있다는 기록을 남겼다. 하지만 이 기록은 잘 알려지지 않았기에 외과의사들이 메스 아래에서 고통에 몸부림치는 환자를 안정시키기까지 반세기가 더 걸렸다.

데이비와 마이클 패러데이의 위대한 발견

1801년 데이비는 아산화질소를 둘러싼 모든 실험을 멈추고 전기화학 분야로 눈길을 돌렸다. 덕분에 원소 발견에 있어 선구적인 역할을 할 수 있었다. 데이비는 스물셋 나이에 두 번째 커리어를 시작했다. 이는 대부분의 과학적 사고를 하는 성인이 막 대학을 졸업하는 나이이다. 이 시기에 데이비는 원소주기율표에 있는 최소 여덟 개 원소(소듐, 포타슘, 바륨, 붕소, 칼슘, 염소, 마그네슘, 스트론튬)를 발견할 수 있게 해준 전기분해 실험을 다루고 있었다. 이런 성과에도 불구하고 데이비는 자신의 가장 큰 발견은 젊은 조수였던 마이클 패러데이Michael Faraday였다고 언급했다. 전자기학이 발전한 덕에 패러데이는 험프리 데이비의 연구를 뛰어넘을 수 있었다. 패러데이와 데이비 이야기의 첫 시작은 다양한 형태로 전해진다. 하지만 논쟁의 여지가 없는 것은 데이비가 염화질소가 폭발한 실험실 사고로 눈을 심각하게 다친 직후 패러데이를 조수로 고용했다는 사실이다. 데이비는 원소 전문가라는 자신의 명성 덕에 영국을 떠나 프랑스를 포함해 유럽 전역을 여행할 기회가 생기면서 조수가 필요해졌다. 이는 그 당시에는 꽤 이례적인 일이었다. 영국과 프랑스는 나폴레옹 전쟁에 깊게 관여하고 있었고 결국 나폴레옹은 영국해협을 봉쇄했다. 데이비와 패러데이는 1813년 유럽으로 향하기 위해 포로교환선에 올라 영국해협을 건넜다. 이 둘은 2년 동안 유럽 대륙의 과학자들과 함께 연구하고 교류했다. 그사이 이들은 아이오딘〔원자번호 53번의 원소로, 원소기호는 I이다. 예전에는 '요오드'라고 불렸다〕을 발견하기도 했다.

유럽에서 돌아오는 길에 데이비는 그 당시 영국 광부들의 생명을 위협하는 문제를 해결하는 것을 비롯해 이타적인 문제로 눈을 돌렸다. 광부들의 생명을 위협하던 것은 광부들이 석탄을 비롯해 산업사회가 급성장하는 데 필요한 여러 필수 자원을 동굴에서 발굴하는 길을 비추던 횃불이었다. 이 횃불은 종종 땅 속

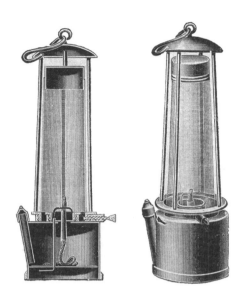

・　1815년 험프리 데이비가 발명한 안전등인 데이비 램프의 삽화.

에 갇혀 있던 메탄가스와 만나 끔찍한 사고를 일으켰다. 특히 92명의 성인 남성과 남자아이의 목숨을 앗아간 1812년 펠링 탄광 사고는 유난히 데이비에게 크게 다가왔다. 그래서 데이비는 철망으로 둘러싸인 오일 램프를 만들었다. 이 램프는 가연성의 기체가 열원과 만나지 못하도록 분리하면서도 길을 밝힐 수 있었다. 이 발명품은 철망 사이의 작은 공간으로 상당한 양의 빛이 쏟아져 나와 광산 안을 환하게 비추면서도 철망으로 외부와 열원을 확실히 분리했다. 이 발명품은 곧 데이비 램프라는 이름으로 유명해졌다. 이 램프는 사람의 생명을 구하는 물건이었기에 데이비는 데이비 램프에 특허를 내지 않았다. 이는 데이비의 경력에 있어 마지막 업적이었을 것이다. 뇌졸중(아마도 오랫동안 동안 화학물질에 노출되면서 생겼을 것이다) 이후에 발생한 합병증으로 데이비는 55세의 나이로 생을 마감했기 때문이다.

웃음 가스와 호러스 웰스의 끔찍한 이야기

데이비가 아산화질소를 널리 알리는 데는 성공했지만 오늘날 우리가 아는 것처럼 주류 의학계에 소개되진 못했다. 알리는 데 실패한 아산화질소의 수술용 용도를 데이비는 기록으로 남겼다. 중요한 연결고리는 예상치 못한 사건으로 생겼다. '웃음 가스'(흡입 시 기분이 좋아지고 몸이 붕 뜨는 느낌이 나며 웃음이 나오기 때문에 붙여진 별명) 공연은 사람들이 자신도 모르는 사이에 아산화질소를 들이마시고 독특한 행동을 보인 사건이었다. 새뮤얼 콜트(미국 총기 제조회사인 콜트사의 창립자)가 미국과 캐나다를 돌아다니며 벌인 웃음 가스 공연에 아산화질소를 공급하면서 이 공연은 당시 꽤 유명했다. 콜트는 이렇게 번 돈으로 탄통이 돌아가는 권총을 제조해 자신만의 무기 왕국을 세웠다. 하지만 의학계에 아산화질소를 소개하는 역할을 담당한 사람은 행사 기획자 가드너 퀸시 콜튼 Gardner Quincy Colton이었다.

1844년 12월 10일, 커다란 사건이었던 코네티컷주 하트포드의 웃음 가스 공연은 19세기 마케팅과 쇼맨십의 정점을 찍었다. 이 공연에서 가드너 퀸시 콜튼은 공연에서 아산화질소 150리터

EXHIBITION OF THE LAUGHING GAS.

• 아산화질소를 사용하는 방법과 웃음 가스 공연 체험을 묘사한 목판 인쇄물.(1840년경)

를 사용했다. 25센트(오늘날 화폐가치로 따지자면 10달러 정도다)만 지불하면 누구나 아산화질소를 흡입해볼 수 있었다. 콜튼은 공연을 진행하는 동안 자기 자신도 다치지 않고, 그 어떤 관객도 싸움에 휘말리지 않게 사람들을 보호할 수 있을 정도로 튼튼한 경호원 8명을 고용했다. 아마도 그랬을 것이다. 콜튼은 그해 초, 4000명의 사람들이 뉴욕에서의 공연에 관심을 가졌다고 기록했다. 그리고 한 번 아산화질소를 흡입한 사람은 '또 다시 흡입하고 싶어 안절부절못했다'는 기록도 덧붙였다. 150리터의 아산화질소를 다 같이 흡입하는 공연에 앞서 콜튼은 관중들에게 아산화질소를 소개하고 과학적 특성을 설명하는 짧은 강연을 진행했다. 천생 선동가였던 콜튼은 공연을 진행하기 전날 오후 12시부터 1시까지 '여성들만'을 위한 시간도 제공해 여성들이 남성들 없이 공짜로 체험해볼 수 있게 하기도 했다.

그러니까 후대 사람들에게 미친 영향이나 이야기의 우스꽝스러운 흐름을 논외로 하더라도 1844년 12월 10일의 공연이 그렇게 중요했던 이유는 무엇일까? 이날의 공연에는 여러 기체를 흡입하는 사람들의 모습을 확인할 수 있었는데, 특히 여기에 이 기체에 꽤 흥미가 있었던 치과의사 호러스 웰스Horace Wells도 있었다. 웰스가 그날 밤 아산화질소를 흡입했는지는 알 수 없지만 나는 가능성이 낮다고 생각한다. 웰스는 아산화질소를 흡입한 샘 쿨리에 특히 관심을 보였다. 콜튼의 고무 가방 속 아산화질소를 들이마신 후 쿨리는 단상에서 내려와 군중 속 아무 잘못 없는 참가자에게 한 대 칠 듯이 다가갔다. 쿨리와 일면식도 없었던 참가자는 도망쳤다. 쿨리는 그 뒤를 빠르게 뒤따랐고 의자 위를 뛰어넘고 하트포드 회관 복도에 있던 긴 의자까지 내달렸다. 그러더니 갑자기 최면 상태에서 빠져나온 것처럼 쿨리는 행동을 멈추고 웰스 근처에 있던 의자에 앉았다. 웰스는 쿨리의 다리에서 피가 나고 있다는 사실을 발견했다. 상처는 회관에 있는 긴 의자를 뛰어넘으면서 생겼다. 쿨리에겐 상처에 대한 기억이 전혀 없었으며 몇 분이 흐를 때까지 그 어떤 고통도 느끼지 못했다. 영민한 웰스 의사는 콜튼의 웃음 가스와 고통을 느끼지 못하는 것 사이의 관계를 알아차리고 다음 날 자신의 가설을 실험할 계획을 세웠다.

아산화질소가 고통을 완화시킨다는 사실을 어떻게 실험했을까? 당연하게도 그 당시의 방식에 따라 스스로 고통스러운 수술을 받으면서 아산화질소를 들이마셔 보는 방법을 시도했다. 웰스는 전날 밤에 있었던 웃음 가스 공연 기획자인 콜튼에게 연락했다. 그리고 자신의 동료 의사인 리그스에게 자신의 어금니를 뽑는 동안 콜튼에게 아산화질소를 주입해달라고 부탁했다. 실험은 성공적이었다. 웰스는 그 어떤 고통도 느끼지 못했고 리그스와 웰스는 아산화질소를 활용해 발치를 여러 번 반복했다.

아산화질소를 소규모 수술에서 진통제로 사용할 수 있다는 사실을 알게 된 웰스는 의학계에 자신의 발견을 공유하려 했다. 여러 번 실험을 반복한 끝에 1845년 웰스는 보스턴에 있는 메사추세츠 종합병원에 연락해 아산화질소의 효능을 시연해보자고 설득했다. 메사추세츠 종합병원은 오랫동안 하버드 의과대학의 대학병원이었다. 그렇기에 이는 웰스에게 일생일대의 기회(유명한 병원 중 하나에서 시연되어 이목이 집중된 무대였으니 말이다)였으며 수술실은 이를 보려는 사람으로 인산인해를 이루었다. 아산화질소를 주입하며 발치가 이루어졌지만 안타깝게도 환자는 고통의 비명을 질렀다. 이 모습을 보고 있던 의과대 학생들은 야유하며 "사기꾼"을 연호하고 비웃기 시작했다. 웰스는 너무나 실망하며 아산화질소 주입을 너무 일찍 멈춘 탓에 환자가 고통을 느낀 것이라고 항변했다. 하지만 모인 사람들과 메사추세츠 종합병원 측은 웰스에게 자비를 베풀지 않았다.

안타깝게도 이 단 하나의 사건으로 웰스의 삶은 걷잡을 수 없이 구렁텅이로 빠졌다. 웰스는 치과 일을 그만두고 애완용 새 카

194

"A New Era in Tooth-Pulling"
The first dental operation performed on Horace Wells whilst under the influence of nitrous oxide gas

• 아산화질소 가스를 사용해 치과 수술을 시연하는 호러스 웰스를 묘사한 삽화.

나리부터 욕실 물품까지 모든 걸 판매하는 외판원이 됐다. 그리고 얼마 지나지 않아 클로르포름(마취제의 원료로 쓰이는 화학 성분)에 중독돼 하트포드에 가족을 남겨두고 뉴욕으로 떠났다. 1848년 1월 저녁, 웰스는 자신의 거처를 떠나 매춘부 두 명의 얼굴과 목에 황산을 뿌려 병원에 실려 가게 만들었다. 클로르포름 중독으로 벌어진 것 같은 이 무시무시하고 무차별적인 공격으로 웰스는 맨해튼의 톰브 감옥에 투옥됐지만 웰스의 정신 상태 때문에 감옥에 오래 있을 수 없었다. 1848년 1월 24일 이른 아침, 점점 더 수치스러운 구렁텅이로 빠지던 웰스는 면도칼을 발견하고 자신의 대퇴동맥을 그어 자살했다.

그 이후 몇 년 동안 웰스의 동료이자 웰스의 아산화질소 연구를 근처에서 지켜봤던 윌리엄 모턴William Morton은 당시 보스턴에 있었던 의사 찰스 잭슨Charles Jackson과 함께 아산화질소와 에테르 증기를 혼합해 성공적인 마취가스를 만들었다. 웰스와 달리 이 둘은 메사추세츠 종합병원의 교직원을 설득해 이 기체를 수술실에서 쓰도록 만드는 데 성공했다. 메사추세츠 종합병원 의사인 존 워런John Collins Warren이 모턴과 잭슨이 성공적으로 시연하는 모습을 보고 "여러분, 이건 사기가 아니었습니다!" 하고 소리쳤다는 이야기가 전해진다.

하지만 두 이야기에서 모두 '사기'가 등장하는 건 누군가의 상상으로 만들어진 역사의 재구성인 것 같다. 모턴은 이 기체를 의학적 목적으로 사용하는 걸 목표로 삼았고 이 기체의 특허를 출원하려 했다. 그리고 웰스가 갖고 있을 지도 모르는 모든 특허권을 구매하기 위해 웰스의 상속자를 찾아가기까지 했다. 모턴이 혼합물을 에테르에 녹인 덕에 화학적으로 유리한 점이 있었다. 에테르는 상온에서 액체이기에 운반하기 용이했다. 아산화질소는 사용하기 직전에 합성해야 했으며 자주 밖으로 내용물이 새는 '고무주머니'에 들고 다녀야 했다. 반면 에테르는 산업공정을 거쳐 쉽게 만들 수 있기에 이를 사용하는 일은 훨씬 쉬웠다.

그렇다고 더는 아산화질소를 홀로 사용하지 않은 건 아니었다. 모턴과 함께 우리가 앞서 이야기했던 웃음 공연 기획자 콜튼은 일찍부터 치과용 마취제로 아산화질소를 사용하고 있었다. 1863년 콜튼은 콜튼치과협회를 설립하고 몇 년 동안 수만 명의 환자들에게 아산화질소를 사용하면서 막대한 이익을 챙겼다. 오늘날 소아과 진료나 성인 치과 진료에서 합병증을 피하기 위해 산소가 혼합된 아산화질소는 반드시 필요하다. 자연스레 무통발치나 무통수술에 대한 인기가 높아졌음에도 여기에 말을 아끼는 수술의와 환자도 많았다. 1864년 보고서에 따르면 발치 수술을 앞둔 한 환자는 깨어났을 때 치과의사가 자기 이를 모두 뽑아버리지는 않았을까 하는 두려움으로 마취를 거부했다고 한다. 19세기의 러시아 외과의사인 니콜라이 피로고프Nikolai Pirogoff는 의사라면 도움을 요청하는 비명에 익숙해져야 하고 비명이 수술에 도움이 된다고 생각했기에 환자를 마취하고 수술을 하는 걸 '어불성설'이라 생각했다. 다행히 피로고프는 후에 자신의 생각을 바꿨지만, 이는 수술에서 마취제를 아무 문제없이 사용할 수 있는 다양한 수술법이 탄생해 이를 유용하게 사용할 수 있다는 것을 목격한 후의 이야기였다.

오늘날 아산화질소의 사용

치과적인 용도 외에도 아산화질소는 더 복잡한 의학적 용도로 사용하기도 했다. 1930년대에 아산화질소는 출산의 고통을 완화하기 위해 최우선적으로 사용하는 방법이었다. 오늘날 아산화질소는 소규모 수술을 하는 어린이 환자를 마취시키기 위해 사용한다. 어린이 환자가 마취약을 흡입하면 정맥 내 마취를 할 필요가 없어지거나 정맥주사를 더 쉽게 놓을 수 있기 때문이다. 아산화질소에 풍선껌이나 포도향 같은 기분 좋은 냄새가 나게 만들어 아이들이 마스크를 쓰고 깊게 숨을 들이마시는 데 거부감을 덜 느끼게 만들기도 한다. 미래에는 아산화질소가 더 광범위한 수술에 사용될 수도 있을 것이다. 최근 연구에 따르면 수술 중간에 아산화질소를 흡입한 환자는 수술 후 통증을 덜 느꼈다고 한다. 아산화질소의 더 독특한 용도는 치료 저항성 우울증〔일반적인 약물 치료에도 증상이 거의 완화되지 않거나 증상이 완화되지 않는 경향이 있다〕에 활용하는 것이다. 이는 여러 연구에서 입증됐듯이 다른 여러 약리적 치료로는 편안함을 느끼지 못하는 환자들에게 아산화질소가 며칠 만에 즉각적으로 우울증 치료 효과를 일으킨다는 것을 활용한 것이다.

아산화질소는 대략 44달톤 정도의 작은 분자다. 리튬 이온을 제외한다면 이 책에서 우리가 살펴봤던 약물 중 가장 작다. 이 기체는 무색이고 설명하긴 어렵지만 유독하지 않은 냄새가 희미하게 난다. 아산화질소가 진통과 진정 효과를 일으키는 정확한 생화학적 메커니즘은 아직 밝혀지지 않았다. 여기에는 다양한 메커니즘이 연관돼 있을 공산이 크다. 아산화질소를 투여했을 때 관찰할 수 있는 통증 완화는 뉴런이 보유한 아편상펩티드〔식품 중에 존재하는 펩티드로서 인체 내에서 진통, 마취, 평활근 수축 등에 관여하는 엔도르핀과 유사한 작용을 하는 펩티드〕 방출에 기반을 두고 있지만 아산화질소가 정확히 어떻게 결합해 이런 효과를 내는지에 대한 정확한 메커니즘은 알려져 있지 않다. 아산화질소의 영향하에서 항불안제와 경증 환자를 위한 진정제는 벤조디아제핀이 항불안성 효과를 내는 방법과 매우 유사하다. GABA 수용기를 활성화해 음전하를 띠는 염소 이온이 뉴런 내부로 들어가 뉴런의 상태를 바꾸고 민감성을 줄이는 방식으로 말이다. 결과적으로 마취를 일으키는 아산화질소의 특성(아마도 이 물질의 가장 중요한 특징일 것이다)은 N-메틸-D-아스파르트산(NMDA, 글루탐산 수용기 중 하나로 환자에게 아산화질소를 투여하는 동안 자극이 전달되지 못하도록 만든다)을 억제하면서 나타나는 듯 보인다.

앞서 개략적으로 설명했던 이점에도 불구하고 아산화질소를 계속해서 사용했을 때 생기는 단점도 있다. 온실가스인 아산화질소는 미국 내 모든 사람들이 발생시키는 온실가스의 6퍼센트를 차지한다. 비록 비율은 매우 적지만 아산화질소는 열을 포집하는 데 매우 탁월하다. 이는 이산화탄소보다 거의 300배는 더 효과적이다. 이런 특성은 온실효과를 극대화한다. 특히 200년 전만 하더라도 아산화질소가 대기 중에 존재하지 않았다는 사실을 고려하면 말이다. 게다가 빛과 산소만 존재한다면 아산화질소는 성층권 중앙에서 일련의 반응을 거쳐 산화질소 두 분자로 깨진다. 아산화질소에서 만들어진 산화질소 두 분자는 각자 오존 분자와 반응해 다시 아산화질소와 산소를 생산한다. 그 결과 온실효과는 점점 더 악화된다.

아산화질소에 대한 접근과 험프리 데이비의 관찰에 따르면 아산화질소가 일으키는 '즐거운 광란'은 화학물질이 쾌락적인 약물로 남용될 가능성을 열어주었다. 특히 영국과 미국에서 말이다. 아산화질소를 구하는 일이 전반적으로 합법의 영역인 데다 가격이 저렴하고 일반적인 약물검사에는 아산화질소가 빠져 있기에 아산화질소는 큰 인기를 끌었다. 아산화질소의 효과는 상당히 빠르게 사라진다. 그렇다고 아산화질소 흡입으로 부작용이 생기지 않았던 것은 아니었다. 휘핏이라는 아산화질소가 든 금속용기에 구멍을 뚫어 직접적으로 흡입하는 건 특히 위험했다. 금속 용기 안에 압축돼 있던 아산화질소가 빠져나오면서 그 부피가 급격하게 커지는데 부피가 급격하게 커진 만큼 기체의 온도는 극도로 낮아진다. 이 과정에서 빠른 기체의 흐름은 종종 사용하는 사람의 얼굴과 입에 심각한 동상을 입힌다. 마구 흘러나오는 고농도의 기체를 흡입하면 순간적으로 저산소증이 일어나기도 한다. 아산화질소가 입과 코로 밀려들어오며 산소의 자리를 차지하기에 발작증상이 일어나고 극단적인 경우 부정맥을 일으켜 심장마비에 이르게 할 수도 있다. 그렇지만 아산화질소의 모든 단점이 사용하는 그 순간 일어나는 건 아니다. 오랫동안 아산화질소를 남용하면 메티오닌〔메씨이오닌이라고도 하며, 시스테인, 타우린과 함께 황(S)이 들어간 아미노산으로 알려져 있으며 필수 아미노산이다〕 합성효소의 움직임이 멈추고 몸속의 비타민 B12는 활성화 되지 않는다. 몸속의 비타민 B12가 활성화 되지 못하면 손과 발이 마비되고 위치를 인지하는 정도가 떨어지게 되고 신경계의 기능이 전반적으로 떨어진다.

아산화질소의 이야기는 수많은 도움으로 이루어졌다. 평생을 바쁘게 지냈던 프리스틀리가 별로 대단하지 않다고 여겼던 발견으로 시작해 데이비의 손에서 유명해지고 웰스(좋은 의사였지만 안타깝게 비극적인 결말을 맞이했지만)의 품 안에서 그 용도를 찾았다. 하지만 셋 중 데이비만이 아산화질소가 남용될 여지가 있다고 언급했다. 남용될 가능성이 있음에도 아산화질소의 치과적, 의학적 용도는 상당히 중요하기에 아산화질소가 사라져 이를 완전히 사용할 수 없게 된다면 우리의 일상적인 수술과 치과 방문은 훨씬 더 고통스럽고 불안해질 것이다.

당뇨병 환자는 그냥 인슐린을 마시면 안 될까?

인슐린은 앞서 우리가 살펴본 대부분의 약물처럼 저분자가 아니다. 이는 췌장에서 분비되는 펩타이드호르몬으로 5800달톤이 넘는 거대한 분자(탄소 484개와 맞먹는 무게다)다. 이는 터무니없을 만큼 거대하다. 인슐린은 체내의 포도당(일반적으로 탄수화물에서 분해되는 당) 농도가 일정하게 유지되도록 돕는다. 인슐린의 거대한 크기를 상대적으로 비교하자면 포도당은 180달톤밖에 안 된다. 인슐린은 혈당을 높이기 위해 체내에서 분비되며 여러분의 신체가 세포 수준에서 에너지원을 원한다는 것을 알려준다.

인슐린의 발견은 독일의 병리학자 파울 랑게르한스Paul Langerhans가 의대생 시절 무대로 등장시켰다. 랑게르한스는 1869년 췌장에서 일련의 세포를 관찰했다. 이 일련의 세포들은 후에 랑게르한스섬Langerhans islets이라는 이름으로 유명해졌다. 당뇨병과 췌장 사이의 관계를 찾기 위해 수많은 개들이 몇 십 년 동안 영문도 모른 채 실험 대상이 됐고 1920년대에 마침내 그 결과를 공표했다.

오늘날 전 세계에서 판매되는 대부분의 인슐린은 생합성(생물체의 몸 안에서 세포의 작용으로 유기물질을 합성하는 물질대사)된 '사람의' 인슐린이다. 이런 종류의 인슐린은 사람의 DNA를 대장균에 삽입한 후 적절한 시간을 두고 여러 세포에서 인슐린을 얻는 놀라운 기술로 만들어졌다. 소와 돼지의 인슐린은 사람의 인슐린 구조와 거의 유사하기 때문에 이런 유전적인 접근법이 탄생하기 전, 전 세계 인슐린은 소와 돼지에게서 얻었다. 220그램의 인슐린을 얻기 위해서는 돼지 췌장 2톤이 필요하다.

인슐린 투여량은 보통 손바닥만 한 크기의 펌프를 통해 낮 동안 피하에 주입하며 조절할 수 있었지만 늘 가능한 건 아니었다. 첫 인슐린 펌프는 1963년에 만들어졌으며 배낭 정도의 크기였다. 하지만 혈관에 주입하면서 생기는 모든 문제를 감수하면서까지 인슐린을 혈관으로 주입해야 할까? 인슐린을 그냥 마시면 안 될까?

일단 첫 번째로 맛이 끔찍하다. 인슐린이 2톤이나 되는 돼지 췌장으로 만들어지니 말이다. 물론 이건 그냥 농담이다. 화학구조 수준에서 보자면 인슐린은 51개의 아미노산이 결합된 형태다. 아미노산은 단백질을 구성하는 요소다. 그리고 여러분도 알겠지만 단백질은 여러분의 몸속에서 분해된 후 체내로 흡수돼 신체 전반에서 이를 활용한다. 여러분의 신체는 단백질을 분해하기 위해 온 힘을 다한다. 만약 인슐린의 51개 아미노산이 소화관에 도착하면 인슐린은 혈당을 낮추는 과정에 참가해 당뇨병 환자의 증상을 나아지게 하기도 전에 작은 조각들로 갈가리 찢길 것이다. 그 대신 넓적다리나 배에 주입하면 인슐린은 소화관을 모두 우회할 수 있고 인슐린은 우리의 신체에 정확한 신호를 보낼 수 있다.

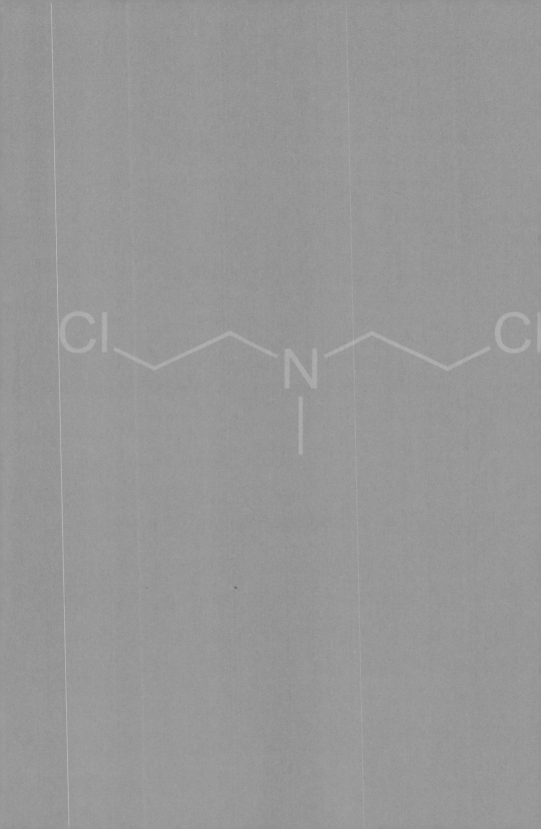

질소 머스타드

암 치료제가 된 살인 가스

Nitrogen Mustards

세포독성 효과가 있어 항암 화학요법에
최초로 사용한 항암제의 일종. 제2차
세계대전 당시 사용됐던 머스터드
가스와 화학적 성질이 거의 동일하며
발암원이다.

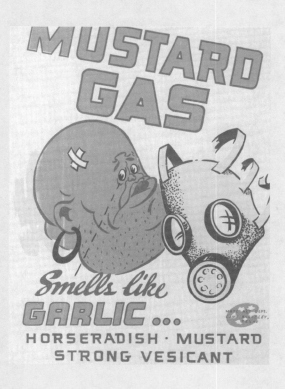

- 제2차 세계대전 당시 미국에서 제작된 머스터드가스 식별 포스터. "마늘 냄새"로 구분한다고 되어 있다.

'질소 머스터드'라는 단어를 들으면 여러분의 머릿속에는 한 가지가 떠오를 것이다. 바로 머스터드가스〔독가스의 한 종류. 세포 독성을 띠는 수포작용제로 일명 '겨자 가스(설파 머스터드)'로 불린다〕의 공포다. 제1차 세계대전의 공포는 양쪽 군인 모두에게 말로 다 할 수 없을 정도의 육체적·정신적 트라우마를 남겼다. 전쟁 준비가 고조되면서 군인들은 전쟁터 양 끝에 끝없이 늘어서 있기에, 군인에게 자신 서 있는 쪽으로 날아오는 첫 대량살상무기를 실은 포탄은 공포 그 자체였기 때문이다. 항암제로 사용하는 질소 머스터드 클로르메틴〔질소 머스터드가스의 일종〕은 전쟁용으로 사용되지는 않았지만 이 약물은 머스터드가스와 떼려야 뗄 수 없는 관계가 됐다. 20세기 초의 대량살상무기가 어떻게 클로르메틴과 화학요법의 시작이 되는 길을 열었을까?

제1차 세계대전의 화학무기

1860년 런던 물리학연구소의 프레더릭 거스리Frederick Guthrie가 처음 설파 머스터드를 합성했다고 전해진다. 험프리 데이비와 데이비 이전의 여러 인물들이 그랬던 것처럼 거스리도 자기 자신에게 실험했다. 하지만 데이비처럼 행복을 선사하는 아산화질소의 효능을 즐기는 대신 거스리는 머스터드가스 노출로 생긴 물집으로 고통받았다. 그러나 거스리가 고통스러워했던 머스터드가스의 효과는 군사적인 용도로 사용되기 전까지 수십 년 동안 정직하지 못한 화학자들의 머릿속에만 있었다.

머스터드가스가 화학전과 동의어처럼 사용되지만 사실 현대전에 처음으로 사용된 화학무기는 아니었다. 이전에 사용된 가스가 적어도 두 개는 있었다. 가스를 무기로 사용하려는 첫 시도는 가스를 살포하던 당시 기온이 매우 낮았던 탓에 자주 실패한 사례로 기록됐다. 1915년 1월, 제1차 세계대전 볼리모프 전투에서 독일군은 화약 대신 '물질 T'라는 이름으로 불렸던 브롬화메틸벤질이 가득한 포탄을 발포했다. 이 포탄은 러시아 전선을 뚫고 들어가 유독가스를 살포했다. 하지만 그날 날씨가 너무나도 추웠던 나머지 브롬화메틸벤질 기체는 공기 중에서 얼어버렸고 그 결과 첫 시도에 약 1000명의 러시아군이 목숨을 잃었음에도 공격은 실패했다고 한다.

이런 화학무기를 사용한 건 분명 잘못된 일이지만 당시 전쟁터에 화학물질을 사용한다는 사실은 그렇지 않았다. 1899년 헤이그 선언과 1907년 헤이그 조약으로 '유독한 무기'를 금지시켰지만 이는 지켜지지 않았다. 브롬화메틸벤질 이전에도 독일군은 화학무기를 사용했지만 그 어떤 것도 성공하지 못했다. 화학무기의 사용에 관한 생각은 15세기까지 거슬러 올라간다. 발명가이자 화가였던 레오나르도 다빈치는 배를 공격하기 위해 속이 빈 포탄에 화학물질을 담자는 아이디어를 냈다.

새로운 전쟁 국면을 열어준 건 제1차 세계대전 중 1915년 4월 22일 2차 이프르 전투였다. 이프르는 제프리 초서가 쓴《캔터베리 이야기》에서 언급된 고대 벨기에 마을이다. 후에, 불행히도 동맹군과 독일 군대 사이의 무수히 많은 갈등이 일어난 장소로 더 유명해졌다. 전투가 시작되자 10분도 지나지 않아 3주 전에 독일군이 설치해둔 6000개의 봄베〔압축가스를 속에 넣고 저장·운반 등에 사용하는 강제의 고압용기〕에서 160톤의 염소가스가 쏟아져 나왔다. 독일군은 3주 전부터 이프르의 참호 안에서 전쟁이 끝나길 희망하며 가장 큰 타격을 가할 수 있는 최적의 순간을 위해 미리 화학무기를 설치해두었다. 독일군의 계획에 따르면 가스는 독일 기상학자가 꼼꼼히 연구한 대로 바람을 타고 정확히 연합군 전선으로 날아가야 했다. 역사에는 후방에서 '회녹색'의 구름이 전선을 향해 다가오다 노란색으로 변하고, 병사들 주변에 있던 식물이 말라비틀어지는 모습을 목격한 영국군의 시점이 기록돼 있다. 하지만 최악의 부분은 아직 등장하지도 않았다. 이 영국군은 이런 말도 덧붙였다.

"우리 쪽에 있던 프랑스군 중앙으로 구름이 다가오자 사람들은 눈이 멀고 기침을 하다 숨을 헐떡였고 얼굴은 끔찍한 보라색으로 변했다."

최전선에 있던 프랑스와 알제리 군인들은 이 새로운 형태의 공격에 큰 타격을 입고 몇 분 만에 1000명의 군인들이 목숨을 잃고 4000명 이상이 부상을 입었다. 살상 능력도 능력이지만 이 새로운 무기는 전장에서 한 번에 수많은 적군을 몰아낼 수 있는

• 1915년 2차 이프르 전투에서 염소가스를 날리고 있는 독일군.(왼쪽) 2차 이프르 전투의 주요 전장 중 하나인 생 캉탱 참호의 모습. 방독면을 쓴 군인과 염소가스 구름이 보인다.

효과를 냈다. 염소가스에 노출된 군인들이 회복하는 데 (생존한다는 가정하에) 평균 60일이 걸렸는데 이는 이미 타격을 입은 군대에 막대한 피해를 입혔다.

염소가스 계획 뒤에 숨어 있던 인물은 독일 화학자 프리츠 하버Fritz Haber였다. 하버는 1918년 암모니아로 비료를 만드는 하버-보슈법을 개발해 식량 생산 문제를 해결한 업적으로 노벨상을 받기도 했다. 가스를 전장에 배치하기 직전 하버의 아내이자 화학자였던 클라라 이머바르는 곧 일어날 대량학살을 알고 있었던 탓에 죄책감을 견디지 못했고, 당시 순탄치 않았던 결혼생활의 압박과 맞물려 스스로 목숨을 끊었다.

하버 같은 화학자가 섬뜩한 화학무기를 만들기 위해 상아탑을 벗어나 전장으로 뛰어든 사실은 제1차 세계대전 동안 전쟁 산업과 상아탑을 한데 섞이게 만들었다. 전쟁 산업에 매력을 느낀 과학자는 하버말고도 발터 네른스트Walther Nernst라는 독일의 물리화학자도 있다. 네른스트도 후에 무기와는 관계없이 이타적 업적으로 노벨상을 받았는데, 그는 1914년부터 화학무기 사용을 제안할 정도로 하버에 버금가는 전쟁광이었다. 이전에 어떤 연구를 했는지와 관계없이 하버는 자신의 군사적 역할을 착실히 수행했으며, 무기를 개발하며 가운을 입은 그의 모습은 엄청난 악당 같았다. 마블 코믹스 전성기였던 1960년대 초에 스탠 리와 잭 커비('마블 슈퍼 히어로 아버지'라 불리는 마블 코믹스의 두 주축 만화가)가 스트러커 남작 캐릭터를 디자인할 때 하버의 얼굴에 영감을 받았을 것이라는 점은 의심의 여지가 없다.

얼마 지나지 않아 염소가스 공격은 흔해졌다. 병사들에게 보호 장비가 지급됐고 목숨을 구할 수 있는 장비를 즉시 착용할 수 있도록 반복적으로 훈련도 진행됐다. 보호 장비가 발달하고 전병력이 이를 착용하는 데 익숙해지면서 염소가스 같은 초기 화학무기는 별 효과가 없어졌다. 이제 새로운 화학무기를 개발할 수밖에 없는 시점이 되었다. 자, 이제부터 클로르메틴과 질소 머스터드의 이야기가 시작된다.

제1차 세계대전에서 머스터드가스가 처음 사용되기까지 2년이 걸렸다. 아무런 희망이 보이지 않고 곧 전쟁에서 패배할 것이라는 압박감을 느낀 독일은 1917년 7월, '화학무기의 제왕'을 살포했다. 머스터드가스는 이전에 사용됐던 염소가스와 차원이 달

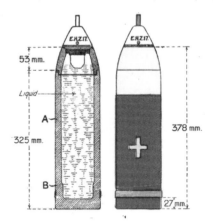

L.F.H. Gr. Gelbkreuz.
L.F.H. Gr. Gelbkreuz. 1. (?).
Calibre, 10·5 cm. (4·1″).

• 105mm 곡사포용 독일 옐로우 크로스 머스터드 가스 포탄 그림.

랐다. 폐를 목표로 하는 염소가스와 달리 머스터드가스는 미란
성 독가스였다. 미란성 독가스는 노출된 부위에 물집을 일으킬
뿐만 아니라 장기간 노출되면 영구적으로 시각을 손상을 시키는
화합물이다.

이 까다로운 머스터드가스가 들어 있는 포탄을 구분하기 위
해 사용한 기호의 색깔과 형태 때문에 독일군은 머스터드가스
를 '노란색 십자가(옐로우 크로스)'라고 불렀다. 영국과 연합군은
종종 이를 독일군을 경멸적으로 부르는 속어인 'HS' 또는 '훈족
의 물건Hun stuff'이라고도 불렀다. 머스터드가스 개발 프로젝트
는 이를 개발한 과학자인 빌헬름 롬멜LOmmel과 빌헬름 스타인코
프STeinkopf의 이름을 조합한 'LOST'라는 코드명으로 불렀다. 이

들은 설파 머스터드(머스터드가스의 더 정확한 이름)를 개발했는데,
이는 후에 화학요법 약물로 쓰이는 물질과 그 구조는 다르지만
같은 뿌리에서 나왔다. 이쯤에서 정확히 해야겠다. 머스터드가
스는 사실 기체라기보다 머스터드 씨 냄새가 나는 오일에 가깝
다. 이 오일은 폭발물이 타격을 받으면서 기화하거나 바람을 타
고 방울 형태로 분산된다. 폭발한다는 파괴적인 영향뿐만 아니
라 기름은 옷가지에 잘 달라붙고 쉽게 피부로 흡수된다. 머스터
드가스 공격이 흔해지면서 (이전에 있었던 염소가스 공격처럼) 의무병
들은 피부에 붙은 머스터드가스 잔여물을 씻어내 물집이 생기지
않도록 휴대용 샤워부스를 가지고 다녀야 했다.

머스터드가스는 전장에서 새로운 위험요소가 됐다. 염소가스
는 가라앉는 대신 공기 중에 스며든 후 전장에서 흩어졌지만 머
스터드가스는 공기나 물보다 무겁기에 첫 번째 공격이 진행된
후에도 전장에 '오래도록' 남았다. 전장에 남은 머스터드가스에
노출되는 것도 처음 공격만큼이나 위험하기에 이 오래도록 지속
되는 효과는 전장과 군인을 모두 오랫동안 오염시켰다. 비록 머
스터드가스가 회복까지 더 짧은 시간(염소가스는 평균 60일이 걸렸지
만 머스터드가스는 46일이 걸렸다)에 군인들을 불구로 만든 데다 염소
가스처럼 바람을 따라 이동하면서 살포한 측의 의도와 반대 방
향으로 이동하지도 않았기에, 머스터드가스는 훨씬 끔찍하고 통
제할 수 있는 무기가 됐다. 얼마 지나지 않아 프랑스와 영국도
머스터드가스를 만들기 시작하면서 독일은 더는 머스터드가스
를 사용하는 유일한 국가도 아니었다. 미국도 제1차 세계대전

•　　1918년 4월 머스터드가스로 시각에 사상을 입은 영국군의 모습.

이 발발하자마자 화학무기를 사용했기에 책임에서 자유로울 수는 없었다. 나중에 미국 대통령으로 선출되는 해리 S. 트루먼은 1918년 미국 야전포병부대의 대위로 있는 동안 유독가스로 독일을 포격하는 일을 감독했다.

제1차 세계대전 말 염소가스, 머스터드가스 등 다른 여러 화학무기를 사용함으로써 130만 명 이상의 부상자와 9만 명 이상의 사망자가 발생했다. 1925년 제네바 의정서는 '사람을 질식시키는 유독한 가스와 비슷한 모든 액체, 물질, 혹은 장비'의 사용을 비난하며 화학무기 사용을 금지했다. 인류와 수백만 병사들에게는 안타깝게도 제네바 의정서가 이런 금지사항을 강제할 만큼의 힘이 없었기에, 여러 나라가 새로운 화학무기를 만들어내려는 과학 연구를 준비하는 것까지 막지 못했다. 심지어 초안에

서명한 유일한 국가인 미국도 그런 무기를 만드는 데 큰 문제가 없었다. 50년 후인 1975년까지 의회가 제네바 의정서 비준에 실패했기 때문이다.

전쟁의 비극 속에서 발견한 뜻밖의 항암제

제2차 세계대전 중 1943년 12월 2일, 독일은 이탈리아 바리 항구에 정박해 있던 연합군에 치명적인 공격을 가했다. 우연하게도 이 공격으로 머스터드가스가 사람에게 항암효과를 일으킬 수 있다는 사실이 밝혀졌다. 이 공격으로 열일곱 척의 배가 난파됐다. 여기에는 내부에 비밀스러운 화물(머스터드가스 폭탄 2000개)을 실은 존 하비 증기선도 있었다. 기름기 있는 액체를 담은 폭탄이 항구에 쏟아졌고 난파된 배의 연료와 한데 뒤엉켰다. 생존자들은 그날 저녁쯤에 전신을 물집으로 뒤덮이게 만들 혐오스럽고 끔찍한 혼합물을 뒤집어썼다.

 1925년 제네바 의정서로 화학무기 사용이 금지됐지만 미국은 히틀러의 독일군이 화학무기를 사용할 경우 똑같이 보복하기 위한 용도로 존 하비 증기선에 2000개나 되는 머스터드가스 폭탄을 실어놓았다. 재래식 무기의 공격으로 1000명 이상의 미국과 영국 군인들, 또 수백 명의 민간인들의 목숨을 앗아갔을 뿐 아니라 머스터드가스 폭탄의 폭발로 존 하비 증기선에 들어 있던 기름이 소량 기화됐다. 이 폭발로 바리 상공에 몇 시간 동안 머스터드가스로 이루어진 유독하고 끔찍한 구름이 떠 있었다. 이 구름으로 이곳에 살고 있던 25만 명이 머스터드가스에 노출됐고 1000명이 넘는 사람들이 목숨을 잃었다.

미국과 연합군은 공격이 일어난 직후에는 존 하비 증기선에 실려 있던 이 무기를 인정하지 않으려 했다. 그래서 의사와 환자들은 다음 날 일어날 일에 무방비 상태로 있을 수밖에 없었다. 이런 공작을 벌인 이유는 애초에 머스터드가스가 존재했던 이유와 관계가 있다. 연합군은 자신들이 머스터드가스를 비축해뒀다는 사실이 알려지는 것을 두려워했다. 이게 빌미가 돼 결국 히틀러가 자신의 원래 계획을 드러내고 화학무기를 사용할 거라 생각했기 때문이다. 이 공작은 전쟁의 전술이 확대되는 것을 막기 위한 것이었지만 수백 명의 목숨을 앗아가는 결과를 낳았다. 가까스로 해안에 닿은 많은 병사들은 머스터드가스로 오염된 물에서 헤엄쳐야 했고 결과적으로 병사들의 몸은 물집성 기름으로 뒤덮였다. 그리고 몇 시간 동안 젖은 군복을 입은 채 해변에 앉아 있었다. 눈에 띄는 증상은 물집이 잡히고 눈이 부풀어 오르는 것인데 이는 만 하루 만에 나타나기 시작했다. 전쟁터에서 머스터드가스가 사용되는 모습을 본 지 수십 년이 지난 시점이었기 때문에, 의사들은 머스터드가스라고는 생각하지 못하고 어떤 자극제 화합물일 것이라고 추측했다. 617명의 병사들이 머스터드가스에 노출됐고 83명은 힘들게 헤엄친 끝에 머스터드가스를 뒤집어쓰고 몇 시간 동안 앉아 있다가 목숨을 잃었다. 의사들은 상처의 특징적인 상태를 'N.Y.D 피부염'(N.Y.D는 '아직 밝혀지지 않

• 1943년 12월 2일 독일군의 공격으로 불타는 바리항의 존 하비호

음'이라는 뜻이다)이라 기록했고 영국 군 간부는 연합군 지휘관들에게 증상의 원인을 파악하기 위해 도움을 요청했다.

미국 의사이자 미군 중령이었던 스튜어트 알렉산더가 조사를 돕기 위해 얼마 지나지 않아 도착했다. 알렉산더는 곧장 병사들의 증상을 관찰하고 이들이 머스터드가스에 노출됐다고 진단했다. 당시 가장 큰 문제는 무엇이 해를 입혔는지가 아니라 머스터드가스가 어디에서 왔는가였다. 알렉산더는 독일군이 바리를 공격할 때 화학무기를 사용했다는 루머가 돈다는 사실을 알고 있었지만, 이를 그대로 받아들이지 않았다. 그 대신 노출된 사람들의 의료 차트와 폭격을 맞은 배의 위치에 대한 정보를 활용해 바리의 항구를 뒤덮은 공기를 똑같이 재현했다. 결과적으로 알렉산더는 존 하비 증기선이 이 비극의 화약고였다는 사실을 확인했다. 다이버들은 곧 배의 잔해에서 머스터드가스의 포탄 조각을 회수해 알렉산더가 옳았다는 사실을 증명했다.

알렉산더는 이 사건을 완벽하게 요약한《바리 머스터드 사상자에 대한 최종 보고서》를 기술했다. 하지만 보고서는 제출되자마자 기밀문서로 분류됐다. 연합원정군 최고사령부의 드와이트 D. 아이젠하워는 이 보고서를 사실로 받아들였다. 그러나 아이젠하워와 다르게 윈스턴 처칠은 이를 믿으려하지 않았으며 머스터드가스를 실은 배가 대기 중이었다는 사실에 꼬리표처럼 따라오는 그 어떤 비난도 인정하지 않았다. 기밀로 분류된 보고서와 함께 의료기록도 검열됐다. 하지만 왠지 모를 이유로 사망한 83명 병사들의 부검 결과는 검열을 벗어나 깜짝 놀랄만한 이야기를 들려줬다. 사망한 83명은 모두 백혈구 세포의 성장과 증식이 멈춰있었다. 이 놀라운 현상의 범인은 머스터드가스였으며, 머스터드가스가 신체의 다른 조직에 침투하여 악성 백혈구의 증식 속도를 늦추거나 멈추게 할 수 있다는 가능성으로 눈을 돌리게 해주었다. 이 사건을 통해 화학요법의 첫 방법으로 머스터드가스를 사용할 수 있었다.

그러나 이는 역사로 믿고 싶은 상상 속의 이야기일 뿐이다. 치명적 패배를 덮으려는 공작과 비밀 조사 중에 알려진 놀라운 발견은 딱 좋은 이야깃거리가 아닌가. 하지만 머스터드가스가 존 하비 증기선에 실렸고 모든 이야기가 사실임에도 머스터드가스(더 정확히 말하자면 존 하비 증기선에 실렸던 설파 머스터드의 친척이다)의 항암효과를 실제로 발견한 것은 이보다 1년 앞선 1942년이었다. 다른 여러 미국 대학과 함께 예일대학교는 제2차 세계대전이 한

창이던 때 화학무기와 별 관련이 없는 실험을 진행하기 위해 미국의 과학연구개발국과 계약을 맺었다. 의약품에 관심이 있었던 예일대학교 두 명의 과학자인 앨프리드 길먼Alfred Gilman과 루이스 굿맨Louis Sanford Goodman은 머스터드가스와 일련의 유도체, 특히 새로운 형태의 설파 머스터드인 질소 머스터드를 해독할 수 있는 물질을 찾으라는 미션을 받았다. 그 당시 100여 개에 달하는 설파 머스터드 유도체가 합성됐고 이는 전시 상황에서 진행되던 연구에 무궁무진한 재료를 선사했다. 이는 길먼과 굿맨을 위한 완벽한 임무였다. 제약계에 고전이 된 교과서인《굿맨과 길먼의 치료학의 약리학적 기초》의 첫 판본을 막 제작하고 있었으니 말이다. 이 책은 그 이후로 여러 번 개정됐고 전 세계 약학자들을 길러내는 여러 두꺼운 책 중 하나다. 연구계약(종종 학술적 연구에 기금이 달려 있는 경우)으로 한 가지는 분명했다. 굿맨과 길먼은 1946년 제2차 세계대전이 끝날 때까지 그 어떤 데이터도 출판할 수 없었다.

과학연구개발국이 진행한 연구에 앞서 이미 머스터드가스와 비슷한 물질이 전쟁터를 뒤덮은 수포작용제 외에도 삶에 극적인 변화를 일으킬 수 있다는 사실이 알려져 있었다. 1934년 머스터드가스가 백혈구에 영향을 미친다는 사실이 밝혀졌고, 1935년 연구는 머스터드가스가 동물 실험에서 몇몇 종양의 성장을 늦춘다는 사실도 보여주었다.

질소 머스터드 성분에는 HN1, HN2, HN3라는 이름의 세 가지 분자가 있지만 HN2과 HN3만이 군사적인 목적으로 사용된다. HN1은 처음에 사마귀 제거제로 사용됐다. 비록 HN1, HN2, HN3라는 이름이 붙었지만 분자의 구조에 따라 붙은 명칭이 아니라는 점을 기억해야 한다. HN2는 화학요법에 사용되는 세 가지 물질 중 하나로, 오늘날 연구의 핵심적인 분자다. 게다가 설파 머스터드와 달리 질소 머스터드는 머스터드 냄새가 나지 않는다(설파 머스터드와 비슷한 그 어떤 냄새도 말이다)는 점을 짚고 넘어가야겠다. '머스터드'라는 이름은 둘 다 중심에 질소 혹은 황이 있고 긴 사슬 끝에는 염소가 있는 구조적인 유사성 때문에 붙은 이름이다. 질소 머스터드(특히 HN2 혹은 클로르메틴, 항암 치료제로 잘 알려져 있다)는 농도가 높아지면 과일향이 난다. 클로르메틴의 농도를 묽히는 과정에서는 사람에 따라 비누냄새 혹은 '비린내'가 난다고 말한다. 설파 머스터드와 달리 질소 머스터드는 사실 한 번도 전투 상황에 사용된 적이 없었다. 질소 머스터드도 같은 뿌리를 두고 있는 설파 머스터드처럼 상온에서 기체가 아니라 호박색을 띠는 기름이다.

암을 치료하는 세 번째 방법

종양과 암에 대한 역사는 히포크라테스가 질병을 커다란 범주로 분류하던 오래전으로 거슬러 올라간다. 그리스 선조들은 우리가 오늘날 종양이라 부르는 것을 '카키노마(karkinoma, 암을 뜻하는 영단어 'carcinoma'와 같은 어원을 두고 있다)'라 불렀다. 히포크라테스는 사

220

방으로 뻗어나가는 종양의 특성을 관찰하고 이를 몸통과 다리가 여러 개 달린 게 같다고 생각했다. 암에 대한 기록은 히포크라테스 이전에도 존재했다. 소유주의 이름을 딴 기원전 1600년 고대 이집트 의학 기록인 에드윈 스미스 파피루스에는 뾰족한 치료법이 없었던 '가슴에 툭 튀어 나온 종양'을 지닌 사람이 기록돼 있다. 20세기 초에는 악성종양을 제거하는 방법이 두 가지밖에 없었다. 첫 번째는 천년이 넘는 역사를 지닌 방법으로, 수술을 통해 신체에서 종양을 제거하는 것이다. 두 번째는 1895년 빌헬름 뢴트겐이 X선을 발견하면서 탄생했다. 이 방법은 X선을 이용해 종양을 터트려 종양의 크기를 줄이는 것이다. 이 방법은 처음에 뢴트겐 치료라고 불렀지만 오늘날에는 방사선 치료라는 이름으로 잘 알려져 있다. 그리고 굿맨과 길먼은 세 번째 방법으로 화학요법을 추가했다.

굿맨과 길먼은 토끼같이 더 큰 동물을 대상으로 실험을 진행하기 전 쥐에게 난 종양을 질소 머스터드의 첫 치료 대상으로 삼았고, 한 쌍의 쥐를 대상으로 한 연구를 통해 질소 머스터드가 림프구에 생긴 암의 성장을 멈추는 역할을 한다는 사실을 밝혀냈다. 동물실험은 꽤 중요했다. 이 실험을 통해 질소 머스터드가 사람 몸속의 림프종에서 비슷한 역할을 할 수 있다는 증거를 도출했기 때문이다. 얼마 지나지 않아 1942년 8월, 상태가 심각한 데다 선택의 여지가 별로 없었던 한 환자를 대상으로 새로운 항암 치료법을 시도해볼 기회가 생겼다.

역사 기록에 따르면 처음으로 화학요법을 받은 사람은 'JD'라는 이름으로만 알려진 48세 남자였다. JD는 림프육종[림프구계 세포에 유래하는 악성종양] 말기였고 상태가 별로 진전되지 않은 방사선치료를 받은 후 굿맨과 길먼의 질소 머스터드 치료를 받았다. JD의 이름은 알려지지 않았지만 몇 가지 정보는 알려져 있었다. JD는 18세에 폴란드에서 미국으로 이민 온 평범한 사람으로 인생 대부분을 코네티컷에 있는 볼 베어링 공장에서 일하며 보냈다. 편도선이 부풀어 오르고 불편함을 느꼈던 JD가 림프육종을 처음 진단받은 건 1940년이었다. 얼마 지나지 않아 종양은 오른쪽 목을 뒤덮었고 JD는 거의 입도 벌리지 못했다. 2년 동안의 기나긴 방사선 치료와 수술이 시작됐지만 2년이 흐르고도 JD의 암은 재발했다. JD와 의료진은 필사적으로 다른 방법을 찾았다.

1942년 8월 27일, JD 담당의이자 예일대학교 수술실의 조교수였던 구스타프 린드스코그Gustaf Lindskog의 부탁으로 굿맨과 길먼은 JD에게 질소 머스터드를 정맥으로 투약했다. 체중 1킬로그램 당 0.1밀리그램 정도의 작은 농도부터 시작했고, 최종적으로 환자 체중 1킬로그램당 1밀리그램(우리는 이 양이 표준용량의 약 세 배라는 사실을 안다)까지 용량을 높였다. 이틀도 안 돼 JD의 림프육종의 종양은 눈에 띄게 줄어들었다. 다른 증상은 다섯 번째 화학요법을 받은 후 나아졌다. 그리고 열 번째 질소 머스터드 치료를 받던 날, 조직검사를 통해 종양이 완전히 사라졌다는 사실을 확인할 수 있었다. 이는 질소 머스터드 화학요법이 암을 치료하는데 성공적이라는 사실을 보여준 엄청난 발견이었다. 수술과 방사선치료를 사용하는 방법은 의사들이 선택할 수 있는 세 번째

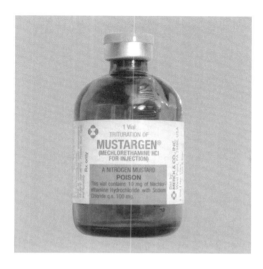

· 1942년에 개발된 최초의 항암제 클로르메틴(메클로레타민, HN2, 질소 머스타드라고도 함, 상
품명: 머스타겐)은 호지킨병, 비호지킨 림프종, 만성 백혈병, 균상식육종 치료 등에 사용
됐다.

방법이 됐다. 하지만 안타깝게도 JD는 첫 질소 머스터드 화학요
법을 진행한 지 49일이 지나서 뚜렷한 이유 없이 암이 재발했고,
첫 번째와 달리 두 번째 치료에서는 질소 머스터드의 효과가 덜
했다. JD는 결국 1942년 12월 1일 사망했지만 굿맨과 길먼은 이
에 굴하지 않고 관련된 다른 의사들과 함께 소규모 임상시험을
밀어붙였다. 비밀리에 진행된 이 임상시험은 가족이나 간병인들
에게 질소 머스터드 연구에 참여하고 있다고 언지를 하지 않은
채 67명의 환자들을 대상으로 진행됐다. 굿맨과 길먼의 연구가
성공하면서 클로르메틴은 1949년 비호지킨림프종〔림프조직 세포
가 악성으로 전환되어 과다증식하며 생기는 종양〕치료제로 FDA의 승인
을 받았다. 그리고 머스타겐이라는 상표명을 달고 화학요법으로

는 처음으로 시장에 등장했다.

제네바 의정서에도 불구하고 화학무기를 사용하는 데에 대한 불안함, 질소 머스터드가 결국 암을 치료하는 용도로 사용됐음에도 여전히 전쟁 무기로 설파 머스터드가 사용되었다는 점, 이 화학 무기가 일으키는 지속적인 오염 문제 등은 사실 완전히 사라지지 않았다. 제2차 세계대전이 끝난 후 독일에서 사용하지 않은 막대한 양의 머스터드가스가 발견됐지만 이를 적절하게 폐기할 방법을 찾지 못했다. 결국 연합군은 질소 머스터드가 든 철제 통을 발트해에 투기했고 생태적으로 끔찍한 영향을 미쳤다. 몇 해가 흐르고 머스터드가스는 호박 같은 고분자를 형성했다. 이 고분자 결정이 이따금 해안으로 밀려와 심각한 환경 문제를 일으키기도 했다. 설파 머스터드는 1980년대까지도 사용됐는데 8년에 걸쳐 일어난 이란-이라크 전쟁 동안 이라크는 350개의 화학무기를 동원해 이란 병사들을 공격했다. 심지어 쿠르드족 시민들을 공격할 때도 머스터드가스를 사용했고 이는 전 세계 국가들의 분노를 불러일으켰다. 오늘날 할랍자 대학살로 알려진 이 공격은 1988년 3월 16일에 일어났다. 당시 이라크 대통령 사담 후세인이 이 공격을 지시했고 머스터드가스와 신경가스를 혼합한 물질로 이라크 할랍자의 쿠르드족 마을을 폭격해 5000여 명의 무고한 희생자를 냈다.

질소 가스가 종양과 싸우는 방법

HN2의 몇 가지 유도체는 오늘날에도 여전히 화학요법으로 사용되고 있다. 균상식육종〔피부에 악성 신생물이 나타나는 치사성 질환〕을 치유하기 위해 국소 부위로 사용하는 것을 포함해 호지킨림프종과 비호지킨림프종, 폐암, 백혈병으로 고통받는 환자들을 치료하기 위해 다른 물질과 혼합해 사용하기도 한다. 클로르메틴은 일반적으로 정맥주사를 통해 투약된다. 정맥에 주입하는 과정에서 약물이 밖으로 일부 흐르면 주변 피부에 물집이 생긴다. 안타깝게도 대부분의 화학요법 약물이 그렇듯, 투약하고 얼마 지나지 않아 부작용이 발견되기 시작했다. 8시간 동안 클로르메틴을 투약받은 사람 중 구토 증세를 보이는 사람도 있었다. 균상식육종은 암이 피부에 병변을 남기기에 다른 방법으로 치료해야 한다. 1980년대 이전에는 균상식육종을 치료하기 위해 질소 머스터드 수용액을 사용했는데, 후에 환자들이 더 잘 바를 수 있는 연고 형태로 사용됐다.

156달톤의 질소 머스터드 클로르메틴이 신체에 영향을 미치는 메커니즘은 꽤 흥미롭다. 분자는 스스로 반응을 일으킨다. 반응성이 높은 원자 세 개로 이루어진 고리구조를 형성하고 반응이 일어나는 과정에서 염소 이온을 방출하면서 말이다. 과학자들은 오랫동안 머스터드가스가 물집을 일으키는 이유가 반응이 일어나는 과정에서 방출되는 염소이온 때문이라고 생각했다. 머스터드가스도 세 원자로 이루어진 고리구조가 있으며 염소 이온을 방출했기 때문이다. 왜 그렇게 생각했느냐 하면 염소 이온은 상대적으로 쉽게 근처에 있는 수소원자(예를 들어 물 분자가 있다)와 결합해 염산을 만들었기 때문이다. 그러나 질소 머스터드 분자의 반응은 여기서 끝나지 않았다. 반응 결과 만들어진 염산 분자는 항암 효과와는 별개의 문제였다. 반응성이 높은 원자 세 개로 이루어진 고리구조가 만들어지면 이는 알킬화약물〔화학요법 약물로 사용되는 약제 중 한 종류〕처럼 세포의 DNA와 쉽게 결합한다.

질소 머스터드의 고리구조는 유전암호〔단백질을 구성하는 각 아미노산을 지정하는 대응규칙을 가진 DNA(혹은 mRNA) 암호〕의 일부인 DNA의 구아닌 잔기〔residue. 유기화합물에서 어떤 원자단이 탈리한 후에 남은 원자단〕를 찾아내 구아닌 잔기가 다른 것과 결합하게 만든다. 그 결과 구아닌은 일반적으로 결합하던 사이토신이 아니라 타이민과 결합했다. 이는 다음번 복제에서 DNA 가닥에 돌연변이를 일으킬 가능성을 열어주거나 적어도 손봐야 할 곳을 더 많이 만들어 세포에게 스트레스를 준다. 질소 머스터드의 고리구조와 구아닌이 결합하면 매우 유해할 수 있다. 그 결과 만들어지는 두 개의 DNA 가닥이 이루는 가교결합〔분자 사슬을 다른 사슬로 연결하는 결합〕은 종종 제 역할을 못하는 생물학적 '막다른 길'을 만들기 때문이다. 손상된 DNA를 발견하거나 전반적으로 손상된 DNA가 존재하면 세포는 자살을 감행하는 세포자연사 과정을 시작하기 위해 종양 단백질 53〔TP53. 세포의 이상증식이나 돌연변이가 일어나지 않도록 막아주는 유전자. P53은 암 억제 단백질로 인간은 TP53 유전자로 암호화되어 있다〕에 신호를 보낸다. 화학요법으로 질소 머스터드를 사용하는 일은 딱 맞는 위치(종양 세포)에 적당한 정도의 DNA를 손상시키는 것을 목표로 한다. 그 결과 세포는 세포자연사의 주기를 시작하고 그렇게 함으로써 종양의 크기를 줄인다.

제1차 세계대전 전쟁터를 흠뻑 적신 설파 머스터드의 후계자가 미래에는 종양의 크기를 줄이는 데 사용될 것이라고 누가 생각이나 했을까? 원래의 물질은 무시무시했지만 감사하게도 클로르메틴은 수십 년 동안 무수히 많은 환자들을 치료했다.

왜 전문의약품을 대중에게 광고할까?*

마침 여러분이 텔레비전을 보고 있다고 생각해보자. 곧 중간 광고가 나올 것이고 여러분은 아마도 휴대폰을 확인할 것이다. 텔레비전에는 멋진 이름을 지닌 약물이 등장하고 맨 끝에 차분한 이미지와 부작용이 뒤죽박죽 섞인 제약 광고가 흘러나올 것이다. 그다음 다른 광고가, 그리고 또 다른 광고가, 그리고 마침내 광고 시간이 끝나고 여러분은 다시 텔레비전 앞에 앉을 것이다. 대중을 대상으로 한 광고에 약물의 이름뿐만 아니라 어떤 부위를 치료하는지, 또 효능과 안전성도 들어 있다는 점을 고려하면 오늘날 미국과 뉴질랜드의 정책은 느슨하다. 대부분의 나라에서 이런 바이럴 마케팅을 허용하지 않는다는 점을 고려하면 뉴질랜드와 미국의 규제는 예외적이다. 예를 들어 캐나다는 '리마인더 광고'를 하는데 이는 상품의 이름이나 증상은 언급할 수 있지만 이 둘이 같은 광고에 등장하면 안 된다. 이 리마인더 광고는 시청자가 의사에게 더 많은 정보를 얻기 위해 상담을 받도록 은근히 유도할 수 있다. 유럽연합 국가들은 한발 더 나아가 21세기 초에 처방전이 필요한 약물의 광고를 모두 금지했다. 이런 규제를 없애려는 시도는 여전히 계속되고 있다.

미국에서 전문의약품을 대중을 대상으로 광고하는 일은 1981년 지면 형태로 시작됐다. 첫 광고는 《리더스다이제스트》에 실린 머크의 새로운

---

*   전문의약품 광고를 허용하는 미국과는 달리, 우리나라는 의약품의 안전한 사용을 도모하고자 약사법으로 전문의약품에 대한 광고를 엄격히 금지하고 있다. 예외적으로 감염병의 예방용 의약품(독감백신 등) 광고, 의약학 전문가 등을 대상으로 하는 의약 전문 매체 광고만 허용한다.

항폐렴구균 백신인 뉴모박스였다. 텔레비전 광고는 2년 후에 등장했다. 오리지널 의약품인 모트린과 비교하면 부츠 제약회사의 오랜 역사를 지닌 이부프로펜 제네릭은 가격적으로 이점이 있다는 광고였다. 2007년 연구에 따르면 평균적인 미국 소비자는 1년에 16시간 이상 처방전이 필요한 의약품 광고를 본다고 한다. 이는 같은 기간 동안 의료진과 보내는 시간보다 훨씬 많았다. 이 차이는 지난 10년 동안 꾸준히 늘었다. 광고를 보는 시간이 이렇게 많다는 사실에 이런 의문이 들지도 모른다. "미국은 왜 처방전이 필요한 의약품 광고를 많이 방영할까?"

1997년 FDA의 규제가 변하면서 광고에 모든 세세한 부작용을 길게 설명하는 대신 의약품과 관련한 주요한 위험 요소만 명시하면 됐다. 이 규제 덕에 15초 혹은 30초짜리 짧은 광고가 가능해졌고 그 결과 오늘날 우리가 보는 것처럼 광고의 홍수가 탄생했다.

광고의 홍수는 계속됐지만 대중을 대상으로 한 광고는 환자가 수용적인 경우에만 성공적이었다. 소비자에게 광고가 얼마나 성공적인지는 환자가 의료진에게 특정한 약물 이름을 대며 대화의 물꼬를 트는 방식으로 처방전에 얼마나 영향을 미칠 수 있는지에 달려 있다. 광고가 확산되면서 생긴 결과에는 논란의 여지가 있다. 환자의 치료에 긍정적·부정적 영향을 모두 미칠 수 있기 때문이다. 긍정적인 면을 보자면 광고는 환자가 의사를 비롯한 여러 의료진을 만나도록 독려할 수 있다. 이는 중요한 지점인데 그렇지 않고는 의료진을 만나러 가거나 심각한 질환을 완화시키려는 노력을 하지 않을 것이기 때문이다. 질병에 얽힌 나쁜 인식을 없애는 데 광고는 특히 효과적이다. 발기부전이나 헤르페스 바이러스 감염증(단순포진바이러스에 의한 감염증인데, 피부, 점막, 눈, 중추신경의 감염 및 전신감염증으로 구분한다) 치료제 광고를 예로 들 수 있다. 다른 한편으로는 의약품 광고가 환자와 의사 사이의 관계에 과도한 긴장감을 줄 수 있다. 이는 환자가 실제로 필요하지 않은 약을 의사에게 처방해달라고 압박할 때 혹은 (광고 속 의약품을 처방받지 못한)환자가 자신의 의견이 무시당한다고 느끼고 의사와의 관계를 끝내려 할 때 벌어진다.

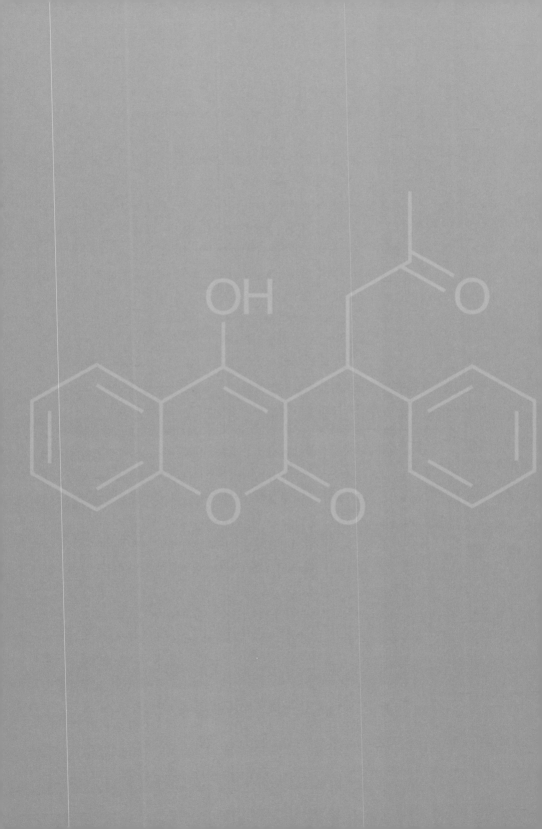

와파린

쥐약에서 생명을 구하는 약으로

상품명 쿠마딘

오랫동안 가장 널리 사용되어온 경구용
항응고제. 비타민 K가 활성형으로
전환하는 것을 억제해 항응고 작용을
나타낸다. 정맥혈전색전증의 예방 및
치료뿐 아니라 심방세동 환자들의
뇌졸중 예방에도 널리 사용된다.

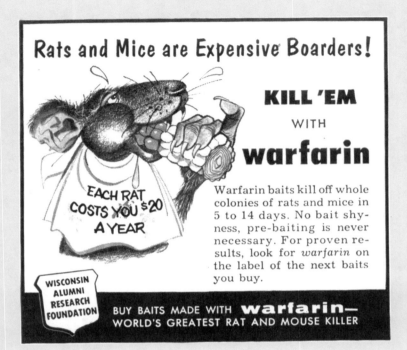

- 와파린 쥐약 광고 (1957년)

와파린은 전 세계에서 가장 흔하게 처방되는 의약품 중 하나로, 영국에서는 인구의 1퍼센트가, 미국에서는 1500만 명 이상의 사람들이 혈전과 합병증을 예방하기 위해 매일 복용하는 항응고제다. 하지만 와파린은 쥐약으로 세상에 처음 등장했다. 어떻게 쥐약이 전 세계에서 가장 많이 처방되는 약물 중 하나가 됐을까? 이 이야기에는 목숨을 잃은 무수히 많은 소, 변덕스러운 교수, 그리고 괴상한 이름이 붙은 화학물질 유사체 #42가 등장한다.

영문을 알 수 없는 소의 죽음

혈액을 묽게 만드는 항응고제는 오랫동안 현대 약학계의 큰 부분을 차지했으며 역사적으로 그 비슷한 역할을 하는 물질도 있었다. 기원전 5세기, 히포크라테스는 혈액을 묽게 만들면 여러 질병을 치유할 수 있을 거라고 생각했지만 이를 체계적으로 실행하진 못했다. 혈액을 묽게 만들기 위해 거머리도 동원됐지만 20세기 초에 등장한 헤파린〔황산기를 가진 산성 다당류의 일종으로 혈액 응고 저지작용이 강한 물질〕과 와파린 덕분에 더 나은 방법을 알게 됐다. 헤파린은 1916년 의학계에 등장했다. 헤파린은 동물의 간과 창자에서 추출했지만 경구 복용이 불가능하고 주사기로 주입해야만 했기에 용량을 늘리는 데 어려움이 있었다. 경구 항응고제를 찾으려는 연구는 여러 해에 걸쳐 진행됐지만 이를 얻기 위해 북아메리카 전반에 걸쳐 수천 마리의 소가 죽는 일련의 영문을 알 수 없는 사건을 겪어야 했다.

1920년대 후반, 미국 북부와 캐나다 전반에서 소가 다량의 피를 흘리며 죽어간다는 이상한 이야기가, 인터넷을 떠도는 미스터리 서클[곡물이 일정한 방향으로 눕혀서 전체적으로 위에서 보면 어떤 무늬가 만들어지는 것]이나 집단적인 소 살육[외계인, 정부, 비밀조직 등이 개입해 집단적으로 소를 도살한다는 일] 이야기처럼 퍼졌다. 소들은 제각[뿔을 자르는 일]이나 거세하는 과정에서 피를 흘리면서도 그 어떤 외상 없이 조용히 죽어갔다. 사후에 판명된 유일한 사실은 죽은 소들이 내부 출혈로 고통받았다는 것이었다. 비싼 소 가격 때문에 이 현상은 가축들을 먹여 살리기 위해 이미 높은 비용을 부담하는 농부와 목장주 들에게 꽤 치명적인 문제였다.

이 수수께끼를 해결하기 위해 캐나다 수의사였던 프랭크 스코필드Frank Schofield가 등장했다. 스코필드는 소가 죽는 이유가 북아메리카 전역에 퍼지는 새로운 바이러스나 박테리아에 감염돼서가 아니라 소가 먹는 음식 때문이라고 추측했다. 이 문제로 고통받는 소들에게는 한 가지 공통점이 있었다. 오래되고 곰팡이가 잔뜩 핀 건초로 많이 쓰이는 전동싸리 사일리지[사료 작물을 사일로(한랭지대의 목초저장용 원탑형의 창고)에 진공 저장해 유산균 발효시킨 다즙질 사료]를 먹었다는 것이다. 이 사일리지에는 전동싸리 건초가 보관돼 있었는데 종종 사일로에서 완전히 건조시키지 않은 영양분이 가득한 음식을 겨울 동안 저장해두곤 했다. 북아메리카 대륙 전역에서 소들이 먹었던 사일리지에는 곰팡이가 피어 있었으며 대부분의 경우, 건초에서 두드러지게 확인할 수 있었다. 하지만 만약 사일리지에 곰팡이가 피어 있었다면 농부들은 왜 그 소중한 소들에게 그걸 계속 먹였을까?

1920년대 농부들에게 재정적 어려움이 심했기 때문이다. 곰팡이가 피었든 그렇지 않은 음식은 음식이었다. 곰팡이가 피었다고 해서 '새로운' 사일리지를 구매할 수 없었던 농부들은 계속 가축에게 먹일 수밖에 없었고 의도치 않게 가축들을 감염시켰다. 곰팡이가 슨 건초가 범인이었는지를 확인하기 위해 스코필드는 곰팡이가 슨 사일리지와 신선한 사일리지를 토끼에게 먹였다. 곰팡이가 핀 사일리지를 먹었던 운이 없는 토끼들은 소와 같은 운명을 맞이했다. 문제는 건초였기에 농부들에게 남은 한 가지 선택지는 상한 사일리지를 버리고 새로운 사일리지를 구매하거나 수혈을 받는 것이었다. 이로부터 10여 년이 흐르고 스코필드의 뒤를 이은 수의사 L. M. 로더릭Roderick은 곰팡이가 핀 사일리지가 혈액의 프로트롬빈〔혈청을 만드는 단백질〕 생산에 영향을 미쳐 혈액이 잘 응고되지 않는다고 설명했다.

칼 폴 링크와 혈액이 가득한 우유통

와파린을 발견하는 데 선구적인 역할을 한 칼 폴 링크Karl Paul Link

의 어린 시절은 그리 특별하지 않았다. 어렸을 때부터 허약했는데 두 살에 폐렴으로 목숨을 잃을 뻔했다. 어린 시절 링크는 가난했기에 옷은 대부분 헌옷이었다. 그러나 부모의 재능 덕에 링크는 지적인 측면에서 풍족했다. 인디애나주에 있었던 집에서 가족은 독일어와 영어를 함께 사용했고 루터교 목사였던 아버지는 목이 아파서 목사 일을 더 이상 하지 못하게 될 때까지 교리를 충실히 따랐다. 그 후 변호사가 되기까지 아버지는 여러 직업을 전전했다. 안타깝게도 제약 분야에 위대한 업적을 세운 여러 과학자들이 대부분 그러했듯 링크도 열두 살에 아버지를 암으로 잃었다. 비록 주부양자가 사라졌지만 어머니는 계속해서 아이들을 먹여 살렸고 열 명이나 되는 자녀들이 굶주리지 않게 했다. 링크의 형제자매는 링크를 제외하고 모두 간호사, 석유회사에 근무하는 지질학자, 정치인, 변호사, 적십자 행정직원이 되면서 비교적 성공했다.

링크의 진보적인 성향은 어린 시절부터 드러났고 위스콘신주 지사 (추후에 상원의원이 된) 로버트 라폴레트의 진보 운동은 링크가 인디애나주가 아니라 위스콘신주에서 대학생활을 보내는 데 큰 역할을 했다. 1918년 링크는 위스콘신대학교에 입학했고 7년 후 박사학위를 받고 학교를 졸업했다. 링크는 공부를 더 하기 위해 해외로 나가 스코틀랜드 세인트앤드루스대학교 제임스 어빈 경의 실험실에서 박사후연구 과정을 거쳤다. 스코틀랜드에 머무는 동안 앞으로 종종 등장할 링크의 온순하지 않은 성미를 처음으로 확인할 수 있다. 링크는 1년도 안 돼 어빈의 실험실에서 쫓

겨났다. 그 후 링크는 1923년, 후에 노벨상을 수상하는 프리츠 프레글Fritz Pregl 교수가 있던 오스트리아 그라츠대학교 연구소로 적을 옮겼다. 프레글은 필요한 화합물을 가능한 소량으로 사용하면서 가능한 많은 정보를 얻으려는 거의 예술에 가까운 학문인 미량화학에 관심이 있었다. 우리가 아는 한 링크와 프레글의 연구는 순조롭게 진행됐다.

링크는 프레글의 미량화학 기구 중 하나를 미국으로 가져와 관심을 보이는 사람이라면 누구에게든 신이 나서 자랑했다. 유럽에 있던 동안 링크는 화려한 스타일을 자신의 트레이드마크로 구축했는데 가끔은 망토를 두르고 나타나기도 했다. 1927년 위스콘신대학교로 돌아가 농화학과 조교수가 된 링크의 망토를 걸친 모습은 확실히 눈에 띄었다. 위스콘신대학교에서 링크는 식물생화학의 세계에 관심을 집중했다. 특히 탄수화물, 당, 그리고 주로 에너지원으로 사용되는 탄수화물과 당이 결합된 물질에 대해 말이다. 자신의 커리어 전반에 걸쳐 강렬한 열정을 지녔던 링크는 연구에 특출난 기여를 했다. 이 이야기에 따르면 링크는 1930년 엘리자베스 펠드먼과 오전에 결혼식을 올리고 오후에는 일을 하기 위해 실험실로 돌아갔다고 한다.

식물생화학 연구에 자신의 관심을 단단히 뿌리내리면서 링크는 우연히 항응고인자의 세계에 발을 들여놓게 됐다. 1932년 12월에서 1933년 2월 사이에 농부 에드 칼슨의 소 다섯 마리가 목숨을 잃었고 곧 여섯 번째가 목숨을 잃을 위기에 처하자 절망에 빠진 칼슨은 도움을 찾아 나섰다. 칼슨은 몇 년 동안 별 문제

없이 소들에게 전동싸리를 먹였기에 지역의 수의사들 말을 믿지 않았다. 하지만 자신에게도 소가 죽어가는 일이 벌어지자 칼슨(당시 눈보라가 휘몰아치고 온도는 영하 18도까지 내려가는 날씨였다)은 매디슨의 주도에서 거의 320킬로미터 떨어진 위스콘신주 디어파크까지 먼 길을 여행했다. 굳이 이렇게 멀리 간 것은 칼슨이 위스콘신주 관청 수의학자들이 이 불가사의한 문제를 해결할 수 있을 것이라 생각했기 때문이다. 칼슨은 트럭 뒤에 죽은 지 얼마 안 된 암소를 싣고 길을 떠났다. 응고되지 않은 혈액으로 가득 채운 우유통과 소에게 먹였던 전동싸리 건초(몇몇 사람들의 증언에 따르면 대략 45킬로그램)도 실었다. 안타깝게도 그날은 토요일이었기에 주 관청이 문을 열지 않았다. 칼슨은 누군가 자신의 목소리를 듣지 않을까 하는 마음으로 주 관청의 문을 두드렸다.

칼슨의 문을 두드리던 모습을 본 사람이 바로 링크였다. 링크는 제자 몇 명과 날씨가 좋지 못한 관계로 토요일 업무를 마치려던 참이었다. 이 이야기에 가장 중요한 인물인 빌헬름 쇼펠Wilhelm Schoeffel과 함께 말이다. 흥미롭게도 링크는 전동싸리와 곰팡이를 둘러싼 문제를 한 달 전에 알아차렸다. 한 달 전 위스콘신대학교의 유전학과에서 링크의 동료는 전동싸리 건초 안에 들어 있는 쿠마린〔coumarin. 무색의 결정체이고 방향성 유기화학 물질이다. 식물의 2차대사산물로서, 식물 방어 반응에 관여하는 항미생물, 항산화 물질의 총칭인 피토알렉신의 한 종류〕 분자의 양과 맛 좋음의 관계에 대한 사실을 발견했다. 쿠마린은 가을에 막 수확한 건초가 공기와 만났을 때 풍기는 놀라운 냄새를 만든다. 하지만 건초에 쿠마린이 너무 많으면 쓴맛이 나기도 한다. 링크의 도움 덕에 유전학부는 쿠마린 농도가 낮은 품종의 전동싸리 건초가 있을지도 모른다는 생각을 했다. 소의 입맛에도 맞고 위스콘신주의 기후에도 잘 자랄 수 있는 건초가 말이다.

링크는 전동싸리 건초에 대한 새로운 정보를 기반으로 L. M. 로더릭 연구와 1920년대 스코필드의 연구를 조합해 칼슨에게 자신이 할 수 있는 유일한 답을 전했다. 링크는 칼슨에게 곰팡이가 슨 건초를 주지 말라고 조언했고 가능하다면 증상을 보이는 소들에게 수혈을 하라고 말했다. 그날 링크의 실험실에 있던 학생 중 하나였던 빌헬름 쇼펠은 칼슨의 어려움을 이렇게 잘 요약했다.

"젠장, 이 농부는 불안에 떨며 이렇게 궂은 날씨를 뚫고 약 320킬로미터를 어렵게 왔는데 5년에서 15년까지 걸릴 수도 있는 희망을 품고 집으로 돌아가야 한다니요. 어쩌면 절대 오지 않을 수도 있는 미래를 위해 말이에요. 누가 알겠어요? '상태가 좋은 건초를 먹이고 수혈을 하세요'라니, 세상에! 돈이 없는데 그 딴 걸 어떻게 하죠?"

쇼펠은 칼슨의 마음에 깊게 공감하는 동시에 응고되지 않은 혈액이 가득한 우유통에 마음을 빼앗겼다. 쇼펠은 즉시 주말 스케줄을 취소하고 상한 전동싸리 안의 정확히 어떤 화학물질이 혈액응고를 막는지 발견하기를 바라며 연구를 시작했다.

6년이 흐르고 링크와 링크 연구팀은 전동싸리 건초의 맛을 책임지는 쿠마린이 북아메리카 전역의 소들에게 관찰된 혈액이 응고되지 않는 문제를 일으킨다는 사실을 발견했다. 곰팡이가 핀 건초의 쿠마린은 산화반응을 거치는데 그 결과 폼알데하이드〔실온에서 자극성이 강한 냄새를 띤 무색의 기체로 독성이 매우 강한 물질〕가 있는 환경에서 쿠마린 분자 두 개가 결합해 디쿠마롤을 만들어냈다. 이 디쿠마롤이 바로 혈액응고를 방해하는 분자였다.

링크가 디쿠마롤을 범인으로 지목하자 실험실 연구진은 비슷한 분자를 100개 이상 합성했다. 결과론적으로 말하자면 이 중 유사체 #42가 이 이야기의 주인공이 됐지만 이 친구의 역할에 대해서는 나중에 알아볼 것이다. 디쿠마롤은 40년 전인 1903년 독일 화학자들에 의해서 합성됐기에 사실 링크가 디쿠마롤을 발견한 건 아니었다. 하지만 그 당시에는 디쿠마롤이 자연적으로 존재하는 분자라는 사실은 알지 못했다. 위스콘신대학교와 링크는 위스콘신종합병원과 메이오클리닉의 도움으로 사람의 몸에서 디쿠마롤이 얼마나 효과적인지를 실험하기 위해 작은 임상시험을 진행했다. 치명적인 혈전 생성을 줄여주리라 기대하며 말이다. 실험은 성공적이었고 위스콘신동문연구재단WARF은 1941년 디쿠마롤의 특허권을 인정했다. 이 연구는 곧 비타민 K의 발견으로 이어졌는데, 비타민 K가 디쿠마롤의 농도가 높아졌을 때 이를 자연적으로 해소할 수 있는 수단이었기 때문이다. 이는 의학계가 디쿠마롤을 빠르게 받아들일 수 있게 만들었다.

- 링크의 연구실에서 실행된 독이 든 건초의 영향을 보여주는 토끼 실험. 연구실의 연구원들은 6년간의 연구 끝에 소를 죽인 화합물을 분리하고 이를 '디쿠마롤'이라고 명명했다.

폐결핵과 발끈하는 성미

1945년 9월 링크에게 폐결핵이 다시 발발했다. 폐결핵은 링크의 삶 전반을 괴롭힌 질병이었다. 링크가 과로로 지친 육신을 달래기 위해 가족과 함께 카누를 타고 여행을 떠났을 당시 폐결핵이 발발했다. 이 때문에 링크는 6개월 동안 위스콘신종합병원에서 레이크뷰요양원으로 옮겨 요양해야 했다. 레이크뷰요양원에서 편안하게 신선한 공기를 맡고 보충제로 대구 간 오일을 섭취하는 시간조차 사치로 여긴 링크는 매일 할당된 맥주 세 병을 마시는 시간 말고는 연구에 대한 열정을 불태웠다. 요양원에 있는 동안 대부분 인류가 어떻게 설치류를 방제해왔는지에 대한 책을 읽으며 시간을 보냈다. 링크가 아끼는 제자였던 쇼펠은 디쿠마롤을 이용해 농림업에 막대한 피해를 끼치는 설치류를 방제할 수 있다고 이미 언급한 적이 있었다. 하지만 쥐를 죽이는 데 이 디쿠마롤이 아직은 충분하지 않았다. 항응고제는 쥐를 효과적으로 살상을 하기에는 반응이 너무 느렸다. 쥐는 다양한 곡물과 초록 이파리 음식을 많이 먹는데 여기에는 비타민 K가 많이 함유되어 있다. 이는 쥐가 디쿠마롤에 중독되는 속도를 늦추는 해독제 역할을 했다.

실험실 책임자였던 링크가 지병으로 일 년 동안이나 실험실에 나오지 못했지만 그 빈자리를 메운 마크 스타만Mark Stahmann 덕에 링크의 연구는 지속되었다. 여기서 앞서 언급했던 합성을 통해 얻은 디쿠마롤 유사체, 즉 유사체 #42 이야기로 돌아가야겠다. 연구진은 이 유사체가 디쿠마롤보다 설치류를 방제하는 데 훨씬 잠재력이 있다는 사실을 인지하고 있었기에 스타만은 이 분자에 관심을 기울였다. 링크는 유사체 #42를 대수롭지 않게 생각했기에 그 효능을 실패로 간주하고 특허로 내지도 않았다. 특허로 출원할 수 있는 권리가 사라지기까지 단 23일을 남겨두고 스타만은 WARF에 유사체 #42의 출원하기 위해 연구진을 진두지휘했다.

폐결핵을 치유한 후, 링크는 용기를 내 실험실로 돌아왔다. 링크가 돌아온 직후 링크의 성미를 자극한 것 중 하나는 스타만이었다. 이 알 수 없는 물질에 대해 서로 의견이 달랐기에 링크는 스타만에게 항응고제에 관한 연구를 당장 멈추라고 소리쳤다.

링크는 스타만을 실험실에서 쫓아냈고 그 일로 둘의 협력은 끝났다. 1959년 와파린의 발견에 대한 링크의 글에서도 스타만의 그 어떤 조언도 참고하지 않은 것을 보아 이 적대감은 수십 년 동안 계속된 것 같다.

링크가 보인 동료에 대한 이런 적대심에 대한 일화는 여기저기서 많이 발견된다. 링크의 친한 친구였던 로버트 버리스Robert H. Burris는 자신의 동료이자 멘토였던 링크의 전기傳記 초안을 잡는 과정에서 한 가지 사건을 회상했는데, 위스콘신대학교에서 비타민 D를 연구하던 동료 연구자인 해리 스틴복에게도 질투심을 느껴 그를 비난하며 힘들게 한 일도 있었다.

링크는 질투심과 화를 분출하는 다혈질 성향이 있었지만 학생들의 권리를 보호하기 위해 앞장서서 목소리를 높이는 진보적인 면도 있었다. 이런 성향 때문에 곤경에 처하기도 했다. 1950년대 초 링크는 언론을 통해 공식적으로 교칙에 반하는 인터뷰를 했다는 이유로 위스콘신대학교 교육위원회에 불려가 문책을 당했다. 심지어 경찰 조사를 받거나 위스콘신대학교를 상대로 하는 싸움에 휘말린 학생들을 위해 법적 보호기금을 설립하기도 했다. 이 시대의 많은 지식인들처럼 링크는 조지프 매카시〔1950년대 미국무부에 공산주의자가 있다는 발언을 해 미국에 반공산주의 광풍을 일으킨 인물〕 상원의원의 행보에 반대했다. 링크는 여기서 한발 더 나아가 태도를 확고히 하기 위해 칼 마르크스 토론단체와 노동청년동맹 같은 진보주의자와 사회주의자 학생들을 지원했다. 그러나 수십 년이 흐르며 링크는 자신의 과거와 군건한 이념을 낯설

• 와파린을 광고하는 포스터 앞에 서 있는 칼 폴 링크.(1945년)

어하는 새로운 동료들로 인해 불편해졌다. 새로운 교직원들이
확인해보지 않고 링크를 보수주의자라고 낙인을 찍은 후에 링크
는 학과회의에도 나오지 않았다. 링크 자신의 노력에도 불구하
고 링크의 자유주의를 향한 지속적 유산은 링크가 세상을 떠난
후 아내인 엘리자베스 링크를 통해 이뤄졌다. 엘리자베스가 죽
고 나서 가족이 살던 집을 지역의 평화단체에 기부했던 것이다.

유사체 #42과 운명적인 한 병사의 자살 소동

유사체 #42는 '와파린'이라는 별명이 붙은 화학물질처럼 꽤 효과적으로 설치류를 방제할 수 있다는 것을 보여주었다.('warf'는 기금을 제공한 위스콘신동문연구재단의 약자 'WARF'의 이름을 땄고 '-arin'은 쿠마린의 생물학적 전구물질과 비슷하다는 의미로 붙였다) 와파린은 디쿠마롤보다는 강력했지만 스트리키닌〔독성 화합물로 쥐를 잡는 살서제로 쓰임〕같이 설치류 숫자를 조절할 수 있는 다른 화합물과 비교하면 훨씬 느렸지만, 쥐들은 와파린 미끼를 몇 번이고 다시 찾아와 자기도 모르는 사이에 중독됐다. 1950년 9월, 시카고의 사업가인 리 래트너Lee Ratner가 WARF와 와파린 라이센스 계약을 맺으면서 더 효과적으로 쥐를 잡을 수 있는 방법이 개발됐다는 소식이 빠르게 번졌다. 이는 오늘날까지도 여전히 판매되는 상품으로 '소독하다decontaminate'라는 단어를 짧게 줄여 디콘d-CON이라는 이름이 붙었다. 이 시기에 디콘은 110그램씩 캔에 담겨 판매됐는데 총 3킬로그램이 되도록 곡식이나 잘게 다진 쇠고기와 혼합해야 했다. 신제품을 선보이기에 적절한 이름을 지닌 래트너〔쥐를 뜻하는 'rat'과 유사한 이름〕는 위스콘신주 미들턴의 후원자로 나섰는데, 당시 미들턴은 쥐 문제로 꽤 유명했다. 1950년 11월 4일, 래트너는 미들턴의 쥐잡기위원회와 지역의 보이스카우트와 함께 15일 동안 와파린이 들어 있는 미끼 뿌리기 캠페인을 진행했다. 2주 정도가 지나자 미들턴에 있는 쥐 숫자에 약간의 변화가 생겼다. 평생을 외판원으로 일했던 래트너는 쥐가 다시 들끓지

• 1950년 '쥐약 혁명'을 일으키며 출시된 디콘.

못하게 주기적으로 디콘을 새 제품으로 바꿔줘야 한다고 미들스턴 시민들에게 광고했다.

와파린이 시판용 쥐약으로 확실히 자리를 잡을 동안 링크는 설치류의 숫자를 조절하기 위해 쿠마린 유사체를 사용하는 임무를 완수했다. 그런데 이 와파린이 사람에게 혈전이 생기는 것을 예방하는 데 효과가 있다고 밝혀진 계기는 의사도 과학자도 아닌, 바로 한국전쟁 시기의 한 미국 해군 신병의 자살 소동이었다. 1951년, 스물한 살 신병은 필라델피아 해군종합병원으로 이송됐고 등과 배의 통증을 호소하며 잘 걷지도 못했다. EJH라는 이름으로만 알려진 이 환자는 처음에는 말도 하지 못했다. 얼마 지나지 않아 말을 할 수 있게 됐고 의사들은 이 신병의 이야기에

귀를 기울였다. 곧 한국전쟁에 징집에 되지 않을까 하는 두려움에 자살을 시도하려고 EJH는 쥐약으로 사용되는 와파린을 복용하기 시작했다. 쥐약을 복용한 첫날, EJH은 자신이 죽지 않았다는 사실에 매우 놀랐고 다음 이틀 동안은 더 많이 복용했다. 결국 출혈이 시작됐다. 코에서 시작된 출혈은 복통으로 이어졌고 결국 병원으로 이송됐다. EJH는 옥수수 가루와 와파린을 다 합쳐 567밀리그램이나 섭취했지만 그렇게 원했던 운명은 그를 빗겨갔고, 죽는 대신 필라델피아 해군종합병원에 입원해야 했다. 이곳에서 EJH는 해독제로 비타민 K와 함께 수혈 치료를 받았다. 이 이상한 일련의 사건을 알게 된 링크와 의사들은 사람들의 몸속에서 혈전이 만들어지는 걸 막기 위해 와파린을 사용해보기로 했다. 그리고 와파린이 더 강력한 버전의 디쿠마롤이 될 것이라 생각했다.

와파린은 쥐약이라는 이미지를 지우고 1954년 FDA에서 그 용도를 승인받기 위해 '쿠마딘coumadin'이라는 상품명 아래 새로운 브랜드로 론칭되었다. 현대 약물설계 제약을 벗어나지 않는 여러 의약품처럼 쿠마딘(와파린)의 분자량은 308달톤 정도다. 1955년 9월 29일, 링크는 드와이트 D. 아이젠하워 대통령이 일찍이 심장마비를 겪은 후 치료를 받았던 콜로라도주 덴버에 있는 피츠시몬스 군 병원에서 일하는 한 사람에게서 편지를 받았다. 링크의 연구를 잘 아는 동시에 위스콘신주에 살았던 누군가가 보낸 편지에는 대체 무슨 내용이 있었을까?

"대통령께서는 당신이 개발한 약을 복용할 것입니다. 단, 그게 디쿠마롤은 아닙니다."

쥐약으로 알려져 있던 와파린이 1955년 아이젠하워 대통령의
심장 치료에 쓰이면서, '강력한 쥐약'은 드디어 대중들에게 '쿠
마딘'이라는 새로운 혈전 예방제로 이미지 탈바꿈이 되었다.

오늘날 사용되는 쿠마딘

과학자들이 쿠마딘이 어떻게 항응고제로 작동하는지를 밝히기
까지 20년은 더 걸렸다. 1970년대 후반, 존 W. 서티John W. Suttie는
쿠마딘이 비타민 K 에폭시드 환원효소(VKORC1라는 이름으로도 잘
알려져 있다)와 결합한다는 사실을 밝혀냈다. VKORC1는 체내에
혈액응고단백질을 만드는 비타민 K를 조절하는 데 중요한 역할
을 한다. 만약 VKORC1이 비타민 K 분자를 조절하지 못한다면
혈액응고단백질의 농도가 낮아지고 그 효과 또한 떨어져 신체
전반의 혈액응고 능력을 떨어뜨린다.

오늘날 쿠마딘은 주로 혈전으로 발생할 뇌졸중을 예방하기 위
한 목적으로 심방세동(불규칙적으로 혹은 심장박동이 빠르게 뛰게 만든
다) 환자들의 만성적이고 장기간 지속되는 질병을 치료하는 약
물로 사용되고 있다. 심방세동 질환은 심장 판막에 문제가 있거
나 보철로 만들어진 심장 판막을 지닌 경우에 발생한다. 쿠마딘
은 다리에 혈전이 생기는 심부정맥혈전증을 예방하고 치료하는
데도 사용된다. 혈전은 혈류를 타고 이동하다 폐에 도달하기도

하는데 이는 생명을 위협하는 폐색전증으로 악화되기도 한다.

이 책에 등장하는 수많은 약물처럼 쿠마딘의 치료지수(원하는 결과를 얻기 위한 약물용량에 대한 독성을 나타내는 비율)의 폭은 매우 좁다. 쿠마딘 투여의 성공 여부는 혈전 감소뿐만 아니라 출혈 감소로도 측정할 수 있다. 쿠마딘의 양이 너무 많아지면 심각한 출혈이 일어날 수 있기 때문이다. 의료진은 환자에게 쿠마딘이 얼마나 잘 투여되고 있는지 혹은 환자가 투약과 관련한 세세한 규칙을 제대로 준수하고 있는지를 확인하기 위해 환자의 국제표준화비율INR을 측정한다. INR은 환자의 혈액이 응고되는 데 걸리는 시간과 일반인의 혈액이 응고되는 데 걸리는 시간 사이의 비율을 계산한 값이다. 목표로 하는 INR은 2에서 3 사이다. 문제가 생기면 환자의 INR은 2이하(혈전 생성 위험이 높아진다)로 떨어지거나 3 이상(출혈이 생길 가능성이 높아진다)으로 상승한다.

쿠마딘의 치료적 범위가 좁기에 환자의 INR과 전반적인 상태를 주시하는 것이 의료인의 최대 관심사다. 덕분에 전 세계 각지에서 항응고제를 처방해 환자들의 상태가 적당한 INR 범위에 있도록 유지하는 데 숙달된 항응고 전문의가 탄생했다. 미국, 영국, 중국에서 진행한 연구는 임상 약사(반은 의사, 반은 약사로 활동하며 주로 병원에서 근무하는 약사)가 환자와 더 오랜 시간을 보내고 많은 시간을 들여 의사 진료 사이사이에 환자를 관찰하기에 담당의보다 낮은 비용으로 목표로 하는 INR 값을 유지할 수 있다고 말한다. 환자들도 스스로 자신의 INR을 모니터링 할 수 있으며 이 모든 방식이 한데 어우러졌을 때 종종 최선의 결과를 내놓는다. 쿠마딘 용량은 보통 5밀리그램에서 시작해 목표로 하는 INR 값에 도달할 때까지 서서히 늘린다. 이는 까다로운 일이다. 적당한 용량은 사람마다 매우 다양하기 때문이다. 와파린이 어떻게 대사되고 그러려면 얼마나 많은 양이 필요한지에는 유전자(특히 CYP2C9와 VKORC1의 정보를 담고 있는 다양한 유전자)가 결정적인 역할을 한다. 나이와 체표면적도 중요한데 이는 환자들마다 다른 용량을 결정하는 데 55퍼센트 정도의 영향을 미친다. 이 부분이 바로 왜 사람마다 쿠마딘 복용량이 다른지 그리고 만성 질병을 치료하기 위해 쿠마딘을 복용하는 사람을 왜 세심하게 모니터링 해야 하는지에 대한 답이다. INR을 모니터링 하더라도 1920년대 소들처럼 치명적인 출혈은 여전히 발생한다. 이 치명적인 사건은 76년 동안 약을 복용했을 때 한 번 정도의 확률로 일어나는데 이는 만약 8명의 사람이 10년 동안 쿠마딘을 꾸준히 복용한다면 이 중 한 명은 심각한 출혈로 고통을 받게 된다는 뜻이다.

와파린을 복용할 때 우리는 비타민 K가 다량으로 들어 있는 몇몇 음식을 피해야 한다. 왜 그럴까? 비타민 K는 쿠마딘의 천연 해독제로 체내에서 혈전이 만들어지는 과정을 도와 와파린의 효과를 방해한다. 케일, 시금치, 콜라드 같은 일반적으로 매우 건강한 녹색 이파리 채소를 섭취하는 건 쿠마딘 식이요법을 하는 사람에게는 특히 위험하다. 이 채소 삼인방에는 한 컵당 비타민 K가 약 1000밀리그램이 들어 있다.

와파린, 스탈린, 그리고 흡혈박쥐

와파린을 쥐약으로 사용할 수 있는 것만큼이나 사람에게도 유독하다. 소련의 독재자 스탈린의 치명적인 뇌출혈이 와파린 중독 때문인지에 대해서는 추측만 있을 뿐이다. 스탈린이 사망하기 며칠 전인 1953년 3월 5일, 스탈린은 구소련 정치국의 권력 순위로 네 손가락 안에 꼽히는 인사들과 식사를 했다. 여기에는 내무장관이었던 라브렌티 베리야와 스탈린의 뒤를 이은 니키타 흐루쇼프도 있었다. 식사를 하던 중 스탈린이 쓰러졌기 때문에 함께 식사한 네 명이 스탈린의 죽음과 연관되어 있다는 스탈린 독살설에 대두되었다. 사실이라면 대체 왜 스탈린의 사람이었던 이들이 스탈린을 살해하려 했을까? 아마도 이는 미국의 사주를 받은 유대인들이 의사들을 시켜 미국과의 긴장을 뚜렷하게 높이려는 소련 지도자 살해를 기도했다는 내용의 이른바 '의사들의 음모doctor's plot' 때문이었을 것이다. 사학자들은 미국이 모스크바를 침공하려는 계획을 세웠다고 스탈린이 대대적으로 발표할 예정이었다고 말한다. 이를 기회삼아 소련이 미국의 태평양 연안을 침공하고 중국까지 손을 뻗치는 걸 정당화하기 위해서 말이다.

스탈린의 독살설에 동의하는 사람들은 스탈린의 이런 계획이 오히려 소련에게는 재앙이 될 수 있었으며 최후의 수단으로 핵무기를 사용했을지도 모른다고 말한다. 일부 역사가는 네 명중 베리야를 이 계획의 범인으로 꼽았는데 이는 꽤 그럴듯하다.

·   의문스런 스탈린의 죽음을 다룬 영화 〈스탈린이 죽었다!The Death Of Stalin〉(2019)의 한
    장면. 스탈린의 공식 사인은 뇌출혈이지만 와파린과 관련된 독살설도 제기되었다.

베리야가 1953년 노동절, 사람들을 구하기 위해 자신이 스탈린
을 암살했다며 자랑했다는 소문이 있었기 때문이다. 베리야는
1953년 12월, 반역죄로 총살형 집행대에서 생을 마감했다. 만약
스탈린을 독살하려는 시도가 저녁 한 끼를 먹은 것으로 이루어
졌다고 주장한다면 그 이론은 신빙성이 높지 않다. (앞서 EJH의 자
살 시도를 살펴봤다시피, 징후가 나타나기까지는 와파린을 어마어마하게 많이
섭취해야 할 뿐만 아니라 여러 날에 걸쳐 반복적으로 복용해야 한다. 게다가 그
래도 죽지 않을 수도 있다.) 하지만 만약 와파린이 이미 갖고 있던 증
상을 악화시켰다면 독살 계획은 성공적일 수 있다. 이는 당시 스
탈린이 스물한 살의 해군 신병처럼 혈기왕성하지 않은 일흔네
살의 나이였다는 사실을 감안하면 꽤 합리적이다. 와파린이 정

말 스탈린의 죽음에 중요한 역할을 했는지는 영원히 알 수 없겠지만 완전히 가능성이 없는 이야기는 아니다.

이론적으로 와파린이 냉전 시대 동안 상호확증파괴〔상대가 핵 공격을 할 경우 남아 있는 상대편도 전멸시키는 핵 전략〕를 막는 데 역할을 했지만 우리의 악몽에 등장하는 다른 무언가를 죽이는 역할을 맡기도 했다. 바로, 흡혈박쥐의 죽음에 말이다. 흡혈박쥐가 가축의 피를 빨아먹고 광견병을 퍼뜨리는 라틴아메리카나 남아메리카 같은 일부 세계에서 사람들은 와파린을 수성 윤활유와 혼합해 거대한 그물에 발라 박쥐가 내려앉는 곳에 놔둔다. 왜 그럴까? 흡혈박쥐는 서로를 그루밍 해주며 청결을 유지한다. 한 박쥐가 깨끗해질 때까지 다른 박쥐들이 핥아서 털을 관리해주며 그 반대도 마찬가지다. 만약 박쥐의 몸이 와파린과 혼합된 수성 윤활유로 뒤덮이면 서로를 그루밍하는 동안 박쥐는 와파린을 섭취하게 되고 군집 전체에 천천히 와파린이 번진다. 그 결과 다른 종류의 박쥐를 죽일 수도 있기에 이 방법은 조금 문제가 될 수도 있다.

흡혈박쥐의 숫자를 조절하기 위해 와파린을 사용했지만 최후에 미소 짓는 승자는 쥐(와파린을 처음 사용했던 대상)가 될지도 모른다. 어떤 쥐는 와파린 미끼에 저항성을 보였는데 한 연구는 유럽 쥐에서 VKORC1 유전자 변이가 발생했다는 사실을 밝혔다. 이 변이 때문에 와파린의 영향은 줄어들고 쥐는 배불리 먹고 밤새 푹 쉴 수 있었다. 아마 쥐의 개체수를 조절하기 위해 사용한 와파린의 효과가 사라지기까지 초읽기에 들어갔을지도 모른다.

파밍이란 무엇이며
이것이 제약회사의 미래일까?

파밍pharming은 이미 존재하는 작물이나 동물을 사용해 저분자가 아닌 약물을 만드는 과정이다. 어떤 면에서 파밍은 우리가 앞서 이야기했던 생물의약품을 제조하는 과정과 크게 다를 바가 없어 보인다. 하지만 파밍은 대장균 대신 염소와 담배나무를 사용한다. 이들의 DNA에는 완전히 관련 없는 유기체(주로 사람이다)에게서 얻은 유전자를 이식할 수 있다. 약물과 음식 사이의 경계선을 흐릿하게 만든다는 점에서 파밍은 논란의 여지가 있을 수 있다. 그리고 당연한 말이지만 이런 논란이 일면 파밍의 활용은 늦어질 수밖에 없다. 식료품을 교차오염시킬 지도 모른다고 우려를 표하는 사람도 많으며 실제로 이런 일이 불가능한 건 아니다. 파밍은 식료품으로 사용하는 식물과 닿지 않는 장소에서 재배하는 것이 이상적이다.

2002년 백신을 생산한 작물을 완전히 제거해야만 했지만 미국 생명공학기업인 프로디진은 돼지백신을 생산한 옥수수 씨앗을 밭에 남겨 둔 채로 콩을 재배했다. 이 재조합된 옥수수 씨앗은 의약품 용도가 아니라 식품으로 소비되는 콩과 함께 재배됐다. 이 엄청난 소동으로 프로디진은 미국 농무부에 벌금 25만 달러〔3억 3000만 원〕를 내고 0.6제곱킬로미터 크기의 콩밭을 태워버리면서 약 300만 달러〔40억 원〕에 맞먹는 노력을 수포로 돌아가게 했다.

지금까지 파밍이 가장 성공적이었던 경우는 약물을 만들기 위해 포유동물을 활용하는 것이었다. 포유류가 꾸준히 젖을 생산하는 데다 젖으로 얻을 수 있는 생물학적 제제는 포유류 자신에게 거의 해를 입히지 않기 때문이다. '팜 동물'의 소변도 사용할 수 있다. 하지만 소변 속 요소 함량으로 원하는 단백질의 형태가 변할 수 있다. 이렇게 단백질의 형태가 변하면 효과가 떨어지고 생물학적 제제를 사용하기 전에 추가적인 실험을 거쳐야 한다. 포유류로 파밍을 시도하기 위해서는 재조합 DNA로 원하는 생물학적 제제를 선택해야 한다(이는 생물학적 제제의 세포 생산과 유사하다). 일단 재조합 DNA가 포유류의 몸속에 삽입되면 선택한 생물학적 제제는 젖에서 얻을 수 있다. 이후에 젖을 정제해 세포 대신 약물을 얻는 데 사용한다. 대부분 재조합 DNA는 포유류의 새끼에게 전달돼 약물을 생산하는 파밍 공장은 더 많이 생겨난다. 재조합 DNA를 포유류에 주입한 덕에 미국 바이오 제약회사 rEVO 바이올로직스에서 판매하는 에이트린 같은 생물학 제제가 존재할 수 있다. 안티트롬빈〔Antithrombin. 혈액속에 존재하는 혈액응고억제인자의 하나이고 트롬빈을 중화해서 불활성화하는 물질이다〕 단백질을 발현하는 이 약물은 유전자 조작된 염소의 젖을 정제해 얻는다.

에이트린〔ATryn. 미국의 의학벤처회사 GTC 바이로세러퓨틱스가 유전자 변형 염소 젖에서 추출해 만든 항응고제〕은 2009년 FDA에서 승인을 받았고 유전적으로 혈전이 자주 생성되는 환자가 수술이나 출산을 앞두고 있을 때 혈전 생성을 방해하기 위해 사용한다. 안티트롬빈은 일반적으로 기증받은 사람의 혈장에서 얻었지만 rEVO 바이올로직스의 200마리 염소 중 한 마리는 9만 명의 혈장에서 얻을 수 있는 정도의 안티트롬빈을 선사한다. 염소를 더 번식시키지 않고 최대한 많은 숫자의 염소를 관리하기만 해도 rEVO 바이올로직스는 1800만 명의 혈장에서 얻을 수 있는 만큼의 안티트롬빈을 얻을 수 있다. 이는 2016년 미국에서 혈장 기증을 한 3800만 명의 절반에 해당한다.

보툴리눔 독소

보톡스, 치명적인 독이 노화를 막다

Botulinum Toxin

상품명 보톡스

식중독을 일으키는 균 가운데 하나인
보툴리눔균에서 추출한 맹독 성분으로
인체의 신경계통 마비를 유발한다.
주름치료제로 알려진 보톡스의 핵심
성분이다.

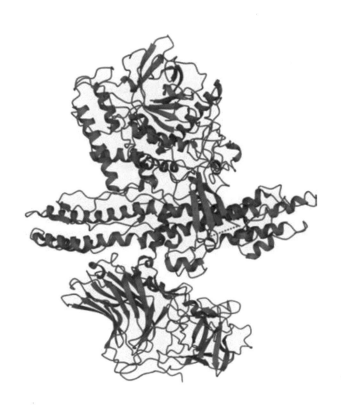

- 보툴리눔 독소 A 타입의 구조. 이 그림은 단백질 자료 은행_{RCSB PDB}에 축적된 정보로 만들어졌다.

보툴리눔 독소 혹은 많은 사람들이 보톡스라 부르는 이 약물은 이 책에서 소개하는 많은 의약품처럼 알약이나 캡슐 형태가 아니라 전문 의료진이 주입해야만 하는 까다로운 용액이다. 보툴리눔 독소는 한 가지 약물이 다양한 용도로 안전하고 효과적으로 사용할 수 있다는 사실이 밝혀지며 여러 번 FDA의 승인을 받은 좋은 예 중 하나다. 이는 보툴리눔 독소가 우리가 이제껏 봐왔던 그 어떤 약물과도 매우 다른 특성을 띠기 때문이다. 신체가 제 기능을 할 수 있도록 돕는 14만 9000달톤의 고분자인 보툴리눔 독소에는 일곱 가지 종류 A, B, C, D, D, E, F가 존재하며 이 중 의학적 용도로 사용되는 두 가지는 A와 B 타입이다.

보툴리눔 독소는 박테리아가 만들어낸 신경독이기도 하다. 하지만 이는 굉장히 온건한 표현일 수도 있다. 어쩌면 이는 자연에서 만들어진 독 중 인류에게 가장 위험한 것일 수도 있다.

보툴리눔 독소를 만들어내는 박테리아인 보툴리누스균Clostridium botulinum은 토양부터 강물까지 어디서나 흔하게 발견할 수 있다. 보툴리누스균은 펩티도글리칸[세균의 세포벽의 주요 구성물질로써 당과 아미노산으로 이루어진 중합체이다. '뮤레인'이라고도 불린다]으로 이루어진 두꺼운 세포벽이 특징적인 그람양성균이다. 또, 보툴리누스 중독증을 일으키는 보툴리눔 독소라는 간단한 이름의 신경독소를 분비하기 위해 산소가 없는 환경을 선호하는 혐기성 세균이기도 하다.

인류에게 가장 유독한 독소와 소시지

식품매개 보툴리눔 독소증에 대한 첫 기록은 1817년 독일 뷰템베르그에서 의사이자 시인이었던 유스티누스 케르너Justinus Kerner가 훈제 소시지를 먹었던 많은 사람들에게서 유사한 증상이 나타난다는 사실을 발견한 것이었다. 케르너는 보툴리눔 독소증에 대해서도 기록했다. 극단적인 경우, 근육을 마비하고 부교감신경계가 일으키는 수많은 기능을 방해한다고 말이다. 이 관측으로 케르너는 보툴리눔 독소증이 일으키는 어떤 효과 덕에 언젠가 우리가 이를 적법하게 의학적 용도로 사용할 수 있을 것이라 제안했다. 비록 이 독소를 생명체가 만들어낸다는 사실은 알아차렸지만 이 시대에는 보툴리눔 독소증을 일으키는 독소를 분리할 수 없었다. 대신, 잡을 수 없는 범인을 '소시지 독' 혹은 '지질독'이라 불렀다. 1817~1822년 사이 케르너는 소시지 독과 그 숨길 수 없는 징조에 대한 광범위한 정보를 기록했다. 대부분의 사람들은 죽음에 이르게 하는 질병이 진행되면서 전반적인 근육이 마비되고 호흡이 딸리면서 숨을 쉬기가 힘들어진다. 그 밖의 증상으로 자꾸만 감기는 눈꺼풀, 물체가 번져 보이거나 둘로 보이는 일, 불편한 목 넘김, 그리고 어눌한 발음이 있었다.

비록 식품매개 보툴리눔 독소증 사건에 대한 가장 첫 기록은 케르너의 메모였지만 이 질병은 인류가 음식을 소비하는 한 계속해서 우리에 주변에 있었던 것 같다. 과학사학자들은 서기 800년 후반, 비잔티움의 레오 4세 황제가 피순대를 금지하는 칙령을 제정한 이유가 보툴리눔 독소증이 때문이었을 것이라 추측한다.

비록 케르너는 보툴리눔 독소증 뒤에 숨어 있는 독소를 발견하지 못했지만 같은 세기에 그 원인이 발견됐다. 1895년 벨기에 엘레젤레스에서 장례식 만찬을 나눠먹는 과정에서 훈제 햄을 먹고 식중독이 발발했다. 벨기에 생물학자 에밀 반 에르멩겐Émile van Ermengem은 부패한 음식 중 하나에서 보툴리누스균을 분리해 냈고 식중독 뒤에 숨어 있는 진정한 원인을 조사하기 시작했다. 에르멩겐은 보툴리누스균이 사람들을 중독시키는 과정이 소시지와 깊은 관계가 있었기에 라틴어로 소시지를 의미하는 '보툴루스botulus'에서 이름을 따왔다.

비록 에르멩겐이 보툴리누스균을 분리하긴 했지만 보툴리눔 독소증이 일어나는 이유는 박테리아 감염이 아니었다. 바로, 박테리아가 만들어내는 분자 중 하나인 보툴리눔 독소 때문이었다. 보툴리눔 독소는 보툴리눔 독소증을 일으킬 뿐만 아니라 최근에 발견된 치료적인 목적으로도 사용될 수 있다. 보툴리눔 독소는 인류에게 알려진 독소 중 가장 강력하며 0.05마이크로그램 정도의 소량으로도 치명적일 수 있다. 이 정도가 얼마나 적은지를 이해하기 위해 예를 하나 들자면, 눈썹 한 개의 무게는 대략 70마이크로그램이다. 눈썹 한 개 정도 무게의 보툴리눔 독소를 정확히 나눠 최대로 효율을 높이자면 이론적으로 1400명의 목숨을 앗아갈 수 있다. 보툴리눔 독소를 치명적인 수준으로 사용하면 호흡부전이나 이완성마비(근육 긴장을 줄이거나 신체 일부를 마비시키는 것)를 일으킨다.

일곱 가지 제각기 다른 보툴리눔 독소의 형태가 있지만 그중 세 가지 C, D, E 타입은 포유류에게서 보툴리눔 독소증을 일으키는 가장 큰 원인이다. 치료에 사용하는 보툴리눔 독소의 두 가지 주요한 A, B 타입이 여기에 빠져 있다는 사실을 기억하자.

보툴리누스균은 적절한 온도와 저산소 환경이 조성돼 있을 때 독소를 분비한다. 보툴리누스균은 토양과 강에서 발견되는데 이는 청결을 중요하게 생각하지 않을 경우 감염될 가능성이 높다는 것을 시사한다. 안타깝게도 집에서 만드는 통조림에는 종종 보툴리누스균이 번성하기 좋은 온도와 저산소 환경이 조성된다. 이런 일이 벌어지면 우리는 제대로 보관되지 않은 음식에 독소가 퍼지는 모습을 볼 수 있다. 사람들에게 중독증을 일으켰던 사건에 등장하는 소시지와 훈제된 햄을 관찰했던 케르너와 에르멩겐처럼 말이다. 일단 독소로 음식이 오염되면 통조림을 섭취한 사람은 보툴리누스독소증을 앓게 될 것이다. 보툴리눔 독소는 끓여서 없앨 수 있기에 보툴리눔 독소증을 주로 일으키는 음식은 그 상태 그대로 먹을 수 있는 저장 음식(소시지나 참치 캔을 떠올려보자)이었다. 다행히도 보툴리눔 독소증은 인플루엔자나 코로나19처럼 사람 대 사람으로 접촉해서는 번지지 않았다.

보툴리눔 독소의 첫 용도

그렇다고 보툴리눔 독소와 관련한 모든 것이 나쁜 건 아니었다. 케르너가 가설을 세운 대로 우리는 독소를 긍정적으로 활용할 방법을 배웠다. 보툴리눔 독소를 처음으로 치료 목적으로 사용한 건 근육긴장이상 환자들이었다. 근육긴장이상은 신체의 근육이 통제할 수 없이 수축해 자기도 모르는 사이에 몸을 비트는 움직임이 일어나는 질환이다. 특히 보툴리눔 독소는 종종 수술이 필요할 정도로 목근육의 수축을 일으키는 경부근육긴장이상과 이갈이 하는 도중 갑자기 턱이 벌어지거나 닫히는 구강하악 근육긴장이상을 치료하기 위해 사용됐다. 후자의 경우에는 수술로도 해결할 수 없었기에 심신을 쇠약하게 만들고 삶의 질을 크게 떨어뜨렸다.

근육긴장이상을 치유하기 위해 보툴리눔 독소를 사용하는 치료는 잘 알려져 있고 대략 두 세기 전 케르너의 독창적인 관찰을 떠올리게 하지만, 오늘날 가장 많이 사용하는 용도인 눈 주위에 보툴리눔 독소를 사용하는 일은 1970년대 후반과 1980년대부터 시작됐다. 1970년대에 안과의사 앨런 스콧Alan Scott은 보툴리눔 독소를 영장류의 얼굴과 눈에 주입했는데 이를 통해 주입하는 과정이 포유류에게 큰 고통을 주지 않는다는 사실을 관찰했다. 이를 이미 알고 있었던 스콧은 자신을 가장 많이 찾아왔던 환자의 사시 교정과 눈꺼풀연축을 해결하기 위해 보툴리눔 독소 A 타입을 사용해보기로 했다. 사시는 인구의 4퍼센트가 겪고 있는 문제로 왼쪽 눈과 오른쪽 눈이 동시에 한곳을 볼 수 없는 증상이다. FDA는 1977년 사시를 치유하기 위해 눈 주위의 근육에 보툴리눔 독소를 주입하는 임상시험 연구를 승인했다. 이 과정은 수술을 대신해 환자에게 필요한 부분을 많이 충족해주었다. 한 번만 주입해도 사시를 40프리즘디옵터(빛이 굴절하는 정도를 나타내는 단위)까지 교정할 수 있었는데 이는 놀라운 수준의 교정이었다. 스콧은 첫 연구로 42명의 환자에게 132회 분량의 보툴리눔 독소를 주입했다. 그리고 1년 넘게 지속적으로 주입을 받은 환자 중 일부를 통해 부작용이 거의 없으면서도 사시에 긍정적인 영향을 미친다는 사실을 확인할 수 있었다.

보툴리눔 독소와 관련해 스콧이 해결해야 할 두 번째 문제인 눈꺼풀연축은 1980년에 첫 환자가 찾아온 후 얼마 지나지 않아 큰 문제로 급부상했다. 눈꺼풀연축은 스스로도 어찌할 수 없는 눈꺼풀의 떨림이며 가끔은 눈꺼풀이 완전히 닫히는 현상으로 나타나기도 한다. 스콧은 처음으로 보툴리눔 독소 치료를 받았던 눈꺼풀연축 환자가 눈꺼풀이 너무 꽉 닫혀 있어서 병원으로 오는 데 남편의 도움을 받아야 했다고 말한 것을 떠올렸다. 눈꺼풀 중앙에 보툴리눔 독소를 성공적으로 주입한 후에는 눈을 뜰 수 있었지만 하루가 지나자 다시 원래 상태로 돌아갔다. 이는 어떤 질병을 치유하기 위해서는 보툴리눔 독소를 여러 번 주입해야 한다는 사실을 보여준 첫 치료였다. 하지만 스콧은 보툴리눔 독소를 주입하는 위치를 바꿔 반복적으로 주입하면서 환자가 남은 인생을 불편함 없이 보낼 수 있도록 도와줬다.

· 아일랜드 웨스트포트에 있는 엘러간 보톡스 생산 공장. 보톡스의 정확한 명칭인 보툴리눔 독소 A 타입이라고 적혀 있다.

    스콧은 보툴리누스균에서 보툴리눔 독소 A 타입을 효과적으로 정제하는 방법을 발전시켰으며 자신의 연구를 보호하기 위해 오클리눔이라는 회사를 세웠다. 생명공학회사였던 엘러간은 스콧의 연구에 관심을 보였고 1991년 스콧에게서 오쿨리눔을 인수했다. 엘러간은 사시 교정과 눈꺼풀연축 치료제로 보툴리눔 독소 A 타입을 제조해 스콧의 회사 이름을 따 오쿨리눔이란 이름을 붙였다. 그리고 앞서 언급했듯이 스콧이 선구적으로 개발한 치료법으로 1989년 FDA의 승인을 얻었다. 흥미롭게도 1983년 희귀의약품법에 따라 FDA는 오쿨리눔을 희귀의약품으로 분류했다. 이는 제약회사가 상대적으로 적은 의약품 개발비용을 충당하고 연구를 보완할 수 있게 해준다. 희귀의약품 지정은 엘러간이 독점적으로 약물을 판매할 수 있는 기간을 보장해 주었고 이후 오쿨리눔의 새로운 용도가 발견돼 사용자 숫자가 기하급수적으로 늘 수 있게 했다. 얼마 지나지 않아 엘러간은 보툴리눔 독소 A 타입을 오늘날 우리에게 익숙한 보톡스란 이름으로 판매하기 시작했다.

성형업계에서 처음으로 사용된 보툴리눔 독소

1987년 성형외과의사였던 리처드 클락Richard Clark은 평소처럼 주름살 제거술을 하던 중 우연히 환자의 안면 신경의 전두근 가지를 잘라냈다. 37세의 클락은 그 즉시 환자에게 벌어질 결과(이마 근육의 절반이 완전히 마비돼 우스꽝스러운 비대칭을 만들어내는 것)뿐만 아니라 이 문제를 해결할 수 있는 선택지가 거의 없다는 사실 때문에 완전히 정신이 나갔다. 하지만 클락은 사시 교정과 눈꺼풀연축을 치료하기 위해 보툴리눔 독소를 사용했던 스콧의 연구를 알고 있었고 스콧에게 조언을 구하기 위해 연락했다. 스콧은 클락의 질문에 친절해 답해주었고 클락이 환자의 이마에 보툴리눔 독소를 주입해 비대칭을 완화할 수 있도록 도왔다. 클락의 불운했던 사고는 미용 문제를 해결하는 데 보툴리눔 독소를 사용한 첫 사건이 됐다. 클락의 솔직함과 자신이 문제를 일으켰다는 사실을 인정하는 쉽지 않은 일, 그리고 이를 바로잡기 위해 여러 단계에 거친 노력은 박수를 받을 만하다.

비록 미용적 결함을 메우기 위해 보툴리눔 독소를 사용한 건 클락이 처음이었지만 오늘날처럼 미용을 목적으로 보툴리눔 독소를 적극적으로 활용한 건 캐나다 브리티시컬럼비아주 밴쿠버 출신의 안과의사 부부인 진 캐루더스Jean Carruthers와 앨러스테어 캐루더스Alastair Carruthers였다. 이 부부는 더 실질적인 미용 기술을 개발했는데 여기에는 미간 주름(인상을 썼을 때 생기는 주름), 이마 주름, 눈가 주름(눈꼬리 바깥쪽으로 생기는 주름), 그리고 그 밖의 주름뿐만 아니라 비대칭적인 눈썹 위치를 개선하기 위해 얼굴 근육과 이마에 보툴리눔 독소를 주입하는 것이 있었다. 캐루더스 부부는 연구를 시작하고 얼마 지나지 않아 보툴리눔 독소를 주입하고 난 후 그 부위와 주변을 마사지하면 독소가 더 잘 퍼져 훨씬 탁월한 미적 효과를 볼 수 있다는 사실도 발견했다.

보툴리눔 독소를 측정하는 단위는 그램이 아니라 유닛이다. 보툴리눔 독소 A 타입(즉, 보톡스) 1유닛은 18~20그램의 스위스 웹스터마우스(실험에 자주 사용되는 특별한 종의 쥐)를 반쯤 죽일 수 있을 정도다. 사람에게 치명적인 용량은 몸무게 70킬로그램인 사람을 기준으로 했을 때, 3000유닛 정도다. 그러니까 일반적으로 판매되는 100유닛 보톡스는 매우 희석한 것이기에 보톡스 시술을 기다리고 있다면 걱정할 필요는 없다. 미용적인 목적으로 사용하는 평범한 보툴리눔 독소 A 타입은 25~30유닛 정도다. 2002년 FDA는 엘러간에게 시중에서 판매하는 보톡스를 심한 미간 주름이 나아지는 용도로 사용할 수 있도록 했다. 2013년에는 보톡스를 눈가 주름을 없애는 용도로 사용할 수 있도록 승

- 보톡스를 특집으로 다룬 미국의 경제 전문지 《블룸버그 비즈니스위크》(2010년 10월 30일자) 표지. 보툴리눔 독소 A 타입은 오늘날 '보톡스'로 미용 분야에 폭넓게 활용되고 있다.

인했다. 그리고 그해 보톡스 매출은 20억 달러(2조 6500억 원)까지 치솟았으며 이는 엘러간 연매출의 4분의 1이상이었다. 보톡스 열풍의 시대가 시작됐다. 결과적으로 엘러간의 가치는 하늘 높은 줄 모르고 치솟았고 2019년 미국 바이오의약품 회사인 애브비는 617억 달러(81조 8000억 원)에 엘러간을 매입했다.

보툴리눔 독소 A 타입은 두 번째 제제인 디스포트가 2009년 FDA의 승인을 얻을 예정이었지만 제조 공장이 프랑스에 있었던 탓에 몇 년 전 유럽에서 먼저 등장했다. 보툴리눔 독소의 두 번째 항원형 B는 마이오블록이라는 이름으로 2009년에 시장에 판매되기 시작했다. 디스포트는 종종 보톡스와 비슷한 미용적 목적으로 사용되긴 하지만 마이오블록은 경부근육긴장이상과 만성타액과다분비증(침을 과도하게 분비하는 일)을 치유하는 데 특화 돼 있다.

보툴리눔 독소는 어떻게 작용할까?

보툴리눔 독소가 근육을 마비시키는 메커니즘은 꽤 잘 알려져 있다. 그러나 보툴리눔 독소를 주입한 후, 그 어떤 반응도 일어나기 전 몇 가지 생화학 트릭이 일어난다. 보툴리눔 독소는 하나의 단백질 사슬로 분비된 후 두 가지 다른 부분으로 쪼개진다. 둘 중 커다란 부분인 '무거운 사슬'의 무게는 대략 10만 달톤 정도이며 작은 부분인 '가벼운 사슬'은 나머지 단백질 무게인 5만 달톤에 달한다. 두 가지 사슬은 이황화결합이라는 황과 황 사이의 결합으로 연결돼 있다. 먼저 신경 말단 바깥쪽에 무거운 사슬이 결합하면 무거운 사슬과 가벼운 사슬은 신경세포 안으로 들어갈 수 있다. 일단 신경세포 안으로 들어가면 가벼운 사슬은 세포질에서 아세틸콜린이 들어 있는 수송소포〔세포 내외의 물질을 이동하고 전달하는 작은 구조체〕를 직접 이동시켜 신경세포가 이를 분비하는 걸 도와주는 스네어SNARE 단백질을 산산조각 낸다. 스네어 단백질이 산산이 부서져 기능을 할 수 없게 되면 아세틸콜린이 들어 있는 소포는 신경세포를 떠나 신호를 전달할 수 없어진다. 아세틸콜린은 신경 말단에서 근육에게 수축하라는 신호를 전달하는 신경전달물질이다. 그렇기에 아세틸콜린이 방출되지 않는다면 신경의 기능은 마비될 것이고 근육은 축 늘어질 것이다.

하지만 머지않아 세포에서 새로운 스네어 단백질이 만들어질 것이고 이 때에는 보툴리눔 독소의 영향은 사라져 신경말단은 아세틸콜린을 분비할 수 있게 된다. 이는 대부분의 시술에서 보툴리눔 독소를 3개월에 한 번씩 주입해야 하는 이유다.

편두통을 위한 보툴리눔 독소

편두통은 몇 시간부터 며칠까지 지속되는 반복되고 지끈거리는 두통이다. 이 두통은 빛과 소리에 예민해질 뿐만 아니라 메스꺼움과 함께 전조증상(주로 편두통이 발생하기 전에 발생하는 다양한 시각적 이상)이 나타난다. 반복해서 발생하는 편두통의 주기는 환자에게 무거운 짐을 지운다. 편두통을 겪는 동안은 일하거나 가족들과 시간을 보내거나 학교생활을 하기는커녕 종종 기본적인 일상생활조차 힘들다는 느낌을 받는다.

1990년대 중반에서 후반의 연구는 미적인 이유로 보툴리눔 독소를 주입받은 환자들이 두통과 근육통을 덜 호소한다는 사실을 수면 위로 끌어올렸다. 보툴리눔 독소 A 타입이 편두통을 억제하는데 성공적인지를 시험하기 위한 임상시험이 충분히 진행된 후인 2010년, FDA가 두개골 표면의 근육에 보툴리눔 독소 A 타입을 주입하는 것을 승인했다. 편두통이 사라질 것이라는 희망으로 이 약물을 주입하는 것은 예방적인 치료다. 약물을 주입한 시기와 편두통이 사라지는 시기 사이에는 눈에 띄는 간극이 있는데 치유 효과는 종종 12주 넘게까지도 관찰되지 않는 경우가 많고, 두통이 유의미하게 줄어드는 건 1년 이상 지나야 나타나기도 한다.

보툴리눔 독소가 신경에 미치는 영향과 달리 보툴리눔 독소가 정확이 어떤 메커니즘으로 편두통을 완화시키는지는 밝혀지지 않았지만 몇 가지로 추측하고 있다. 편두통을 완화하기 위해 보툴리눔 독소를 주입할 때는 보툴리눔 독소 A 타입 25유닛(심미적으로 사용되던 평균적인 용량보다 약간 작다)을 미간의 근육, 전두근, 측두근에 주입한다. 미래에 발생할 편두통을 예방하기 위해 보툴리눔 독소를 사용하는 메커니즘에 관해서는 네 가지 가설이 있다. 첫 번째 가설은 독소가 근육에 작용해 두개골과 두개골 판 사이의 섬유관절을 당기는 두개골막 근육에 경련이 생기는 것을 예방한다는 것이다. 경련이 일어나면 뇌의 혈관 속 대뇌압이 변하는데 이 과정에서 우리는 편두통을 느낀다. 그러므로 이 메커니즘으로 경련이 일어나지 못하게 하는 건 미래에 발생할 편두통을 예방하는 일이기도 하다. 두 번째 가설은 첫 번째와 비슷하다. 보툴리눔 독소를 주입해 두개골의 근육이 한꺼번에 수축하지 못하도록 만드는 것이다. 세 번째 가설은 보툴리눔 독소가 아세틸콜린이 혈관으로 방출되지 못하게 막아 주입한 위치 근방의 혈관이 확장되지 못하게 한다는 것이다. 혈관이 확장하면서 주변에 추가적인 압력을 가해 편두통이 일어날 수 있기 때문이다. 마지막은 많은 연구가 이루어지지 않았는데 보툴리눔 독소가 아세틸콜린 분비를 막고 편두통을 일으키는 아직 밝혀지지 않은 신경전달물질의 분비를 방해한다는 것이다.

다양한 치료 목적으로 활용되는 보툴리눔 독소

보툴리눔 독소를 성형 목적으로 처음 사용한 이후로 몇 년 동안 과학자와 의사들은 이 분자의 용도를 끝도 없이 발견했다. 알레르기 비염부터 서경(손이 떨리거나 손가락이 굳어서 글씨를 잘 쓰기 못하는 질환), 그리고 자율신경계의 이상으로 손바닥, 겨드랑이, 발바닥에서 땀 분비가 줄어드는 증상까지 말이다. 이 증상을 치료하기 위해서는 문제가 있는 부위에 제각기 다른 용량(알레르기 비염에는 보툴리눔 독소 2유닛 정도로 낮은 농도부터 시작하는데 이는 성형을 목적으로 사용하는 데 필요한 양에 비하면 매우 작다)을 주입해야 한다. 이 모든 치료들은 보툴리눔 독소가 편두통을 어떻게 퇴치하는지 그 메커니즘을 이해하는 데도 도움을 주고 있다. 보툴리눔 독소는 방광의 문제로 일어나는 실금, 전립선염, 직장의 괄약근이 조이는 일을 조절하지 못해서 생기는 변비를 치료하는 데도 사용된다. 이런 용도는 몸의 근육을 조절하는 보툴리눔 독소의 다양성을 보여주며 과학자와 임상의의 다양한 흥미로운 연구를 만들어 냈다. 이 연구는 대부분 원하는 결과를 얻기 위해 필요한 최소한의 용량을 판단하는 안목과 관계가 있다. 용량을 모니터링 하는 이유는 그로 인해 생길 수 있는 악영향뿐만 아니라 약물의 효과를 떨어뜨리는 항체를 최소한으로 만들기 위함이기도 하다.

보툴리눔 독소는 뇌성마비가 있는 어린이들의 강직성 불완전 마비(근육이 과도하게 움직이거나 수축해 일반적인 근육의 흐름을 방해해 팔다리를 손상시킬 수 있는 증상)를 완화시키기 위한 용도로도 연구되고 있다. 근육에 보툴리눔 독소 A 타입을 주입하면 강직성 불완전마비를 일으키는 근긴장을 빠르게 줄일 수 있는데 고전적인 물리치료와 함께 처방하면 움직임과 운동기능을 향상시킬 수 있다. 1993년 뇌성마비 환자에게 보툴리눔 독소를 사용하려는 연구가 시작됐다. 이제는 수술하지 않고도 어린 시절 동안 팔다리의 움직임을 향상시킬 수 있기에 두 살 정도의 어린 뇌성마비 환자에게 독소를 주입해도 효과적이라 본다. 또, 우울증, 요통, 파킨슨병 증상(가장 흔하게 관찰되는 근긴장 이상으로 주먹을 꽉 쥐는 증상), 조루를 치유하기 위해 실험적으로 사용하기도 했다.

미국 성형외과의사협회의 2019년 발표에 따르면 미국에서만 성형을 목적으로 보툴리눔 독소 A 타입을 대략 770만 번 주입했다고 한다. 다른 용도를 제외하고 성형 목적으로만 어마어마한 숫자의 보툴리눔 독소를 주입했지만, 첫 치료의 가격이 종종 수백 달러부터 시작했기에 앞서 언급했던 용도로 소비된 보툴리눔 독소의 비용은 그리 적지 않았다. 긍정적인 결과를 빠르고 지속적으로 확인하기 위해서는 보툴리눔 독소를 3개월 정도 주기로 주입해야 하기에 약물 비용이 꽤 많이 든다. 이 비용의 일부는 약물이 단백질이기 때문에 생기는 특성 때문에 발생한다. 보툴리누스균에 의해 발현돼야 하고 원하는 만큼의 양이 만들어지기 전에 안전하게 정제하고 수송돼야 했다.

보툴리눔 독소를 무기로 만들려는 시도

비록 인류가 보툴리눔 독소를 다양한 치료적 용도로 사용할 방법을 찾았지만 이는 여전히 해로운 방향으로 사용될 가능성을 지니고 있다. 1990년 일본의 사이비 종교집단인 옴진리교가 트럭에 보툴리눔 독소 수용액을 실어 일본 의회 근방에 살포하려 했다. 가능한 많은 사람을 죽여 일본 정부를 뒤흔들 계획이었다. 다행히 공격은 성공하지 못했다. 옴진리교가 영미권에서는 '위대한 진리supreme truth'라는 다소 모호한 이름과 함께 1980년대에 힌두교와 기독교적인 요소를 혼합한 불교의 계율을 따르는 데 전념하는 여러 지식인 집단을 지칭한다고 알려졌다. 적어도 그 방향성이 어긋나기 전까지는 말이다. 1993년 옴진리교는 일본 왕세자의 결혼식에 보툴리누스균을 살포하려는 계획을 다시 한 번 세웠고 또 다시 실패로 돌아갔다. 보툴리눔 독소를 무기로 만들려는 계획이 뜻대로 잘 되지 않자, 옴진리교는 사린가스〔액체와 기체 상태로 존재하는 독성이 매우 강한 화합물로 중추신경계를 손상시킨다〕로 눈을 돌렸다. 결국 1995년 3월 20일, 지하철에 사린가스를 살포해 12명이 사망하고 3800명이 다치는 인명사고를 내고 나서야 멈출 수 있었다.

옴진리교의 시도는 실패로 돌아갔지만 보툴리눔 독소는 여전히 생물학 무기를 이용한 테러 분야에서는 위험한 물질로 여겨지고 있다. 적어도 민방위 실무단의 2001년 보고와 미국 존스홉킨스대학교의 공중보건대학에 따르면 말이다. 두려움의 대상이 된 이유가 뭘까? 소량으로도 인간에게 치명적이고 상대적으로 구하기도 쉽기 때문이다. 보툴리누스균에서 보툴리눔 독소를 추출하는 일(옴진리교는 이를 제대로 수행하지 못했다)은 까다롭지만 재정적으로 충분한 지원과 생화학적 노하우가 있는 범죄 집단이나 극단적 민족국가라면 충분히 가능하다. 배급하는 식량을 보툴리눔 독소 혹은 보툴리누스균으로 오염시켜 독을 퍼뜨릴 수 있고, 공기 중에 퍼뜨린다면 더 치밀하고 치명적일 수 있다. 보툴리눔 독소 중독증은 미국에서 연간 200건도 안 될 정도로 드물기 때문에 보툴리눔 독소에 오염됐다는 사실을 진단하는 일은 꽤 어렵다.

한 가지 기본적인 양상 때문에 정제된 보툴리눔 독소는 무기로 사용하기 어렵다. 첫째는 정제된 물질이 손상되기 쉽다는 것이다. 예를 들어 보톡스가 들어 있는 유리병을 너무 많이 흔들면 독소가 제 기능을 잃을 수 있다. 매우 섬세하기 때문에 외부의 충격만으로도 독소를 성공적으로 퍼뜨릴 수 없게 된다. 어쩌면 이 지점 때문에 옴진리교가 일본 의회에 닥치는 대로 보툴리눔 독소를 살포하려던 계획이 수포로 돌아갔는지도 모른다. 걸프전 이전에 이라크가 생화학무기를 실험하고 있던 당시 이라크 정부는 막대한 양의 보툴리눔 독소를 생산했지만 이를 무기로 만들진 못했다. 일설에 따르면 일본의 세균전 전투부대로 악명 높은 731부대는 전쟁포로들에게 보툴리누스균을 배양한 배지를 먹였다고 한다. 미국은 제2차 세계대전 동안 보툴리눔 독소를 무기로 만들고자 했는데 이는 독일이 같은 일을 하고 있지 않을까 하는 두려움 때문이었다. 미국이 성공했는지는 알려져 있지 않지만 미국 전략정보국의 작전으로 동맹국에 맞서 싸우려는 매춘부들에게 귀 혹은 머리카락 속에 쉽게 숨길 수 있는 콩알만 한 크기의 보툴리눔 독소가 들어 있는 젤라틴 캡슐을 나누어주었다는 소문이 돌았다. 이 매춘부들 중 한 명이 추축국 장교와 접촉해 저녁 식사 때 곁들이는 술잔에 그것을 탈 수 있기를 바라며 말이다. 이 이야기가 진실인지와는 상관없이 미국은 제2차 세계대전 동안 누군가가 보툴리눔 독소를 사용하지 않을까 두려워했던 것 같다. 그 때문에 1944년 6월 6일 노르망디 상륙작전을 실행할 디데이를 준비하며 보툴리눔 독소 백만 회분 이상의 백신을 준비했다. 이는 정확히 같은 작전을 위해 페니실린을 비축해뒀던 것을 떠올리게 한다.

신생아와 수감자의 보툴리눔 독소 중독증

보툴리눔 독소 중독증은 지난 몇 십 년 동안 미국 교도소 수감자들 사이에서 종종 발발했다. 왜 그랬을까? 수감자들이 술을 너무나 마시고 싶은 나머지 간수들의 눈을 피해 와인을 만들어 마셨는데 이 와인은 '프루노'라는 애칭으로도 불린다. 인터넷에 떠도는 레시피 덕에 수감자들은 구내식당과 교도소 매점에서 얻은 물질을 이용해 알코올 혼합물을 만들 수 있었다. 2004년과 2005년의 캘리포니아 교도소에서 다섯 명, 2011년 유타 교도소에서 여덟 명, 2013년 애리조나 교도소에서 몇 명의 재소자들이 프루노를 마시다 보툴리눔 독소 중독증에 걸렸다. 프루노는 사과나 복숭아 혹은 심지어 과일 칵테일의 컵에 남은 과일 같이 상대적으로 구하기 쉬운 과일과 감자를 혼합해서 만들었는데 몇몇 재료는 교도소 식당에서 쉽게 구할 수 있었다. 여기에 따뜻한 물을 넣은 후 이를 발효시켜 종종 '아기 똥 같은 냄새'가 나는 음료를 만들었다.

앞서 이야기한 세 곳의 교도소에서 공통적으로 사용된 한 가지 재료가 보툴리눔 독소 중독을 일으키는 범인이었다. 바로 감자였다. 보툴리누스균은 토양에서 쉽게 발견할 수 있기에 생감자의 표면에 박테리아 포자가 남아 있다가 프루노 속에도 들어갔을 가능성이 있다. 보툴리누스균은 구운 감자에서도 발견되는데 한 연구진은 박테리아가 음식을 굽는 온도에서도 살아남을 만큼 강하다는 사실을 보여주었다. 프루노를 발효시킬 때 사용

Step Two
Add sugar packets to the bag of fruit. The more the better. For 7 oranges, 20 to 40 sugar packets would be ideal, but use whatever you can get.

Step One
Add Fruit to plastic bag. Any fruit will do, so grab whatever you can get from the prison cafeteria. Make sure you mash the fruit up good. In the event that you cannot get a plastic bag, you can make this concoction in the toilet also.

Some suggested fruits - oranges, limes, lemons, bananas, even fruit cocktail or ketchup can work in a pinch

Step Four
Next is the tasty part. Take off your sock. Dirty or clean, either will work. If you are worried about how the sock will make the wine taste, dont worry, the sock will make it taste better if anything.

Step Three
Add a pint or two of water to the mix of sugar and fruit. Since bottled water is not available, toilet water will work.

Step Five

Step Six

- 인터넷에서 쉽게 구할 수 있는 '교도소 와인'이라 불리는 푸르노 레시피의 일부. 양말로 프루노를 걸러내라고 되어 있다.

한 따뜻하면서도 너무 뜨겁지 않은 온도는 보툴리누스균이 성장하기에 최적의 온도였다. 게다가 수감자들은 종종 프루노를 양조하기 위해 비닐봉지를 사용했는데 덕분에 와인을 발효하는 동안 보툴리누스균이 보툴리눔 독소를 분비하기 좋은 혐기성(공기 중의 산소를 필요로 하지 않는) 환경이 조성됐다. 대체로 프루노가 만들어지는 과정은 보툴리누스균이 성장하고 치명적인 독소를 분비하기에 거의 완벽한 환경이었다.

감자에 보툴리누스균이 존재한다는 사실로 인해 여러 교도소 시설은 프루노를 금지했지만 혹시나 모를 오염을 예방하기 위해 식당 주방에서 감자도 없애버렸다. 수감자들 사이에서 발생한 보툴리눔 독소 중독증의 원인을 밝히기 위해 수행한 법의학적 검사를 통해 꽤 혐오스러운 모습도 목격하게 됐다. 여기에는 유타교도소의 조사관이 보툴리눔 독소에 양성 반응을 보였다고 발표한 축축한 양말도 포함돼 있다. 프루노를 걸러내는 용도로 양말을 사용했기 때문이다.

보툴리눔 독소 중독증이 흔하게 등장하는 또 다른 상황은 저산소 환경에서 노출된 상처에 감염이 일어나는 경우다. 외상성 보툴리눔 독소 중독증은 주사로 불법 마약을 주입하는 과정에서 발생할 수 있으며 특히 블랙타르헤로인을 흡입한 사람에게서 관찰할 수 있었다. 끈끈한 물질인 블랙타르헤로인은 가끔 보툴리누스균이 있는 흙으로 오염돼 있었다. 보툴리누스균은 종종 약물을 제조하며 가열하는 과정에서도 살아남는다. 블랙타르헤로인을 피부 아래에 주입하는 '피하주사'도 보툴리누스균이 왕성하게 자라거나 이미 부패한 상처의 상태를 더 나쁘게 만드는 저산소환경을 조성한다.

상대적으로 소화관이 '만들어진 지 얼마 안 된' 갓난아이들도 보툴리누스균의 공격을 막아낼 자연적인 방어벽이 세워질 정도로 충분한 시간이 없었던 탓에 보툴리눔 독소에 중독될 위험이 높다. 이런 이유로 갓난아이에게는 보툴리누스균 포자가 있을 가능성이 높은 꿀을 먹이지 말아야 한다. 박테리아는 갓난아이의 소화관에서 보툴리눔 독소를 분비할 수 있을 정도로 오래 살아남아 보툴리눔 독소에 중독되게 만들 수 있다. 하지만 나이가 든 후에는 보툴리누스균이 그 어떤 독소도 분비하기 전 이를 제거할 수 있을 만큼 장내 세균총이 충분히 발달하기에 이런 문제를 겪지 않는다.

보툴리누스 중독증과의 싸움

비록 오늘날에는 보툴리누스 중독증이 아주 드물게 발생하지만 보툴리누스 중독증 해독제는 심각한 보툴리누스 중독증 증세를 보이는 환자를 위해 존재했다. 이는 이미 발생한 마비를 치료하지는 못하지만 독소가 몸 안에 퍼지는 것을 막아준다. 그리고 얼마 지나지 않아 세포는 보툴리눔 독소의 가벼운 사슬을 제거하는 단백질을 다시 분비해 마비 증상이 사라지게 한다. 일곱 가지 보툴리누스 중독증 항독소혈청(일명 BAT라 부르며 A, B, C, D, E, F, G가 있다)은 말에게서 얻을 수 있으며 보툴리눔 독소의 일곱 가지 항원형을 목표로 하는 항체를 모두 혼합한 것이다. 따라서 이는 보툴리누스 중독증을 보이는 성인들을 일곱 가지 보툴리눔 독소로 발생할 수 있는 더 큰 피해로부터 성공적으로 보호할 수 있다.

매년 드물게 발생하는 갓난아이의 보툴리누스 중독증은 희귀 질병으로 분류됐는데 2003년 FDA가 항독성 혈청인 베이비BIG 〔BabyBIG. 사람의 혈청에서 분리한 중화항체. 보툴리누스 독소 A, B 타입에 의한 유아 보툴리누스 중독증을 치료하는 데 사용된다〕을 승인할 때까지 치료제가 없었다. 사람에게서 유래한 이 항독성 혈청을 개발한 곳은 특이하게도 캘리포니아공중보건국이다. 이타적인 마음에서 탄생한 희귀질병 치료제임에도 베이비BIG은 병 하나가 4만 5000달러[5930만 원]에 달할 정도로 비싸다. 여러 연구를 통해 말의 보툴리누스 중독증 항독소혈청을 갓난아이에게도 사용할 수 있다는 사실이 밝혀졌다. 비싼 베이비BIG을 사용하기 힘든 사람들에게 희망의 메시지가 아닐 수 없다.

피순대에서 프루노까지 인류에게 많은 피해를 입혔지만 결국 인류는 보툴리누스균이 성장해서 보툴리눔 독소의 생산까지 도울 수 있는 다양한 방법을 찾았다. 다행히 예리한 시각을 지닌 몇 사람은 이 독소를 치유의 기회로 바라보고 근육수축과 편두통으로 고통받는 사람들을 안심시키는 동시에 성형산업에 혁명을 일으켰다. 이제 다음 장에서 보툴리눔 독소처럼 전통적 약물 특성의 틀을 깨는 약은 차치하더라도 매우 특이한 약 하나를 살펴보자.

희귀병 치료제는 어떻게 만들까?

안타깝게도 여러분이 뎅기열 바이러스에 감염되거나 교모세포종〔뇌 조직에 풍부하게 존재하는 신경교세포에서 발생하는 악성 종양〕같은 매우 희귀한 암을 진단받았다고 가정해보자. 여러분의 인생을 구원할 약물의 시장이 매우 작다면 여러분은 필요한 약물을 찾을 수 있을까?

1983년, FDA는 희귀의약품법을 통해 지난 40년 동안 일명 희귀의약품으로 분류되는 600개 이상의 약물을 연구하고 개발하기 위한 희귀의약품 개발부를 설립했다. 미국에서는 20만 명도 안 되는 사람들이 걸린 질병을 치료하기 위해 개발된 약물은 희귀의약품으로 분류된다. 이런 치료제는 대상으로 하는 환자의 숫자가 적기에 제약회사가 단독으로 연구·개발·제조해서 그 과정에 들어가는 수십억 달러의 비용을 만회하는 이윤을 발생시키기는 어렵다. 게다가 희귀의약품법으로 탄생한 모든 치료제는 대부분 훨씬 값비싼 생물학적 제제〔예를 들어 유전자 치료 혹은 단백질의 복잡한 구조〕로 만들어지기 때문에 일반적인 저분자 의약품도 아니다.

그렇다면 시장에 희귀의약품을 내놓음으로써 회사가 얻는 건 무엇일까? 희귀의약품의 상태에 따라 제약회사는 7년 동안 FDA가 보장하는 시장독점권을 얻고 연구개발 비용의 50퍼센트까지 세액 공제해주는 방식으로 세금을 감면받는다. 희귀의약품 연구·개발을 위한 보조금을 통해 재정 지원도 받을 수 있다. 이런 관대한 정책은 지난 40년 동안 수백에서 수천 명의 사람들에게 새로운 기회를 선사했다.

하지만 이 관대한 혜택이 남용되지 않았거나 허점이 없었던 건 아니다. 2016년, 아스트라제네카는 매년 28억 달러〔3조 7000억 원〕를 들여 콜레스테롤 의약품인 크레스토를 동형접합 가족성 고콜레스테롤혈증(HoFH. LDL[저밀도 지단백] 콜레스테롤 수치가 비정상적으로 증가하는 질환이다. LDL 콜레스테롤이 얼마나 빨리 만들어지고 혈액에서 제거되는지를 결정하는 유전자에 이상이 생겨 발병한다. 부모 중 한 명에게서 변이된 유전자를 받아 발생하는 이형접합 가족성 고콜레스테롤혈증과 부모 모두에서 변이된 유전자를 물려받아 발생하는 동형접합 가족성 고콜레스테롤혈증으로 나뉜다)이라는 질병을 치유할 수 있는 희귀의약품으로 활용하기 위한 연구를 진행했다.

동형접합 가족성 고콜레스테롤혈증은 매년 100여 명의 아이들을 괴롭히는 질병이다. 아스트라제네카는 왜 환자수가 넘쳐나는 황금 알을 낳는 상품을 놔두고 희귀의약품 분야에 뛰어들었을까? 아스트라제네카는 2016년에 크레스토에 대한 독점권을 잃고 제네릭 제조업자에게 바통을 넘겨줄 위기에 처했다. 아스트라제네카는 약물이 희귀의약품으로 선정되면 FDA가 7년 동안 독점적으로 시장을 점유할 수 있도록 보장해준다는 사실을 알고 있었기에, 이를 통해 고콜레스테롤혈증 치료제로든 동형접합 가족성 고콜레스테롤혈증 치료제로든 크레스토의 그 어떤 복제약도 판매할 수 없을 것이라 생각했다. 아스트라제네카는 몇 주 만에 이 논쟁에서 패배했고 크레스토 복제약이 시장에 등장하는 것을 막을 수 없었다.

그럼에도 제약회사는 여전히 희귀의약품으로 이윤을 얻을 수 있다. 알렉시온은 솔리리스를 제조해 혈액질환 중 하나인 비정형 용혈성 요독증후군(aHUS. 혈관 내에 혈전이 만들어지면서 혈액의 흐름을 방해하고 적혈구가 파괴되어 용혈성 빈혈이 발생하는 병) 치료제에 대한 독점권을 얻었다. 판매량이 최고조에 달했을 때는 환자마다 솔리리스로 1년에 50만~70만 달러[8억 원 내외]를 소모하기도 했다. 대부분의 비용이 보험회사로 흘러들어가며 2017년 알렉시온의 시장 가치는 240억 달러[31조 8000억 원]에 달했다.

콜타르

석유에서 뽑아낸 건선 치료제

Coal Tar

유기물을 분해 증류해 나오는
점성의 검은색 액체. 비누나 샴푸
등으로 만들어 사용되며, 염증으로
붉어진 피부를 진정시키는 효과가
있어서 지루성 피부염이나 비듬,
아토피, 습진, 건선 등의 피부병
치료에 사용된다.

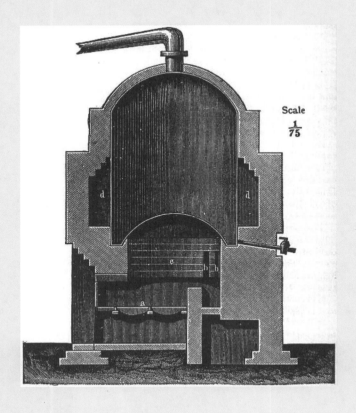

Scale
$\frac{1}{75}$

1910년 독일에서 그려진 콜타르 생산을 위한 증류기 모형도.

'콜타르'라는 이름은 약간 이상하게 느껴진다. 이 이름을 들었을 때 처음 떠오르는 이미지는 도로를 만드는 아스팔트와 끔찍한 냄새다. 비록 콜타르가 이런 나쁜 인상을 주긴 하지만 반대로 다양한 피부질환으로 고통받는 많은 환자에게는 자신감을 불어넣어주기도 한다. 이 물질은 경구복용하지도 주사로 주입하지도 않는다. 대신 건선이나 비듬 같은 국소 부위의 피부를 치료하기 위해 사용한다. 콜타르는 이 책에 있는 다른 의약품과는 매우 다르다. 콜타르는 정체가 분명한 한 가지 분자로 이루어진 물질이 아니라 대부분은 아직 밝혀지지 않은 수천 가지의 분자가 혼합된 물질이다. 피부과학적으로 다양하게 활용할 수 있는 콜타르는 대체 어떤 물질이며 우리는 대체 이 물질을 어떻게 발견하게 된 걸까?

대체 콜타르란 무엇일까?

콜타르에는 만 가지 이상의 제각기 다른 유기화합물이 혼합돼 있으며 대부분은 아직 밝혀지지도 않았다. 석탄은 다양한 유기화합물이 산소가 없는 환경에서 매우 높은 온도로 가열되면서 탄소와 소량의 수소, 산소, 질소, 가끔은 황만 남기고 거의 완전히 연소해 만들어진다. 이 과정에서 만들어진 증기를 농축시키면 수백만 개의 서로 다른 반응을 통해 만들어진 어마어마한 양의 분자들을 얻을 수 있다. 이 중 1만 개 정도의 분자가 다환방향족탄화수소(전자가 한 고리에서 다른 고리로 자유롭게 이동할 수 있는 여러 개의 탄소 고리로 이루어진 화합물)인데 대부분 암을 유발해 지속적으로 문제를 일으키는 핵심적인 화합물이다. 이 암을 유발하는 특성은 다환방향족탄화수소가 살짝 형태가 변해 DNA와 상호작용하고 결합해 신체에 영향을 미칠 때 나타난다. 그 결과 돌연변이가 생기거나 세포 내 반응을 광범위하게 변화시킨다. 짧게 말하자면 이는 좋은 현상이 아니다.

주요한 콜타르의 두 가지 형태는 의학적인 용도로 사용된다. 하나는 톡 쏘는 듯한 향을 풍기고 병원에서는 사용이 금지된 픽스 리탄트라시스(정제하지 않은 콜타르) 추출물이고, 다른 하나는 픽스 리탄트라시스를 알코올로 추출해 얻을 수 있는 콜타르액(비록 여전히 냄새는 꽤 고약하지만 말이다)이다. 이 콜타르액은 처방전 없이 구매해 가정에서 사용할 수 있다. 석탄을 증류해 코크스(석탄을 가공해 만드는 연료로써, 불순물을 거의 포함하지 않은 고순도 탄소로 구성된다)를 만드는 과정에서 탄생한 이 부산물이 신체에는 매우 유용하다는 사실은 참 독특하다. 증류는 주로 액체 같은 물질을 가열하고 냉각하는 과정을 통해 정제하는 과정인데 만약 여러분이 유기화학 수업을 들었다면 실험실에서 많은 액체를 증류해봤을 것이다. 코크스를 얻기 위해서는 석탄을 증류해야 하는데 더 정제된 형태의 석탄은 거의 탄소만 남아 있다. 석탄은 열이 가해

질수록 연화되는데 결과적으로 석탄은 액체 상태로 변한다. 이 액체 상태의 석탄을 냉각시키면 단단하고 탄소 함량이 높은 코크스라는 고체와 콜타르라는 액체가 남는다. 이후에 코크스는 무쇠와 철을 제조하는 걸 포함해 다양한 산업공정에 활용된다.

배설물 탈취제와 옴 진드기 치료제

역사적으로 콜타르를 다양한 용도로 사용하게 된 이유 중 하나는 콜타르가 너무나도 많았기 때문이다. 1794년 석탄가스를 사용한 영국의 실내조명과 가로등이 인기를 끌었다. 그 인기가 높아지면서 미국 해안에도 이 가스등이 쓰였고 미국도 콜타르를 만들기 시작했다. 이 어마어마한 양의 콜타르를 처음 사용한 건 비료로 만든 거름을 소독하는 용도였다. 콜타르를 얻는 화학반응에서 한걸음 더 나아가 콜타르를 증류하면 페놀을 얻을 수 있었다. 페놀은 가연성의 투명한 액체로 19세기 중반에 소독약으로 사용하던 물질이다. 페놀은 상처를 드레싱 하는 데도 사용했지만 가장 많이 사용되는 용도는 꽤 지저분했다. 콜타르에서 얻은 페놀은 칼슘염과 혼합돼 하수 냄새를 없애는 맥두걸스 파우더라는 상품으로 만들어졌다. 이 모든 건 도시에 광범위한 하수처리시스템이 갖춰지기 전의 일이었기에 어디에나 있는 동물과 사람의 배설물 더미 악취를 성공적으로 제거할 수 있다면 그게 무엇이든 꽤 돈이 됐다.

- 라이트스 콜타르 비누 광고.(1915년) 이 비누로 손을 씻는 군인을 부러운 눈으로 동료
들이 보고 있다.

    콜타르가 함유된 또 다른 상품 중 하나는 1860년 영국에서 등장했다. 라이트스 콜타르 비누는 과학적인 느낌을 더 담기 위해 '탄소로 이루어진 비누화 세정제'라는 이름으로도 불렸지만 어떤 이름이 더 인기 있었는지는 아마 짐작할 수 있을 것이다. 탄소로 이루어진 이 주황색 비누는 뛰어난 살균력을 보였다. 약제사(과거에 약사를 부르던 말)인 윌리엄 밸런타인 라이트William Valentine Wright는 이 비누로 자신의 이름을 알리고 무알코올 성찬식 와인 브랜드를 만들면서 크게 성공했다. 그리고 이 과정에서 실제로 마시는 용도의 알코올과 교회에서 사용하는 알코올을 구분하기 시작했다. 라이트스 콜타르 비누는 대히트를 쳤다. 비록 형태는

・ 1950년대 판매된 라이트스 콜타르 비누. 성분과 형태가 바뀌었지만 지금도 이 비누
가 판매되고 있다.

달라졌지만 오늘날까지도 유럽에서 판매되고 있다. 라이트는 안
타깝게도 51세의 나이로 단독에 걸려 생을 마감했다. 단독은 연
쇄구균 감염으로 발생하는 피부질환으로 가끔은 치명적인 패혈
증으로 발전해 신체의 부드러운 조직을 빠르게 갉아먹는 '이름
만큼이나 무시무시한' 괴사성 근막염을 일으킨다. 살균 효과가
있는 비누를 발명한 사람이 피부질환으로 목숨을 잃는 아이러니
가 실제로 벌어진 것이다.

　유럽연합의 규제 때문에 오늘날 판매되는 라이트스 콜타르 비
누에는 더 이상 콜타르가 들어 있지 않지만 제조 과정에서는 특
징적인 콜타르 냄새를 유지하려 했다. 라이트스 콜타르 비누의

새로운 제형은 유효 성분으로 콜타르 대신 티트리오일을 사용해 살균 효과를 유지했다.

의학적 용도로 사용된 콜타르 오일에 대한 정식 기록은 19세기 중반까지 거슬러 올라간다. 1861년, 옴 진드기 치료 효과를 칭찬하는 내용이《영국의학저널》에 실리기도 했다. 이는 피부에 옴 진드기가 들끓으면서 심각한 가려움과 불편함을 일으키는 질환이다. 전통적으로 사용했던 유황을 이용한 치료법을 사용할 수 없는 경우, 콜타르가 유용했다.

일찍부터 원유를 사용했던 또 다른 용도는 20세기가 되던 시기에 방앗간 노동자들이, 다친 부분이나 손가락이 잘려나간 자리를 콜타르로 만든 원유 염색약에 담그면서 시작됐다. 이 노동자들은 콜타르 혼합물이 상처를 치유하는 과정을 돕고 감염이 일어나지 않도록 보호하는 역할을 한다고 증언했다. 심지어 콜타르는 빈대를 잡을 때도 사용됐다. 빈대에게는 액체 상태의 콜타르나 고농도 콜타르 증기만으로도 치명적이었다. 당시 사람들은 빈대가 들끓는 벽, 천장, 바닥, 침대에 콜타르 오일을 뿌렸는데 얼마 지나지 않아 여기저기에 얼룩을 남길 뿐만 아니라 페인트칠과 리놀륨〔바닥재 재료로 코르크, 톱밥, 돌가루 등을 혼합해 만든다〕을 망가뜨린다는 사실이 밝혀졌다. 이는 집안을 엉망으로 만들지 않고 빈대가 들끓는 가구를 깨끗이 만들 수 있는 방법을 찾으려는 열성적인 노력으로 이어졌다. 연구진은 빈대가 들끓는 가구를 화물차에 실은 후 높은 온도로 콜타르 증기를 살포해 몇 시간 만에 빈대를 죽이는 동시에 침실은 망가뜨리지 않는 '화물차 훈

증소독법'을 생각해냈다.

콜타르를 더 증류하면 진통제이자 해열제로 사용되는 퀴놀린이라는 화합물을 얻게 된다. 퀴놀린을 대량으로 얻기 위해 콜타르를 증류하는 과정은 상업적으로 단순화됐다. 퀴놀린의 맛과 냄새는 끔찍했지만 20세기가 시작할 때까지 장티푸스와 류머티즘을 치료하기 위해 사용됐다. 퀴놀린을 그만 사용하게 된 이유 중 하나는 앞서 다른 장에서 살펴봤던 1800년대 후반과 1900년대 초반에 등장한 아스피린 때문이었다. 아스피린은 퀴놀린 이상의 효과를 보인 데다 맛도 나쁘지 않았고 특별한 부작용(피부색이 파랗게 변하는 현상)도 없었다. 어떤 사람들은 퀴놀린을 섭취하자 산소 공급이 원활해지지 않으면서 청색증을 보였다.

얼마 지나지 않아 콜타르는 오늘날의 용도처럼 비듬과 건선 치료제로 사용됐다. 비듬은 일상 속에 늘 등장하지만 그 누구도 원하지 않는다. 특히 우리가 검은색 스웨터를 입을 때 비듬 문제는 수면 위로 떠오른다. 비듬을 뜻하는 '댄드러프dandruff'란 단어는 앵글로색슨어 'tan'과 'dof'가 합쳐진 말로, '더러운 피부발진'을 뜻한다. 여기서 '피부발진'이라는 단어는 일어날 수도 혹은 일어나지 않을 수도 있는 근본적인 피부질환을 의미한다. 비듬은 습도가 급격히 낮아졌을 때 건조한 피부가 겪는 싸움의 결과다. 어쩌면 가려움, 푸석푸석함, 그리고 기름진 피부는 눈에 띄는 만성 피부 질환인 지루성피부염의 징후일 수도 있다. 대부분 처방전 없이 구매할 수 있는 콜타르가 함유된 '의약용' 샴푸가 시장에 쏟아져 나왔다. 콜타르는 두피 제일 바깥에 있는 죽은 세포를 빠르게 떨어뜨리고 의약품을 사용한 부위의 피부 세포가 성장하는 속도를 늦춰 비듬을 억제했다.

건선은 국소 부위 피부에 나타나지만 훨씬 더 광범위한 곳에 영향을 미치는 질환이기도 하다. 건선이 있는 경우, 피부는 붉고 푸석푸석 해지며 이는 주로 두피와 팔꿈치에 발생한다. 건선은 환자 개인에게 당혹스러운데, 외모에 심각한 악영향을 줄 뿐만 아니라 가끔씩 환부가 갈라지고 피가 나기까지 하기 때문이다. 콜타르가 어떤 화학적 메커니즘을 거쳐 피부 증상을 완화하는지는 알려져 있지 않다. 그도 그럴 만한 게 이 메커니즘을 이해하기 위한 문제의 상당 부분이 콜타르를 구성하는 수많은 개별 분자를 파악하는 데 있으니 말이다. 여러 연구는 콜타르가 아릴탄화수소 수용체〔체내 유전자 발현을 조절해 항상성을 유지하는 역할을 하는 수용체〕를 활성화하고 메커니즘의 중요한 열쇠인 피부 장벽을 구성하는 단백질, 필라그린〔피부 장벽을 이루는 각질 세포에 포함된 보습 성분〕의 생산을 늘린다는 사실을 증명했다. 그러나 콜타르를 구성하는 막대한 숫자의 분자 때문에 우리는 이 책에 등장하는 이프로니아지드(항우울제)나 아세틸살리실산(상품명: 아스피린) 같은 대부분의 약물처럼 콜타르가 정확히 어떤 메커니즘으로 제 역할을 하는지 영원히 알 수 없을지도 모른다.

콜타르가 신체 대부분의 피부 세포 성장을 늦춰 비듬 같은 건선을 치료하는 데 도움이 된다는 사실은 잘 알려져 있다. 또, 피부 외벽의 세포 분화에 영향을 줘 건선을 앓고 있는 환자의 세포가 분비하는 케라틴(손톱과 머리카락을 구성하는 단백질)의 양도 변화시킬 수 있다. 게다가 항염증 효과를 보이고 건선 환자들이 호소하는 가려움증을 줄일 수 있지만 이를 정량화하기는 어렵다. 그 밖에도 콜타르는 습진이라는 이름으로 더 잘 알려진 아토피 피부염 환자에게도 비슷한 효과를 보인다.

콜타르와 암에 대한 걱정

앞서 언급했듯이 석탄을 극도로 높은 온도로 가열하고 이 과정에서 발생하는 증기를 포집한 후 냉각시키면 콜타르를 얻을 수 있다. 그 후에 남은 검은색 액체는 1만 가지 이상의 서로 다른 분자로 이루어져 있다. 직업적으로 보자면 콜타르를 제조하는 일은 매우 위험하며 암이 발병할 위험이 매우 높다. 1930년대 영국에서 있었던 연구로 콜타르를 얻기 위해 석탄을 가열하는 일과 암 사이의 관계가 밝혀졌다. 이 연구에 따르면 700명 이상의 사람들에게서 피부암이 발생했다고 한다. 독일에서 장기간 진행된 연구는 20세기 후반에 피부암 환자가 늘었다는 비슷한 결과를 내놓았다. 이 환경에서 일했던 사람에게서 피부암뿐만 아니라 음낭암, 구강(신체 내부와 입 주변)암, 인두(구강과 식도 사이의 소화기관)암 발생 비율이 늘었다는 사실을 관찰할 수 있었다.

　직업적으로 콜타르로 인해 암이 발생할 위험이 높다는 사실을 인지한 과학자들은 실험실 규모에서 이를 재현하고자 했다. 과학자들은 애용하는 실험체인 쥐로 눈을 돌렸다. 일주일에 두 번

쥐 열두 마리의 피부 국소 부위에 콜타르를 녹인 20퍼센트 에탄올을 발랐다. 41주의 연구 기간 동안 열두 마리 중 일곱 마리에서 유두종(양성 피부종양)이 발견됐다. 일곱 마리 중 네 마리는 결국 악성으로 변했다. 이렇게 조심스럽게 설계된 실험을 통해 얻은 증거는 콜타르 사용에 제동을 걸었다. 이 논문의 저자는 콜타르를 사용한 기간이 얼마나 되는지가 암 발병 유무에 중요한 역할을 했다고 추론하며 독자에게 콜타르를 장기간 사용하지 말것을 권유했다.

콜타르의 어떤 화합물이 암을 일으키는 데 중요한 역할을 했다는 가능성을 완전히 배제할 수는 없다. 콜타르는 최소 1만 가지 화합물이 혼합돼 있으며 그중 구조가 밝혀진 것은 대부분 다환방향족탄화수소 화합물이니 말이다. 콜타르를 장기간 사용하거나 이를 제조하는 과정에 오랫동안 몸담는 것과 암 사이의 관계가 충격적인 탓에 몇몇 피부과 전문의는 이를 처방전에서 완전히 배제했다.

콜타르 함유 제품에 대한 반발

2001년과 2002년 미국건선재단National Psoriasis Foundation은 샴푸, 비누, 연고 같이 콜타르 함유 제품이 처방전 없이 판매되는 데 의문을 제기했다. 물론 이런 상품이 암을 유발할 가능성은 매우 낮다. 특히 단시간에 소량만 사용하니 말이다. 하지만 2001년 캘리포니아주 정부는 콜타르 샴푸 같은 상품에 경고 라벨을 부착하지 않은 기업에 대해 소송을 진행했다. 1986년 개정된 캘리포니아 법령 65에 따르면 주정부에서 지정한 발암화합물 혹은 생식독성 화합물이 포함된 상품에는 경고 라벨을 부착해야 했기 때문이다. 캘리포니아주 정부는 결국 이 소송에서 승소했고, 기업은 처방전 없이 구매할 수 있는 콜타르 함유 상품에 경고 문구를 붙여 출시해야 했다. 주정부의 우려에도 FDA는 처방전 없이 구매할 수 있는 콜타르 함유 상품이 피부암의 위험을 드라마틱하게 높이지 않으며, 안전하고 효과적이기에 피부과적으로 사용할 수 있다고 반복해서 말했다. 여기서 예외적이었던 것은 콜타르가 함유된 염색약이었다. FDA의 의견에 따르면 동물실험 결과 염색약은 피부암 발생에 유의미한 영향을 미쳤다고 한다.

그렇다면 콜타르 사용을 두려워해야 할까? 그렇지는 않은 것 같다. 2010년, 1만 3200명을 대상으로 한 수십 년 동안의 연구는 콜타르를 건선과 습진을 호소하는 환자의 치료제로 사용했을 때의 암 발병률과 일반적인 사람에게서 일생동안의 암 발병률을 비교했을 때 암 발병률과 콜타르 사이에 상관관계가 없다는 점을 보여주었다. 그렇기에 콜타르는 여전히 피부과적 문제를 겪는 사람들이 사용할 수 있는 선택지 중 하나로 남아 있다.

의약품 조제란 무엇일까?

의약품 조제compounding는 의사나 약사가 환자의 특정한 필요에 맞춰 제형을 만들기 위해 재료를 섞거나 추가해 존재하는 시판 의약품을 개조하는 것이다. 예를 들어 환자, 특히 어린 환자가 알약을 잘 삼키지 못하거나 약물이 알약 형태로만 만들어진다면 약사들은 환자 상태의 필요를 만족하면서도 환자에게 약제를 전달할 수 있는 액체 상태로 만들 것이다. 약제는 FDA 승인을 받아야 하지만 약사가 조제해서 만드는 최종적인 형태는 더 이상 FDA 승인을 받을 필요가 없다.

의약품 조제는 일반적으로 꽤 안전하고 완전히 무균인 환경에서 이루어진다. 하지만 가끔 끔찍한 이야기가 들려오기도 한다. 2012년 조제된 의약품에 있었던 곰팡이성 뇌수막염은 약 800명의 환자를 감염시키고 100여 명의 목숨을 앗아갔다. 의심스러운 제조 과정을 맡았던 단체는 스테로이드 주입에 특화된 곳이었다. 미국질병대책센터는 뇌수막염을 일으킨 1만 7000개의 메틸프레드니솔론아세테이트 유리병이 곰팡이로 오염됐고 23개의 주로 이동됐다는 사실을 확인했다. 메틸프레니솔론아세테이트는 스테로이드제인데 이 경우에는 통증을 없애기 위해 경막외 주사로 유통됐다. 2018년, 조제 센터장과 네 명의 직원(무균실 약사 두 명, 검증을 담당하는 약사, 작전국장)은 연방법원에서 오염되는 과정에서 이들이 맡은 역할과 그에 따라 전국적으로 발생한 뇌수막염에 대해 유죄판결을 받았다.

약물 조제 문제는 2019년 수의학계에도 찾아왔다. 올바르지 않게 조제돼 '라벨에 명시된 피리메타민의 18~21배'가 들어 있는 톨트라주릴과 피리메타민 혼합물을 먹고 말 세 마리가 사망하는 일이 벌어졌다. 조제된 합성물은 원래 말의 중추신경계에 기생충 감염을 일으키는 말 원충성척수염을 치유하기 위한 것이었다. 이런 실수가 일어난 건 이때가 처음이 아니었다. 2014년 말, 원충성척수염을 치유하기 위해 고농도의 피리메타민[말라리아 치료제] 혼합물을 말 네 마리가 복용하고 죽기도 했다.

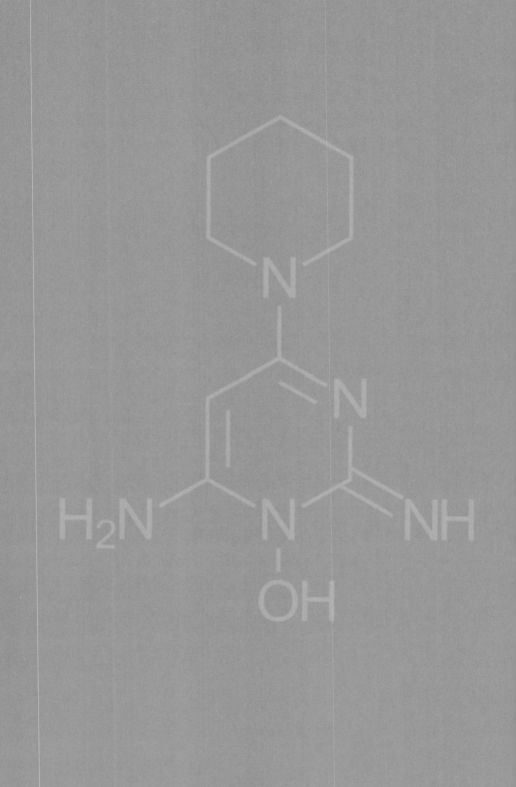

미녹시딜

부작용으로 탄생한 탈모 치료제

Minoxidil

상품명 로게인 등

고혈압 치료제이자 탈모 치료제.
5밀리그램 용량의 정제는 고혈압
치료제로, 2~5퍼센트의 외용제는
탈모 치료제로 사용된다.

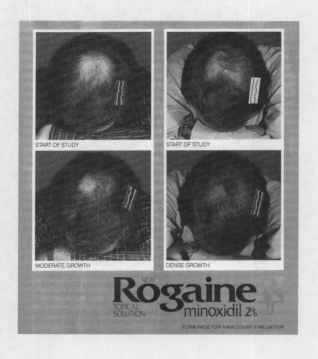

- 바르는 탈모 치료제 용도로 1988년 FDA 승인을 받은 로게인의 약품 카탈로그에 소개된 약품의 효능.

머리가 벗겨지는 일은 많은 남성과 여성이 나이가 들어가면서 겪는 자연스러운 일이지만, 당사자들에게는 큰 골칫덩어리다. 대머리가 된 남성들은 머리카락을 다시 자라게 하기 위해 20세기 내내 다양한 방법을 시도했다. 두개골의 혈액순환을 돕는다며 물구나무 서는 우스꽝스러운 방법부터, 성욕을 억제하고 가슴이 커지게 만드는 여러 호르몬이 혼합된 약제를 복용하는 방법까지 말이다. 물론 이 방법들은 실패했다. 20세기 말 미녹시딜을 활용해 최소한의 비용으로 머리카락이 진짜로 다시 자라게 할 수 있는 방법이 있다는 사실을 그때 알았다면 좋았을 텐데 말이다.

독특한 부작용으로 새로운 약물이 탄생하다

긴 화학명을 지닌 미녹시딜(2,6-디아미노-4-피페리디노피리미딘-1-옥사이드)은 화합물 N,N-디알릴멜라민에서 얻은 유사체에서 시작했다. 다행히 N,N-디알릴멜라민은 훨씬 더 입에 감기는 'DAM' 이라는 짧은 이름도 얻었다. 미국의 제약회사인 업존Upjohn의 과학자들은 DAM이 위궤양에 미치는 영향을 실험하고 있었지만 결과는 그리 좋지 못했다. 그 대신 연구진은 DAM이 환자의 혈압을 눈에 띄게 떨어뜨린다는 사실을 발견했다. 이 효능을 발전시키기 위해 연구진은 DAM의 형태를 바꾸었다. 1961년 고혈압 치료제로써의 효능을 실험하기 위해 업존이 임상시험에 뛰어 들게 만든 DAMN-O가 세상에 등장했다. DAMN-O는 혈압을 낮추는 효과가 있었지만, 나중에 등장할 경구 미녹시딜과 비교해 보면 알 수 있듯이, 몇몇 환자들에게서 부종과 심장질환을 일으키며 그 부작용이 두드러졌다. DAMN-O는 동물실험에서도 결과가 그리 좋지 못했는데, 개의 오른쪽 심방에 출혈을 일으켰기 때문이다. 이 치명적인 부작용 때문에 DAMN-O는 보류됐다.

하지만 다양한 유사체들이 합성됐고 그중에는 그 유명한 미녹시딜도 있었다. 209달톤의 미녹시딜은 합리적인 약물 후보처럼 보였다. 미녹시딜은 고혈압을 치유하는 데 성공적이었고 DAMN-O와 비슷한 부작용을 보였지만 연구진과 의사들은 연구를 포기하지 않았다. 1971년 FDA는 경구 미녹시딜을 응급상황에 사용하는 데 승인했다. 이는 심각한 고혈압을 지닌 환자들을 위한 것이었지만 치료는 2주 동안만 지속 가능했다. 2주 정도면 고혈압을 충분히 치유하는 동시에 극단적인 부작용은 일으키지 않을 정도의 기간이었다. 특히 체액저류〔수분이 한곳에 축적돼 몸이 붓는 현상〕가 일어나지 않는 선에서 말이다.

1971년 콜로라도대학교 의과대학의 찰스 치지Charles A. Chidsey 지도하에 고혈압에 미녹시딜이 어떤 영향을 미치는지 조사하는 연구가 진행됐다. 이 시기에 전공의 1년생이었던 폴 그랜트가 이 약물을 복용하던 여성에게서 유난히 독특한 증상을 발견했다. 40대 중반이었던 환자는 이미 뇌졸중을 두 번이나 겪었기에 그 당시 경구 미녹시딜을 실험하기에 완벽한 대상이었다. 고혈압이라는 시한폭탄 같은 위험으로부터 몸을 보호할 수 있는 것이라면 그 무엇이든, 그리고 그 어떤 부작용도 감내할만한 각오가 돼 있는 듯 보였다. 하지만 환자와 의사 둘 다 예상하지 못한 한 가지 부작용이 있었다. 얼굴 전반에 털이 자라고 머리카락과 다리털이 빠르게 성장하는 부작용 말이다. 심지어 이 모든 부작용은 다리털을 한 번도 밀어본 적이 없다고 고백한 여성에게서 발견한 것이었다. 폴 그랜트는 이 독특한 부작용을 콜로라도 약학대학의 피부과학과장이었던 귄터 칸Guinter Kahn에게 보고했다. 칸은 즉시 이 백만 불짜리(이 경우, 어쩌면 10억 달러[1조 3000억 원]일 수도 있겠다) 화합물 연구에 뛰어들었다. 만약 우리가 이 화합물을 사람의 머리에 사용한다면 어떨까? 미래에 등장할 의약품의 주인이 될 칸은 1938년 네 살 때 가족과 함께 나치를 피해 네브래스카주 오마하에서 새 삶을 시작한 37세 독일계 유대인 이민자였다.

머리카락이 다시 날 수 있도록 미녹시딜을 활용하는 첫 단계는 미녹시딜을 국소 부위에 사용할 수 있는 의약품으로 만드는 것이었다. 왜냐하면 경구 미녹시딜을 복용했던 그랜트의 환자에게서 목격할 수 있었던 것처럼 제멋대로 털이 자라는 대신 원하는 부위에만 집중적으로 자라길 바랐기 때문이다. 칸은 치지의 연구실에서 미녹시딜 가루를 조금 빼돌렸고 에탄올과 프로필렌글리콜에 미녹시딜을 섞어 1퍼센트 용액을 만드는 것으로 연구를 시작했다. 국소 부위에 사용하는 약품의 용매로는 에탄올과 프로필렌글리콜이 주로 사용됐기에 그랜트와 칸이 내린 선택은 현명하고 전문적이었다. 칸은 이 용액을 테스트하기 위해 과거의 신약개발자들처럼 스스로를 포함해 네 사람에게 실험했다. 이 중 한 명은 학과 사무실 조교였고 다른 한 사람은 익명의 레지던트였다.

발모 효과를 숨긴 업존

그랜트와 칸은 오늘날 미녹시딜을 현재 사용하는 농도 이하로 실험을 진행하고 있었기에 원하는 결과를 얻지 못했고, 곧 열정이 식어버렸다. 당시 베트남 전쟁이 한창이었고 그랜트는 미국 육군의 일원으로서 콜로라도주의 포트 카슨 기지 근처에서 2주 동안 복무했다. 막사에서 눈을 뜬 어느 날 아침, 그랜트는 오른팔에 붙어 있던 2센티미터 크기의 밴드를 뗐고 마침내 칸과 그랜트가 얻기 위해 고군분투했던 결과를 목격했다. 밴드 아래에는 새로운 털이 자라고 있었다. 게다가 단지 새로 나기만 한 것이 아니라 건강하고 짙은 색의 털이었다. 조교와 익명의 레지던트에게서도 비슷한 결과를 목격할 수 있었다.

콜로라도대학교로 돌아오자마자 그랜트는 칸에게 자신의 오른팔에 벌어진 놀라운 현상을 전했다. 미녹시딜로 다리, 배, 팔이 '뽀송뽀송'한 솜털로 뒤덮였을 뿐만 아니라 완전히 새로운 털이 나기도 했다. 모발의 마지막 성장 단계에서 볼 수 있는 짙은 색의 굵은 털은 머리뿐 아니라 두피, 겨드랑이, 치골에서도 발견할 수 있었다. 이렇게 미녹시딜을 발명한 그랜트와 칸은 고혈압 여성 환자의 부작용으로 찾아낸 우연한 발견을 업존에 알렸고 회사는 즉시 발모제로써 미녹시딜 특허를 1971년 출원했다. 업존은 특허 서류를 작성하면서 불순한 의도를 담기도 했다. FDA에게 그랜트와 칸이 적법한 절차 없이 사람을 대상으로 의학실험을 진행했다고 밀고한 것이다.

업존은 이상하게도 미녹시딜이 발모 효과가 있다는 사실을 몇 년 동안 아무에게도 알리지 않았다. 이유는 정확히 알려지지 않았지만 발모 산업이 아니라 제약회사로써의 이미지를 지키고 싶어 했을 것이라 추측할 뿐이다. 발모제 판매 사업을 마치 19세기에 가짜 약을 팔았던 외판원들과 비슷한 수준이 되는 것이라 생각했을지도 모른다. 경구 미녹시딜을 복용할 경우 신체 전반에 과도한 털이 난다는 사실은 의학계에 다모증이라는 이름으로 잘 알려져 있었다. 1980년 《뉴잉글랜드 의학저널》의 〈고혈압제로 미녹시딜을 복용한 환자들에게서 관찰된 발모 효과Reversal of Baldness in Patient Receiving Minoxidil for Hypertension〉라는 보고서는 의학계가 미녹시딜의 바람직한 부작용에 대해 알리는 계기가 되었다. 업존의 비밀에 대한 뉴스가 미시간주의 캘러머주를 떠돌 때도 회사는 임상시험에 참여할 대머리 자원자들을 찾는 데 어려움을 겪지 않았다. 당시 업존의 가장 큰 걱정은 미녹시딜을 시장에 발모제가 아니라 고혈압 치료제로 내놓아야 한다는 것이었다. 1979년 로니텐이라는 이름으로 경구 미녹시딜을 시장에 내놓으면서 큰 성공을 거두자 그제야 업존은 방향을 바꿔 발모제로써 국소 부위에 사용하는 미녹시딜을 찾으려 했다. 얼마 지나지 않아 FDA 승인 없이 오프라벨로 처방된 경구 로니텐은 경구 미녹시딜의 부작용에도 불구하고 환자의 발모를 촉진하기 위해 의사들이 가장 많이 사용하는 방법이 됐다.

1988년, 최초의 바르는 탈모 치료제가 나오다

그동안 미녹시딜이 머리카락 성장을 얼마나 촉진하는지를 실험하기 위해 다양한 임상시험과 학술적 연구가 진행됐다. 초기에 진행된 털 성장 실험(적어도 동물을 대상으로 한 실험에서)은 자연 환경에서는 일부 털이 가늘어지거나 빠지는 현상을 보이는 긴꼬리원숭이과의 짧은꼬리마카크를 대상으로 진행됐다. 이 실험이 성공하면서 사람에게도 미녹시딜을 사용해볼 수 있는 길이 열렸으며 칸과 그랜트는 이미 진행했던 연구를 다른 방향에서 재현했다. 하지만 이번에는 적법한 절차를 거쳐 진행됐다. 원형 탈모증(동그란 모양으로 머리가 빠지는 증상)을 치료하기 위해 국소 부위에서의 미녹시딜 효과를 확인하려 했던 1983년 초 연구는 칸과 그랜트가 그랬던 것처럼 미녹시딜 알약을 잘게 부순 후 용매에 녹여 연고나 로션 형태로 만들어 수행했다. 30명의 환자 중 16명에서 거의 완벽한 결과를, 그리고 나머지 중 6명에서는 미미한 결과를 얻을 수 있었다. 미녹시딜이 효과를 보이기까지는 6주가 걸렸는데 이는 그리 긴 기간은 아니었다. 특히 사람들이 가능성 있는 의학적 방법을 선택하기 전까지 걸릴 시간을 고려하면 이는 꽤 희망적이었다.

미녹시딜을 국소 부위에 사용하는 임상시험은 매우 낮은 농도의 미녹시딜(0.01퍼센트 용액)로 시작해 2퍼센트까지 늘려나갔다. 그중 1~2퍼센트 용액을 복용한 환자에게서만 상당량의 모발이 자라는 것을 관찰할 수 있었다. 그랜트를 포함한 4명의 핵심 인력에게 시험하기 위해 칸이 만든 용액 농도가 1퍼센트였다는 점을 떠올린다면 행운의 여신이 어떻게 이들을 도왔는지 알 수 있을 것이다. 이보다 농도가 낮았다면 약물이 모발 성장을 유발한다는 사실을 놓쳤을 것이다.

1988년 FDA는 마침내 업존이 로게인이란 이름의 발모제로 미녹시딜을 처방하는 것을 허락했다. 업존이 처음 선택한 이름은 회복된다는 의미인 '리어게인regain'이었지만 FDA는 이 약물이 모든 환자에게 효과를 보인 건 아니었기에 이 이름이 과하다고 생각했다. 1996년 2월, 처방전 없이 구매할 수 있는 다양한 미녹시딜 제네릭이 승인되면서 국소 부위 치료에 들어가는 비용은 한 달에 30달러[4만 원]까지 낮아졌다.

현재까지도 FDA가 승인한 미녹시딜 용도는 탈모증(남성형 대머리)과 일반적인 여성 탈모뿐이다. '탈모'는 머리카락이 빠지는 것을 지칭하는 의학적 용어이며 의사들은 다양한 형태의 탈모를 정의했다. 탈모증은 머리카락이 빠지는 증상 중 가장 흔한 경우이며 남성형 대머리라고도 알려져 있다. 미녹시딜은 종종 세 가지 종류의 탈모를 치료하기 위해 사용된다. 세 가지에는 몸에 있는 털이 모두 빠지는 전신 탈모증, 두피에 동그란 형태로 머리카락이 빠지는 원형탈모증, 두피의 머리카락이 모두 빠지는 전두탈모증이 있다. 국소 부위에 도포하는 미녹시딜은 주로 로션이나 폼 형태로 존재한다. 그리고 경구 미녹시딜은 고혈압 치료제로만 허용될 뿐 여전히 탈모 치료제로는 정식 승인이 되지 않았다.

업존이 처음 시장에 내놓은 미녹시딜 로션에는 미녹시딜 농도가 2퍼센트 정도였지만 1993년, 이를 발전시킨 5퍼센트 농도의 미녹시딜 폼 상품이 시장에 등장했다. FDA 승인을 받은 폼 형태는 도포한 부위의 자극을 줄이면서 활성물질 농도를 늘렸다. 폼은 도포하는 데도 훨씬 더 편했다.

탈모증(남성형 대머리)을 치료하는 데 국소 부위에 도포하는 미녹시딜은 플라세보〔투약 형식에 따르는 심리효과〕와 비교하면 확실히 큰 영향을 미친다는 사실을 확인할 수 있었다. 국소 부위에 도포하는 미녹시딜 2퍼센트 용액은 1제곱센티미터당 여덟 가닥 이상의 털이 자라게 했으며 5퍼센트 용액은 도포한 피부 1제곱센티미터당 열다섯 가닥 정도의 털이 자라게 했는데 그 결과는 거의 두 배에 달했다. 여성에게서 관찰되는 머리카락이 가늘어지는 증상을 치유하기 위해서 2퍼센트 미녹시딜을 국소 부위에 바르는 연구도 진행했는데 1제곱센티미터당 열두 가닥 이상의 털이 자라는 결과를 얻을 수 있었다. 별로 많지 않은 것 같지만 1제곱센티미터당 털이 하나도 없는 사람과 비교하면 이 양은 탈모로 고통받는 사람에게 자신감을 불어넣어주는 데 큰 힘이 될 것이다.

칸의 분노

업존이 특허를 신청하면서 칸과 그랜트를 배제하려 했던 사실을 알게 된 칸은 몹시 불쾌했다. 칸은 콜로라도대학교를 떠나 1974년, 플로리다주 마이애미비치에서 개인적으로 피부과 연구를 진행했다. 칸은 2014년에 생을 마감할 때까지 여기서 살았는데 아마 마이애미비치가 꽤 마음에 들었던 모양이다. 지역을 이주하면서 얻은 기쁨이 얼마나 컸던 간에 15년 동안의 업존과 법정 싸움을 계속 하면서 그 행복은 수렁에 빠져버렸다.

이 싸움은 업존과 칸, 그랜트 사이의 싸움이었고 결국 1986년 칸은 업존의 미녹시딜 특허에 이름을 올리게 됐으며 칸과 그랜트는 국제적으로 미녹시딜 탈모 치료제인 로게인을 판매할 수 있는 로열티를 얻게 됐다. 로열티에는 특별한 의미가 있었다. 업존의 로게인 판매 수익은 연간 2억 달러(2570억 원)에 달했는데 칸의 로열티는 여기에서 2~5퍼센트 사이로 추정되었다. 뜻밖의 횡재였지만 칸에게는 이 연구의 참여자가 됐다는 점이 더 중요했다. 1989년 칸은 미국지적재산권자재단에서 '올해의 발명가상'을 받았다. 아주 작은 인정이었지만 다른 사람들의 말에 따르면 칸이 진심으로 원했던 인정이었다고 한다.

미녹시딜은 어떻게 제 역할을 할까?

미녹시딜은 머리카락의 모낭에 존재하는 황산 전이효소〔한 화합물에서 다른 화합물로 각종 원자단을 전이하는 반응을 촉매하는 효소〕와 상호작용한다. 이 효소는 미녹시딜을 활성형인 미녹시딜황산염으로 변화시킨다. 이 다음부터 미녹시딜이 어떻게 머리카락 성장을 촉진하는지 그 메커니즘은 알려져 있지 않다. 그렇다고 과학자와 의사들이 추측하는 것을 막을 순 없었다. 이들은 미녹시딜이 도포한 부위의 평활근 칼륨채널을 열면서 세동맥 혈관확장제 역할을 한다고 추측했다. 흥미롭게도 아스피린을 복용하면 존재하는 황산 전이효소와 상호작용해 미녹시딜이 활성형인 미녹시딜황산염으로 변화하지 못하게 만들어 약물의 효과를 떨어뜨렸다. 미녹시딜을 복용하는 사람들이여, 이 지점을 꼭 기억하시라.

그렇다고 미녹시딜이 신체 전반에서 털이 자라게 할 뿐만 아니라 머리카락 성장까지 유발하는 유일한 약물은 아니다. 저혈당을 치료하기 위해 사용하는 의약품인 디아족사이드〔췌장에서의 인슐린 분비를 억제하는 약제. 저혈당을 유발하는 인슐린종을 치료하는 데 사용된다〕도 머리카락을 자라게 할 수 있다. 디아족사이드와 미녹시딜 모두 혈관확장제이며 많은 연구진은 두 약물이 같은 결과를 보인다는 점을 통해 혈관확장이 미녹시딜의 작용 기전상 중요하다는 가설에 신빙성이 더해진다고 본다. 혈관확장제는 하나의 머리카락 모낭이 얼마나 오랫동안 성장 단계에 머무를 수 있는지 혹은 어떻게 다음 성장 단계에 돌입하는지를 변화시키며

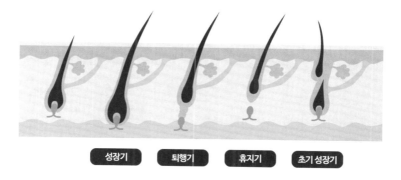

・ 모발의 성장주기. 미녹시딜은 휴지기 모낭을 자극해 성장기 모낭으로 활성화시키면서 발모 효과를 보인다고 알려졌다.

발모 효과를 일으킬 수 있다. 머리카락 하나가 수명을 다해 빠지기 전까지 세 단계를 거친다. 첫 번째 단계는 가장 긴 단계로 몇 년에 걸쳐 일어나는 성장기다. 이 단계에서 모발은 가장 활발하게 성장한다. 그다음은 모발이 더 이상 성장하지 않고 최종 형태로 변하는 퇴행기다. 퇴행기 다음으로는 휴지기가 등장하는데 그 아래에서 새로운 머리카락이 자라 오래된 머리카락을 밀어내는 동안 '쉬는' 기간을 갖는 단계다. 쥐를 대상으로 한 연구에 따르면 미녹시딜을 국소 부위에 도포하면 휴지기가 줄어들고 빠르게 성장기에 돌입할 수 있다고 한다. 마치 휴지기 동안에도 성장이 일어나는 것처럼 말이다. 또, 국소 부위에 도포하는 미녹시딜은 성장기를 늘려 더 빠르게 주기를 시작할 수 있도록 만들어 전반적으로 털이 더 많이 자랄 수 있도록 한다.

남성 탈모와 여성 탈모의 차이

여성과 남성이 겪는 탈모는 그 종류가 다를 뿐만 아니라 과정도 다르다. 일반적으로 남성 탈모는 머리카락이 빠지는 데 규칙이 있다. 헤어라인이 관자놀이 바로 위까지 후퇴하면서 숨길 수 없는 'M' 자 형태를 이룬다. 그리고 계속해서 헤어라인이 후퇴하며 천천히 대머리가 진행된다. 여성은 일반적으로 헤어라인이 후퇴하는 경험을 하진 않는다. 대신 머리카락이 전반적으로 가늘어지는데 심각한 경우, 언뜻 두피가 보이기도 한다. 이렇게 머리카락이 가늘어지는 일은 종종 갱년기의 시작과 맞물린다.

서로 다른 탈모 증상 때문에 남성과 여성은 미녹시딜이 들어 있는 상품을 구매할 때 종종 다른 비용을 지불하기도 한다. 2016년 연구를 통해 여성은 처방전 없이 구매할 수 있는 똑같은 양의 남성용 미녹시딜 폼 구입에 40퍼센트 더 많은 비용을 쓴다는 사실이 밝혀졌다. 여성을 대상으로 한 미녹시딜이 남성을 대상으로 한 미녹시딜보다 대체로 비쌌기 때문이다. 두 상품 모두 미녹시딜 농도는 5퍼센트였다. 이 이유는 업존이 여성을 대상으로 한 폼에 여전히 특허 보호권을 행사하고 있기 때문이다. 그 결과 시장에는 여성을 대상으로 한 미녹시딜 제네릭이 등장할 수 없다. 이 차이는 특허권이 만료된 국소 부위에 바르는 로션에도 영향을 미쳤다. 미녹시딜 농도가 2퍼센트인 여성용 로션이 5퍼센트인 남성용 로션과 같은 가격으로 시장에 등장했다. 활성 물질의 양이 크게 차이 남에도 말이다.

미녹시딜은 눈썹과 수염, 가슴 털도 더 많이 나게 만들기에 더 다양한 심미적 선택지를 선사한다. 2014년, 3퍼센트 미녹시딜 용액으로 가슴털이 얼마나 잘 자라는지를 파악하기 위해 태국의 매파루앙대학병원 지원을 받은 임상시험이 진행됐다. 올림픽 출전 수영 선수들은 이 실험에 참여하지 않았는데, 아마도 신체 전반에 털이 자라면 유체역학에 부정적인 영향을 미치기 때문일 것이다. 하지만 1년 365일 스웨터를 선택하는 사람이라면 미녹시딜을 선택할만하다. 그리고 일단 미녹시딜을 복용하기 시작하면, 복용을 멈추면 안 된다. 그렇지 않으면 다시 자랐던 털들이 3~4개월 안에 다 빠져버리기 때문이다.

국소 부위에 바르는 미녹시딜은 항암화학요법으로 발생하는 탈모에도 효과를 보였다. 4개월 동안 화학요법을 받은 환자 중 미녹시딜을 사용한 환자는 사용하지 않은 환자보다 50일 정도 머리카락이 빨리 자랐다. 덕분에 화학요법을 받은 환자들은 금방 평범한 모습을 되찾을 수 있었다. 그러나 유방암 치료를 받는 사람에게 바르는 미녹시딜로는 비슷한 결과가 나타나지 않았다. 이에 어떤 연구진은 화학요법을 받는 동안 경구 미녹시딜을 복용해야 한다고 말하기도 했다.

반려묘에게는 위험한 미녹시딜

극심한 고혈압이 있는 사람은 경구 미녹시딜을 매우 단기간만

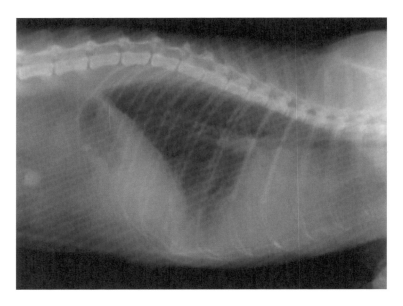

- 미녹시딜과 접촉한 고양이에서 폐부종이 나타난 흉부 X선 촬영 사진. 폐의 흉막에서 체액 성분이 스며나오는 삼출 증상도 함께 관찰된다.

복용해야 한다. 경구 미녹시딜을 계속해서 복용하는 건 부작용이 가득한 지뢰밭을 지나는 것과 비슷하다. 고나트륨혈증〔혈중 나트륨 농도가 정상 수치보다 높은 증세〕과 체액저류로 시작해 종종 체중 증가로 이어지고 극단적인 경우 울혈성심부전까지 일어날 수 있다. 경구 미녹시딜은 또한 체액의 양을 늘리는 데 이 체액은 심장 주변에 머물러 심장이 불규칙적으로 뛰게 만든다. 환자의 혈압을 낮춰 심박출량과 심장박동 숫자가 달라지면서 심장이 더 많은 산소를 필요로 하는 허혈성심질환도 생길 수 있다. 여성의 경우, 경구 미녹시딜을 복용하면 빈발월경(월경 주기가 21일까지 짧아지는 증상)이 나타나기도 한다. 털이 자라는 것을 제외하면 경구 미녹시딜과 국소 부위에 바르는 미녹시딜이 일으키는 효과는 판이하다. 국소 부위에 바르는 미녹시딜은 성공적인 고혈압 약이었던 경구 미녹시딜과 달리 혈압에 영향을 주지 않는다. 하지만 경구 미녹시딜을 복용하면 원하지 않은, 그리고 가끔은 심각한 부작용을 목격할 수 있다.

어떤 형태든 미녹시딜은 고양잇과 친구들에게 위험할 수 있다. 2004년 보고서에 따르면 국소 부위에 바르는 미녹시딜은 고양이에게 매우 유독할 수 있기에, 고양이를 키우는 사람들은 바르는 미녹시딜을 사용하면 안 된다고 한다. 그 사례가 있다. 고양이 두 마리가 국소 부위에 미녹시딜을 바른 피부와 접촉하자 눈에 띄게 무기력해지고 하루 하고 반나절 정도 숨을 쉬는 데 문제를 보였다. 치료에도 불구하고 두 고양이 모두 폐와 폐 밖에 있는 막 사이에 체액이 차는 증상을 보였다. 그리고 미녹시딜 샘플이 몸에 닿은 지 얼마 지나지 않아 모두 생을 마감했다.

의약품은 어떻게 FDA 승인을 받을까?

제약회사는 어떻게 신약을 시장에 내놓을까? 이 과정은 몇 년에 걸쳐 일어날 뿐만 아니라 종종 수십억 달러의 비용이 들어간다. 이 과정의 최종적인 목표는 사전 승인 검사NDA를 통과하는 것이지만 이를 통과하기 위해선 약물이 안전하고 사람에게 효과적이라는 사실을 여러 단계의 실험을 통해 입증해야 한다. 그렇다고 제약회사가 검사를 통과하기 위해 약물의 작동 메커니즘까지 알 필요가 없다는 사실은 중요하다. 단지 약물이 안전하고 효과적이라는 사실만 입증하면 된다.

NDA를 통과하기 위해서는 의약품이 될 수 있는 후보군의 효능과 안전성을 판단할 수 있는 다양한 연구가 선행돼야 한다. 이런 연구의 첫 단계는 실험실 수준에서 진행된다. 세포 수준에서 성공했다면 다음 단계로 넘어가기 전에 신약 조사 신청IND을 해야 한다. IND는 동물실험 단계에서 의약품 후보군에 해당하는 물질이 안전하다는 사실을 뒷받침하는 실험과 약물을 제조하는 방법을 담고 있어야 한다. IND의 목적은 임상시험으로 옮겨가기 전 유독성에 대한 문제를 해결하고, 신약 후보군에서 수많은 화합물을 사라지게 만드는 임상시험이란 고된 과정을 제약회사가 어떻게 헤쳐나갈지를 FDA에게 보여주는 것이다. 임상시험은 사람을 실험 대상으로 하며 소수를 대상으로 하는 1상부터 시판 후의 임상시험인 4상까지 점차 그 대상을 늘려나간다.

1상은 20~100명 정도의 건강한 자원자들 혹은 항암제의 경우, 목표하는 암으로 고통받는 20~100명 정도의 환자들로 이루어진 작은 연구다. 이 단계는 종종 몇 달 동안 약물의 안전성을 시험하고 사람에게 투여할 수 있는 적정량을 찾는다. 이 단계에서 질병을 치료하는 약물의 효능은 큰 고려 사항이 아니다. 약물 후보군으로 이름을 올린 성분이 체내에서 어떤 반응을 일으키는지를 관찰하는데 FDA의 권한으로 용량을 변화시키며 부작용을 집중적으로 추적한다. 만약 부작용이 심각하다고 판단되면 임상시험은 여기서 끝난다. FDA의 통계에 따르면 약물 후보군 중 70퍼센트가 1상을 '통과'한다고 한다.

2상은 약물이 목표로 하는 질병으로 고통받는 수백 명의 사람들을 대상으로 한다. 이 단계는 몇 달에서 2년까지도 지속된다. 그리고 다시 한 번 미래의 환자들에게 약물이 안전한지 관찰하는 것을 목표로 한다. 하지만 약물의 효능은 임상시험 대상자의 상태가 얼마나 나아지는지를 모니터링 하면서 매우 제한적(임상시험에 참여하는 사람의 숫자가 상대적으로 적기 때문에)으로만 정량화할 수 있다. 2상의 결과는 종종 잔혹하다. 약물 후보군 중 33퍼센트만 다음 단계로 넘어가기 때문이다.

3상으로 넘어가기 전 임상시험 참가자들 말고도 이 실험에 참여하는 사람이 얼마나 많은지를 잠시 언급해야겠다. 화학자와 미생물학자 들은 엄청난 양의 약물 후보군을 제조하고 합성해야 한다. 통계학자, 약사, 약리학자는 약물의 효능을 분석한다. 간호사와 의사는 환자에게 어떻게 약물을 투여할지를 결정한다. 그 밖의 의료계 종사자들은 모든 과정이 제대로 흘러가는지를 지켜본다. 임상시험의 규모가 커지면서 임상시험 단계 중간에서 실패했을 때의 매몰비용(이미 발생해 회수할 수 없는 비용)만 떠올려도 시장에 신약이 등장하는 일이 얼마나 값비싼 과업인지를 쉽게 이해할 수 있다.

3상 연구는 2상 연구의 연장선상에 있으며 1~4년 동안 장소에 구애받지 않고 목표로 하는 질병으로 고통받는 300~3000명을 대상으로 이중맹검법(실험자와 검사자의 양쪽에 블라인드를 걸고 A에 관한 정보를 일체 주지 않도록 하는 방법), 플라세보 실험을 진행한다. 이 단계에서는 약물 후보군이 효과적인지 그리고 약물이 의도한 대로만 작동하는지를 판단한다. 3상 임상시험의 기간이 길어질수록 오랜 시간에 걸려서 혹은 드물게 발생하는 부작용을 발견할 가능성이 높아져 약물 후보군이 시장에 판매할 수 있을 정도로 안전하고 효과적인지를 더 잘 판단할 수 있다. FDA는 25~30퍼센트만이 3상을 성공적으로 완수한다고 말한다.

만약 제약회사가 3상 임상시험까지 성공적으로 완수했다면 이제 앞서 언급했던 NDA를 신청할 수 있다. 눈치 챘겠지만 약물 연구가 혹독한 FDA 승인 과정인 여러 단계에 걸친 임상시험을 통과하면 임상시험 전 연구 혹은 동물실험을 시작한 지로부터 몇 년이나 흐른 후다.

FDA는 NDA를 '약물의 전모'라 말한다. 이 이야기는 안전성과 효능에 대한 임상시험을 통해 얻은 데이터를 담고 있다. 뿐만 아니라 약물의 적절한 용도에 대한 지침과 약물에 부착해야 하는 라벨에 대한 정보 그리고 약물이 오용될 가능성에 대한 정보도 들어 있다. NDA가 접수되면 FDA는 통계학자, 의료계종사자, 조사관, 약리학자, 프로젝트 책임자로 구성된 팀을 꾸린다. 그리고 6~10개월 동안 NDA를 검사하며 NDA를 승인할지 혹은 거부할지를 결정한다. 만약 승인 거부라는 무시무시한 결과를 받아든다면 제약회사는 FDA가 만족할 때까지 더 많은 실험을 진행하거나 항소할 수 있다. 반면, NDA가 승인되면 제약회사는 후보군이었던 약품을 생산하고 판매할 수 있는 권리를 얻는다.

생물학적 제제도 승인받는 과정은 임상시험과 비슷하다. 더 나아가 NDA뿐만 아니라 생물의약품 허가 신청서BLA도 필요하다. 생물학적 제제의 승인은 FDA 산하 조직인 생물학적 제제 평가·연구 센터가 관리한다.

4상 임상시험도 존재하지만 이는 약물이 성공적으로 시장에 등장했을 때에만 이루어진다. 4상 임상시험은 약물을 복용하는 환자를 통해 약물의 전반적인 안전성과 효능을 철저하게 감시하는 과정이다.

영양제는 FDA 승인을 받을까?

영양제는 FDA의 신약승인신청의 승인 과정 대상자가 아니므로 제조업체가 공언하는 그 어떤 효과도 FDA의 관점에서는 영향력이 없다. FDA는 영양제를 음식과 비슷하게 간주한다. 제조업자들은 노골적으로 영양제라고 표기하며 영양제가 시장에 등장한 후 일반 대중에게 안전한지에만 관심이 있다. 놀라운 주장과 함께 판매되는 수많은 영양제 광고에는 어디에서나 본 것 같은 일반적인 비타민, 허브 추출물, 아미노산, 효소 등이 있다. FDA는 이런 주장에 법의 잣대를 들이대며 FDA의 관점에서 진실을 재단하지 않는다. 다만 실재하는 질병을 치유할 수 있다고 광고하는 영양제는 불법으로 간주한다. FDA는 영양제를 처방전이 필요한 혹은 필요하지 않은 약물과 함께 복용했을 때 생길 수 있는 부작용을 언급하고 의료진들은 환자가 복용하는 모든 영양제에 대해 알고 있어야 한다고 권고한다.

영양제에 첨가된 모든 새로운 재료는 판매되기 75일 전에 FDA의 승인을 받아야 한다. FDA는 '새로운'이라는 단어를 상대적으로 광범위하게 정의했는데 여기에는 식이보충제 및 건강교육법이 통과된 1994년 10월 15일 이전에 미국에서 판매되지 않았던 모든 영양제 성분이 해당한다. 시장에 판매되기 전 영양제에 필요한 것은 제조업자의 관점에서 새로운 영양제 재료가 안전하다고 생각하는 이유에 대한 근거다. 그럼에도 영양제가 시장에 나온 후 재료의 안전성 문제가 등장한다면 FDA는 새로운 영양제 성분의 안전성을 추적·연구·평가하고 이 영양제가 계속해서 판매될 수 있을지를 판단할 것이다.

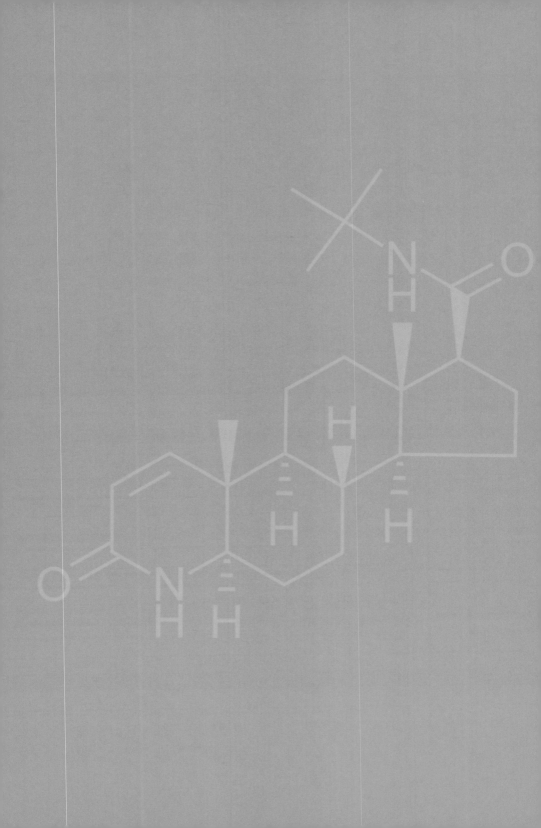

피나스테리드

여자가 남자로 변하는 마을에서 찾은 탈모의 비밀

상품명 프로페시아,
프로스카 등

남성 호르몬인 안드로겐을
억제하는 약물. 용량에 따라
양성전립선비대증, 남성형 탈모증
치료에 사용된다.

5-알파-환원효소

테스토스테론　　　　　　　　　디하이드로테스토스테론(DHT)

- 5-알파-환원효소에 의한 테스토스테론에서 디하이드로테스토스테론DHT의 전환되는 화학 구조. 문제는 이 DHT가 유독 머리 쪽 모낭에만 작용해 탈모를 일으키는데, 피나스테리드는 바로 이 5-알파-환원효소를 억제해 DHT의 생성을 저해함으로써 탈모를 막는다.

발모제에 미녹시딜만 있는 건 아니다. 피나스테리드(프로페시아라는 상품명으로도 유명하다)는 지난 30년 넘게 미녹시딜의 주요한 경쟁자였다. 미녹시딜과 달리 피나스테리드는 머리카락이 다시 자랐으면 하는 사람이 사용할 수 있는 약이지만 독특한 부작용도 갖고 있다. 피나스테리드는 미녹시딜과 판이한 방법으로 약물로써의 생애를 시작했다. 그 시작은 섬에 거주하던 상반된 성별을 지닌 어린이들을 연구하던 예리한 연구자의 관찰이었다.

전립선 비대증 치료 과정에서 발견한 탈모의 비밀

탈모 치료제와 발모제로써 피나스테리드가 쓰이게 되기까지의 여정은 독특한 장소에서 시작됐다. 그 장소는 바로 카리브해의 살리나스라는 작은 마을이었다. 여기서 코넬대학교 의과대학의 줄리언 맥긴리Julianne Imperato-McGinley는, 여성의 특징을 가지고 태어났지만 신체적으로는 자웅동체 특성을 보이는 아이들을 연구했다. 이 아이들은 사춘기에 들어서면서 여타 다른 10대 남자아이처럼 남성생식기가 겉으로 드러나고 목소리가 굵어지며 가슴과 팔에 근육이 붙었다. 맥긴리는 카리브해의 이런 아이들을 '구에베도체스güevedoces'라 불렀는데 스페인어에서 속어로 '열두 살

- 　살리나스 마을의 카트린(왼쪽)과 조니(오른쪽). 소녀처럼 보이는 카트린은 구에베도체
스로 추정되고, 스물네 살인 조니(어렸을 적 이름은 펠리시아)는 여성의 특징을 가지고 태
어났지만 일곱 살 때부터 생물학적으로 남성의 특징이 나타나기 시작했다. (BBC 다큐
멘터리 〈인생을 향한 카운트다운Countdown to Life〉(2015) 캡처 화면)

에 발달하는 남성생식기'라는 뜻이다. 1974년 맥긴리는 선천적
결함을 다룬 학회에서 자신의 자료를 통해 중요한 발표를 선보
였다. 맥긴리는 카리브해 어린이들의 유전암호에서 돌연변이를
목격한 사실을 밝혔다.〔5-알파-환원효소 결핍증은 세계적으로 매우 희귀
한 질병이지만, 도미니카 공화국에 있는 살리나스 마을에서 90명 중 1명꼴로 나
타났다고 한다.〕 이 돌연변이는 테스토스테론〔남성을 남성답게 하는 안
드로젠 계열의 대표적인 스테로이드계 성 호르몬〕을 더 강력한 분자인 디
하이드로테스토스테론(DHT라는 이름으로도 알려져 있다)으로 전환
하는 5-알파-환원요소 억제제라는 효소의 양을 줄이고, 이렇게
5-알파-환원요소 억제제가 부족해지면 사춘기가 시작할 때까
지 남성의 특징이 발달하지 못하게 했다. 맥긴리는 발표 중에 구

에베도체스의 전립선의 크기가 작았다는 사실도 덧붙였다.

맥긴리는 발표는 파란을 일으켰고 이듬해 거대 제약회사인 머크도 여기에 관심을 보였다. 머크의 기초연구장인 로이 바겔로스P. Roy Vagelos는 크기가 작은 전립선과 맥긴리가 언급했던 5-알파-환원요소 억제제의 부족한 활성 사이의 연결고리를 발견했다. 바겔로스와 머크의 선임연구자였던 글렌 아르트Glen Arth는 즉시 5-알파-환원요소 억제제를 방해하는 작은 분자를 찾으려 했다. 전립선의 크기가 커지는 전립선비대증으로 고통받는 환자들의 전립선을 축소시킬 것이라는 기대로 말이다. 전립선비대증을 앓는 환자들의 숫자는 정말 많았는데 그 당시 대략 1500만 명 정도였다. 어떤 것이든 이 환자들에게 영향을 미칠 수 있는 분자라면 머크에 매년 수억 달러를 벌어다줄 약물이 될 것이었다. 전립선비대증은 종종 나이든 남성에게서 나타나는데, 이는 배뇨에 어려움을 겪는 증상을 일으키고 드물게 오줌이 방광에서 밖으로 나가는 길인 요도를 감싸고 있는 분비샘에 감염을 일으키기도 한다.

바겔로스와 아르트는 5-알파-환원요소 억제제를 방해할 적절한 목표물을 찾았다. 이는 373달톤의 작은 분자인 피나스테리드였는데 1992년 '프로스카'라는 이름으로 시장을 강타했다. 평균적으로 전립선의 크기를 약 25퍼센트 정도 줄여주는 효과는 극적이었다. 전립선비대증을 호소하는 사람이 피나스테리드 5밀리그램의 복용을 멈추면 석 달 만에 전립선 크기는 다시 원상 복구되어 비대해졌다. 5밀리그램의 경구제는 성공적이었다. 피나스테리드가 약학계에 등장하기 전 거대한 전립선의 크기를 줄이는 최선의 방법은 절제술이었다.(누군가가 내 전립선을 잘라간다는 생각만 해도 끔찍하다.)

이 과정에서 연구진은 피나스테리드의 또 다른 용도인 발모 효과를 발견했다. 과도한 양의 DHT가 모근에 존재하면 DHT가 안드로겐 수용체와 결합하고 그 이후에 모근이 축소된다는 사실을 발견했다. 이는 새로운 털이 자라고 그 털이 성숙되는 과정을 막는다. 결국, 머리카락 굵기가 가늘어지다 빠진다는 뜻이다. 전립선을 축소시키기 위해 5-알파-환원요소 억제제의 영향을 억제하는 피나스테리드는 테스토스테론이 더 강력한 DHT로 변하는 과정을 막아서 결국 탈모를 멈추는 데도 효과가 있을 것이다. 2000명을 대상으로 한 3상 임상시험(이는 2년 동안 환자들을 관찰한 결과다)에 따르면 하루에 피나스테리드 1밀리그램만 복용해도 털이 자라는 과정을 촉진할 수 있으며 머리카락이 빠지는 것을 막을 수 있다고 한다.

머크는 최소한의 연구로 프로스카에 이어 두 번째로 주머니를 두둑하게 불려준 의약품을 손에 넣었다. 이번에는 '프로페시아라'는 상품명으로 포장된 피나스테리드는, 사실 프로스카와 달리 피나스테리드가 1밀리그램만 들어 있는 알약이다. 프로페시아는 1997년 남성형 탈모증 치료제로써 FDA의 승인을 받았다.

하늘 높은 줄 모르고 치솟는 프로페시아와 피나스테리드의 인기에는 의심의 여지가 없다. 피나스테리드를 함유한 약물은 2020년 미국에서 탈모증 치료제로 240만 번 처방됐다. 전립선

비대증으로 처방된 숫자는 말할 것도 없고 말이다. 지난 2년 동안의 신체검사를 통해 전임 미국 대통령이었던 도널드 트럼프도 이 약물을 복용했다는 사실을 확인할 수 있었다. 피나스테리드가 주된 경쟁자인 국소 부위에 사용하는 미녹시딜보다 더 성공할 수 있었던 이유로 경구제제라는 점을 꼽기도 한다. 머리카락이 성장하는 과정을 보려면 미녹시딜은 정확히 같은 자리에 반복적으로 도포해야 한다. 하지만 피나스테리드는 정기적으로 알약을 복용하고 기다리기만 하면 된다. 프로페시아의 주요한 셀링 포인트는 바로 알약이라는 점이었다. 알약을 복용하면 머리카락이 자랄 것이고 복용을 멈추면 자란 머리카락이 빠질 것이다. 이는 1년 동안 복용한 사람의 약 80퍼센트에게서 성공적이었다.

그러나 탈모와 피나스테리드 사이의 싸움은 쉽지 않다. 피나스테리드의 복용을 멈추면 12개월 안에 발모와 정확히 반대의 일이 벌어진다. 게다가 피나스테리드도 일련의 부작용을 일으킨다. 대부분은 성적인 부분과 관련된 것이었다. 여성형 유방(남성의 가슴 조직이 비대해지는 증상), 정액량 감소, 고환과 음경의 크기 축소 등 말이다. 성욕을 잃거나 발기부전이 보고된 경우도 있었다.

국소 부위에 사용하는 피나스테리드

피나스테리드의 주요한 경쟁자인 미녹시딜은 국소 부위에 바르는 용액 혹은 폼 형태로 판매된다. 하지만 머지않아 피나스테리드를 국소 부위에 사용하는 버전을 볼 수도 있게 되지는 않을까? 아마도 그렇지는 않을 것 같다. 피나스테리드는 임신 중에 이 약물이 태아에게 영향을 미칠 수 있다는 뜻을 담은 FDA 임산부 약물 등급표에서 X등급이라는 흔치 않은 경고를 받았다. 만약 알약을 부러뜨리거나 가루를 내면 현재 임신 중이든 그렇지 않든 여성은 그 가루를 만지면 안 된다. 피나스테리드가 임산부 몸속에 흡수되면 남자아이에게 기형을 일으킬 수 있기 때문이다. 그렇기에 FDA는 여성의 피나스테리드 복용을 금지하고 있다. 이 글을 쓰는 현재로선 전립선비대증 혹은 발모제로써 경구 피나스테리드만 승인을 받았다. 이는 피나스테리드 알약이 부서졌을 때 태아에게 치명적인 문제를 일으킬 수 있기에 국소 부위에 사용하는 형태(그리고 더 사용하기 쉬운 형태)는 만들어지기 어려울 것 같다. 하지만 피나스테리드로 국소 부위에 사용할 수 있는 형태의 발모제를 만들 수 있을지에 대한 연구는 여전히 진행되고 있다.

여기서 의학적 발모제에 미녹시딜과 피나스테리드만 있는 건 아니라는 점을 짚고 넘어가야겠다. 대부분의 경우, 모발이식도 꽤 성공적이다. 다만 높은 비용 때문에 엄두를 낼 수 없거나 합리적이지 않을 뿐이다. 특히 처방전 없이 구매할 수 있는 미녹시딜로 한 달에 30달러(4만 원)를 소비하는 것이나, 저렴한 피나스테리드 제네릭을 처방받을 수 있다는 사실과 비교하면 말이다. 모발이식은 이를 부담할 수 있는 자금이 있고 미녹시딜과 피나스테리드를 모두 실패했을 경우만 가능하다.

연구진은 국소 부위에 사용하는 피나스테리드에 대한 희망을 놓지 않았는데 이를 이용하면 모낭에서 DHT가 분비되는 것을 막으면서도 혈청 속 테스토스테론 농도에는 영향을 미치지 않을 수 있기 때문이다. 이는 경구 피나스테리드를 복용했을 때 생길 수 있는 부작용을 줄여준다. 피나스테리드를 국소 부위에 사용한 첫 실험은 0.05퍼센트라는 아주 낮은 농도의 피나스테리드를 아주 소량인 1밀리리터 정도로 사용하며 진행됐다. 이 성공적인 발모제는 혈장 속 테스토스테론과 DHT 농도를 변화시키지 않으며 6개월 후 남성과 여성 모두에게서 성공적인 효과를 보였다.

이는 혈장 속 호르몬 농도를 변화시키지 않았기에 경구 피나스테리드를 복용했을 때 생길 수 있는 부작용을 줄일 수 있다. 이후의 연구에서는 국소 부위에 사용한 피나스테리드 농도를 0.25퍼센트까지 높였고, 이는 DHT 농도를 변화시켰다. 그러므로 혹시라도 시장에 국소 부위에 사용할 수 있는 피나스테리드가 등장한다면 적절한 농도를 선택하는 과정에 심혈을 기울여야 한다. '혹시'라니 무슨 뜻일까? 국소 부위에 사용하는 피나스테리드가 시장에 등장할 경우, 임신 예정이 있는 여성 그리고 그 결과 태아에게 미칠 영향이 기하급수적으로 높아질 수 있다. 이는 경구 피나스테리드 부작용을 피할 수 있음에도 약국 선반에서 국소 부위에 사용하는 형태의 피나스테리드를 절대 볼 수 없는 이유다.

피나스테리드와 올림픽

미국암연구소의 연구에 따르면 전립선비대증으로 7년 넘게 매일 5밀리그램의 피나스테리드를 복용한 55세 이상의 남성 1만 9000명에게서 놀라운 결과를 확인했다고 한다. 이 연구에 참여한 사람들 사이에서 전립선암 발병이 25퍼센트 가량 감소했다는 사실을 발견했다. 그러나 반대로 참여자 중 전립선암이 발발한 참가자들에서는 중증전립선암의 비율이 비정상적으로 늘었다는 결과로 인해 이 연구 결과는 아쉬운 것처럼 보였다. 하지만 이런 결과는 피나스테리드로 인해 전립선 비대증이 완화되어 전립선암 진단이 더 쉬워지고 이로 인해 암 검사의 민감도가 증가했기 때문인 것으로 추측된다.

13, 14장에 걸쳐 몇 십 년 전만 하더라도 말도 안 되는 생각이라고 생각했을 목표를 피나스테리드와 미녹시딜이 어떻게 달성했는지를 보는 건 흥미로웠다. 하지만 그 과정에서 두 약물은 서로 다른 부작용을 일으키며 완전히 다른 방법으로 신체에 발모 효과를 일으켰다. 심지어 스포츠계에서도 피나스테리드가 사용됐는데, 이 약물이 근육강화제인 난드롤론의 가리움제〔금지약물을 투약한 후 이를 은폐하기 위해 사용하는 약물〕 역할을 할 수 있기 때문이었다. 그래서 피나스테리드는 올림픽 경기 금지약물이자 세계반도핑기구의 금지약물 리스트에 올라있다. 2006년 올림픽 전 진행된 도핑테스트에서 북미아이스하키리그NHL의 몬트리올 캐나디언스의 스타 골텐더 호세 테오도르가 피나스테리드 양성반응

을 보이면서 피나스테리드에 관심이 집중됐다. 2002년 NHL에서 MVP로 선정돼 하트 메모리얼 트로피(골텐더로서는 드문 일이다)를 받은 테오도르는 눈에 띌 만큼 풍성한 머리칼을 자랑했는데 의사의 조언에 따라 8년 동안 피나스테리드를 복용했다고 발표했다. 테오도르처럼 날렵하게 골을 막는 골텐더에게 금지 약물인 난드롤론을 사용해 근육량을 늘리는 건 불필요한 일이었을지도 모른다. 그렇기에 테오도르는 아마도 원래의 목적으로 피나스테리드를 복용했을 가능성이 있다. 바로 눈부신 머리칼을 위해 말이다.

전문의약품이 어떻게
일반의약품이 되었을까?

처방전 없이 구매할 수 있는 약물이란 환자가 '자가 처방'을 내릴 수 있는 약물이라는 뜻이다. 이런 약물은 환자가 의사와 진료 약속을 잡을 수 없을 때 생명의 은인이 될 수 있지만 통증이나 불편함의 원인을 이해하는 건 어렵게 만든다. 미국에서 처방을 받지 않아도 되는 약물의 포장지에는 약물복용법, 유효 성분, 용도, 구체적인 경고, 얼마나 자주 그리고 얼마나 많이 복용해야 하는지, 부형제〔약제의 형태를 만들거나 양을 증가해 사용하기 편하게 만들기 위해 추가하는 물질〕가 세세하게 기록된 일반의약품OTC 약물성분표가 반드시 기록돼야 한다. 이 성분표는 미국에서 판매되는 처방전 없이 구매할 수 있는 약물의 약 30퍼센트를 구매하는 나이든 사람들을 염두에 두고 작성돼 있다.

이전에는 처방전이 있어야 구매할 수 있었던 약물도 처방전 없이 구매할 수 있게 될 수도 있다. 예를 들어 지금은 미국에서 일반의약품으로 분류되어 처방전 없이도 구매할 수 있는 로게인, 플로네이즈〔비강분무 스테로이드〕, 알레그라〔알레르기·비염약〕 모두 처음에는 처방전이 필요했다. 처방전이 필요 없어진 이유에는 환자가 쉽게 자신의 병명을 진단할 수 있다는 점이 큰 역할을 했다. 두통, 남성형 대머리, 혹은 계절성 알레르기는 환자 스스로도 충분히 판단해 문제를 해결할 수 있다. 미국에서 처방전이 필요했던 약이 처방전이 필요 없어지기 위해서는 약물이 안전하고 환자가 정확하지 않게 자가진단을 하더라도 심각한 부작용을 일으키지 않는다는 FDA의 승인이 필요하다. 게다가 만약 처방전이 필요한 약이 중독성이 있다면 대부분 처방전이 필요 없는 약으로 판매되지 못한다.

제한적으로 처방전 없이 판매되는 약물도 있다. 처방전은 필요 없지만 약사의 허가가 필요한 약물은 소비자가 구매하는 데 또 하나의 장벽을 만든다. 예를 들어 미국 대부분의 지역에서 슈도에페드린(일반의약품 중에서는 코막힘에 가장 큰 효과를 발휘하기 때문에 각종 비염, 감기약에 약방의 감초처럼 사용되는 성분이었다. 하지만 마약 원료로 약용될 가능성이 있기 때문에 우리나라에서는 전문의약품으로 전환되었다)을 구매하기 위해서는 운전면허증이나 신분을 증명할 수 있는 다른 형태의 증명서를 제시해야 한다. 이는 개인이 구매할 수 있는 슈도에페드린의 용량을 추적하고 매달 구매할 수 있는 용량을 제한하기 위해서다. 슈도에페드린은 환자 자신이 남용하거나 불법 약물 결정인 메타라는 이름으로 더 유명한 메타암페타민의 전구체로 사용할 수 있기 때문이다.

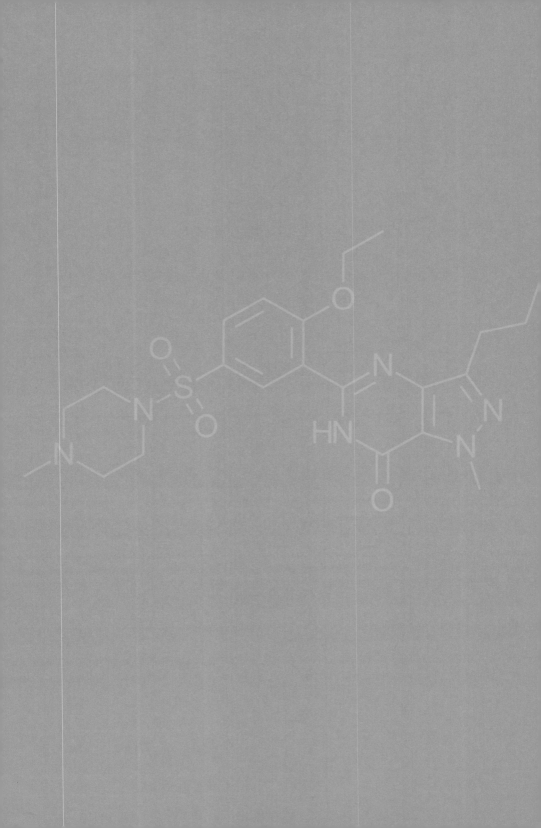

실데나필

삶의 질이 중요한 시대를 연 비아그라

상품명 비아그라, 리바티오 **등**

발기부전과 폐동맥 고혈압 치료에
사용되는 약물. 해당 장기에 분포된
평활근을 이완시켜 발기부전과
폐동맥 압력을 개선하는 효과를
나타낸다.

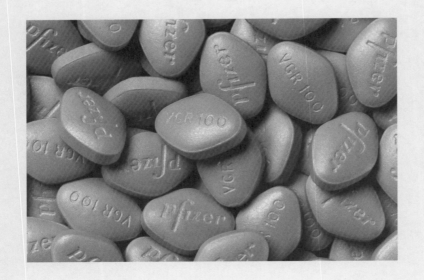

- 푸른색 마름모꼴 알약 디자인의 비아그라. 이 약은 의약품 역사상 단순히 질병 치료 목적이 아닌 삶의 질을 향상시키는 최초의 '해피 드럭'으로 평가받는다.

1990년대 후반은 새로운 세기의 시작일 뿐만 아니라 새천년의 시작이기도 했다. 미국에서 당시 대통령이었던 클린턴의 탄핵 심판이 일어나고 주식시장이 수직 상승하던 가운데 부유한 선진국들은 무엇에 열광하고 있었을까? '비아그라'라는 이름으로 더 잘 알려진 실데나필은 많은 사람들이 영원히 불가능할거라 생각했던 일(발기)을 돈으로 가능할 수 있게 해줬다. 실데나필은 발기부전을 완전히 고치진 못했지만 일시적으로 증상을 나아지게 만든 치료제로써 전 세계적으로 성공을 거두었고, 그 과정에서 비아그라를 만든 회사인 화이자는 수십억 달러 이익을 얻었다. 앞으로 살펴보겠지만 실데나필은 하루아침에 돈방석에 앉은 것이 아니었다. 첫 실험이 실패하면서 이 연구는 거의 폐기될 뻔했다. 다행히 다른 용도가 발견됐고 그 덕에 거의 모든 역사 전반에서 인류의 상황이 나아질 수 있었다.

실데나필이 비아그라의 활성물질이지만 현재 사용되는 분자 조성은 사실 실데나필시트르산염이다. 작은 시트르산염 분자는 전반적인 화학적 안정성을 높이기 위해 실데나필 근처에 있다. 짧은 이름으로 부르기 위해 이번 장에서는 실데나필시트르산염을 실데나필이라 부를 것이다.

발기부전을 해결하기 위한 역사적 시도

문자 그대로 인류는 수천 년 동안 발기부전(발기 상태를 유지하지 못하거나 발기가 되지 않는 증상)을 치료하기 위한 방법을 찾았다. 누군가는 발기가 이집트 무덤에도 기록된 오래된 문제이며 구약성서에 등장하는 아브라함의 이야기에도 그걸 상징하는 부분이 있다고 말하기도 한다. 15세기와 16세기 프랑스 남성들은 침실에서 제 기능을 하지 못하는 경우 발기부전 실험 대상자가 되기도 했다. 그리고 놀라울 만큼 오랫동안 이는 프랑스에서 유일한 이혼 사유였다.

누구나 상상할 수 있듯이 인류는 발기부전 치료제와 만병통치약을 얻기 위해 갖은 노력을 다했다. 그리스인과 로마인들은 수탉과 염소의 생식기를 부적으로 지녔다. 또, 성욕이 많다고 알려진 토끼 같은 동물을 먹거나 매와 독수리의 정액을 마셨다. 이런 독특한 치료법은 천년 이상 지속됐고 중세 독일의 스콜라 철학자 알베르투스 마그누스Albertus Magnus는 늑대의 음경을 구워 먹으라고 말하기도 했다.

발기부전 '치료'를 고안하기 위한 창의력이나 노력과 상관없이 문제는 지속됐다. 프랑스 루이 16세는 이 증상을 열다섯 살부터 겪었지만 루이 16세만 그런 건 아니었다. 오늘날 현대 의학과 영양학이 모든 면에서 발전을 했음에도 대부분의 남성이 자신의 생애 어느 순간부터 이 문제를 겪기 시작한다. 2004년에 진행된 매사추세츠 남성 노화 연구는 40~70세 남성의 52퍼센트가 발기부전을 경험했지만 그렇다고 나이가 유일한 변수는 아니라고 언급했다. 기저에 갖고 있던 심혈관계 질환은 혈류를 망가뜨리면서 발기부전에 영향을 미쳤다.

시간이 흐르면서 의약품의 기반이 되는 과학적 이해가 높아졌고 기술은 의약품이 발기부전 문제와 맞서 싸우는 방법을 빠르게 변화시켰다. 발기부전 치료에 선구적이었던 네덜란드의 해부학자이자 의사인 흐라프Regnier de Graaf는 1668년 발기를 유도할 수 있다는 사실을 증명했다. 흐라프는 사체의 음경 혈관에 소금물을 주입해 해당부위의 혈관이 부풀어 오른다는 사실을 보여주었다. 17세기 말 윌리엄 해먼드는 발기부전 문제를 해결하기 위해 전기를 사용했다. 전극을 척추, 고환, 음경에 꽂는 방식의 다소 불쾌한 실험이었다. 하지만 전기로 발기를 유도할 수 있다는 결과는 그밖에도 많았다. 1863년 실험에서 비록 개를 대상으로 한 실험이었지만 발기가 가능하다는 점이 확인됐다.

1860년대 중반, 나이가 들어가며 발기 능력이 떨어지고 그에 따라 일어나는 신체 변화에 대한 이론을 세우며 프랑스 의사 브라운세카르Charles Edouard Brown-Séquard는 괄목할만한 연구자가 됐다. 브라운세카르는 나이든 남자의 혈액에 정액을 주입하면 정력과 정신력이 상승한다는 이론을 세웠다. 브라운세카르는 체내 테스토스테론 농도를 늘리기 위해 호르몬 혼합물을 사용할 수 있다는 사실에 흥미를 보였다. 그는 1889년 72세라는 고령의 나이로 자신에게 개와 기니피그의 고환에서 추출한 물질을 주입했다. 그 결과 '배변 및 소변을 분출하는 힘'이 증가한다는 새로운

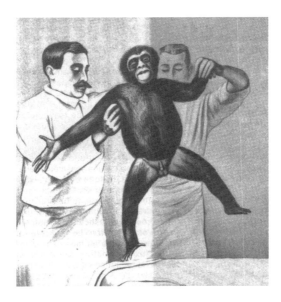

- 원숭이 고환을 남성 노인에게 이식한 외과의 보로노프를 묘사한 프랑스 의료잡지의
  삽화.(1935년)

사실을 발표했다. 안타깝게도 이 향상된 힘은 한 달 정도만 지속
됐고 이마저도 플라세보효과인 듯했다. 1920년대 초에는 수술
을 활용한 방법이 수면 위로 떠올랐다. 러시아 출신 의사인 세르
게 보로노프Serge Voronoff는 브라운세카르가 제기한 테스토스테론
문제와 씨름하던 중 여기서 한 발자국 더 나아갔다. 영장류의 고
환을 환자의 고환에 접목해 테스토스테론 분비를 늘리려는 실
험을 진행했다. 이 수술은 단기간에 기이한 성공을 이뤘다. 이는
조직이 섬유증(재생이나 반응 과정에서 기관이나 조직에 과도한 섬유성 결
합조직이 형성되는 것)으로 발전하기 전까지 1~2년 정도 테스토스
테론 농도를 꾸준히 높였다.

시간이 흐르면서 인공기관과 '성인용품' 같은 더 발전된 기술이 등장했다. 남근확대펌프는 1694년에도 기록이 남아 있을 만큼 그 역사는 몇 백 년 정도로 길었다. 이런 장비의 실용적인 모형은 19세기 초 프랑스 의사 빈센트 마리 몬다Vincent Marie Mondat가 구축했지만 1913년까지 특허도 출원하지 않았다. 남근확대펌프는 음경에 음압을 걸어 장기에 흐르는 혈류를 늘리고 2~3분 동안 발기가 일어나게 만든 후 음경 아래쪽에 링을 끼워 정상적인 혈액순환이 일어나지 못하게 해 지속시간을 늘렸다. 하지만 이런 협착은 문제를 일으킬 수 있다. 남근확대펌프를 사용하는 과정에서 시간이 너무 많이 흐르면 음경이 푸르스름한 빛깔을 띠기도 했기 때문이다. 그러나 이런 부작용에도 남근확대펌프는 인기를 끌었다. 미국에서는 치료를 받기 위해 더 오랜 준비 과정이 필요했음에도 말이다. 인기를 끌었던 브랜드 중 하나는 전도사인 게딩스 오스본Geddings Osbon이 만들었다. 오스본은 자신이 만든 남근확대펌프에 오스본 에렉에이드Osbon ErecAid〔발기를 뜻하는 'erection'과 도움을 뜻하는 'aid'의 합성어〕라는 이름을 붙였다. 오스본은 에렉에이드를 '젊음을 유지해주는 기구'라고도 불렀다. 이는 언젠가 닥칠 발기부전을 암시하는 이름이었다.

남근확대펌프 말고도 현대 의학은 발기 상태를 유지하는 데 어려움이 있는 사람들을 위해 수술로 보형물을 삽입하는 다양한 방법도 소개했다. 1936년에 진행한 첫 보형물 삽입에 대한 기록은 많다. 니콜라이 보고라즈Nikolaj A. Bogoraz는 환자의 음경이 단단하고 우뚝 서 있는 상태를 유지하기 위해 늑연골과 뼈를 삽입했다. 하지만 몇 달 만에 이 대충 심은 보형물은 체내에 흡수돼 무의미해졌다. 그렇다고 다른 연구진들이 보형물 삽입을 아예 가능성이 없는 방법이라고 생각한 건 아니었다. 비록 몇몇 환자에게서는 영구적인 발기 상태가 관찰됐지만 단단한 폴리에틸렌 보형물은 전반적으로 성공적이었다. 머지않아 실리콘 고무가 이 문제를 해결했는데 수술 결과는 훨씬 더 자연스러웠다. 실리콘 고무는 유연하고 체내에 흡수되지도 않았기에 음낭에 소량의 액체 주머니와 펌프도 삽입할 수 있었기 때문이었다. 이 펌프와 액체 주머니는 음경 속 실리콘 보형물로 액체를 흘려보내 필요할 때 발기를 할 수 있게 했다. 말할 필요도 없이 이 수술 과정은 꽤 큰 수술이었고 몇 년이 지난 후 감염이 발생하면 보형물과 펌프를 모두 제거해야 할 수도 있었다. 실리콘 고무 보형물과 펌프 대신 은과 실리콘으로 디자인된 보형물을 사용하기도 했다. 이 보형물은 실리콘으로 만들어진 두 막대와 은으로 만들어진 철사로 이루어져 있어서 음경을 유연하게 원하는 방향으로 움직일 수 있게 했다.

만약 보형물을 사용하길 원하지 않는다면 음경 해면체 내 자가 주사 요법이라 알려진 방법을 사용할 수도 있다. 이 방법은 발기를 위해 음경 안에 직접 물질을 주입하는 것이다. 음경 해면체 내 자가 주사 요법에는 약물을 주입하는 방법도 포함돼 있는데, 대부분 알프로스타딜〔말초혈관 확장제로 발기부전 환자에게 쓰이면 혈관을 확장시켜 음경을 딱딱하게 하는 효과가 있다〕을 음경에 직접 주사해 음경의 평활근을 이완하여 몇 분 만에 발기할 수 있도록 만든다. 성관계를 갖기 전 음경에 스스로 주입하는 일은 무서울지도 모르지만 이는 약 80퍼센트의 환자에게서 성공한 꽤 대중적인 요법이다. 이 요법은 1983년 라스베이거스 미국 비뇨기과 협회에서 진행된 영국의 생리학자 자일스 브린들리Giles Brindley의 어색하고 잊을 수 없는 (그리고 두렵기까지 한) 강연으로 보여준 그 누구도 원하지 않은 쇼맨십과 어우러졌다. 몇몇 참가자들은 브린들리가 트레이닝 바지를 입고 예정된 강의 시간 직전에 엘리베이터를 탄 모습을 목격했다. 브린들리는 자신의 음경에 혈관활성약물인 펜톨라민과 파파베린을 주입하면서 발견한 사실을 중심으로 자신의 연구를 슬라이드에 담아 강의를 진행했다.

강의가 끝나갈 때쯤 그리고 80명 정도의 사람들 앞에서, 브린들리는 강의를 시작하기 전 자신의 호텔방에서 시간을 보내며 스스로에게 파파베린을 주입했다고 말했다. 그리고 발기된 상태를 보여주기 위해 트레이닝 바지 뒤쪽을 잡아당겼다. 어떤 이유에서인지는 알 수 없지만 브린들리는 이를 충분하지 않다고 생각했는지 바지를 벗고 군중 속으로 뛰어들어 자신의 실험 증거를 확실히 이해시키려 했다. 브린들리가 움직일 때마다 비명과 괴성이 난무했다. 이후 갑자기 브린들리는 현실을 자각하고 멋쩍어하며 자신이 무슨 짓을 저질렀는지 인지하기 시작했다. 브린들리의 안타까운 발표에도 불구하고 이 기억에 남을 만한 강의가 있은 지 15년이 지나서야 발기부전 문제를 완전히 해결할 수 있었다.

실데나필의 실패

실데나필의 첫 시작은 화이자에서 일하던 피터 던과 앨버트 우드가 영국 동남쪽에 있는 켄트의 작은 마을인 샌드위치에 있는 실험실에서 UK-92,480라는 이름으로 개발한 것이었다. 던과 우드는 고혈압과 협심증(심장으로 흐르는 혈류가 줄어들면서 발생하는 가슴 통증)을 치료하고자 하는 희망으로 포스포다이에스테라아제 5형 (PDE5, 협심증과 고혈압을 일으키는 물질을 방해한다) 효소와 상호작용할 분자를 찾고 있었다. 화이자에서 일하던 니컬러스 테리트Nicholas Terret도 UK-92,480의 발명자로 특허에도 이름을 올렸다. 훗날 비아그라가 될 분자의 이름으로 UK-92,480는 너무 평범했다. 하지만 이 이름은 영국 화이자 실험실이 있던 위치, 노트 페이지, 책 번호, 일련의 분자를 합성한 위치를 나타낸다.

협심증과 혈압에 대한 UK-92,480의 영향을 처음 연구한 것은 다른 사람들의 말을 빌리자면 재앙이었다고 한다. 475달톤의 분자는 적어도 동물실험에서는 효과가 있었다. 1993년 6월, 화이자 선임 경영진은 실데나필 프로젝트를 돈을 잡아먹는 애물단지라고 생각했다. 만약 3개월 안에 결과가 제대로 나오지 못했다면 이 프로젝트는 보류됐을 것이다. 희망은 임무 수행 보고 기간 동안 사우스웨일스 광부들을 대상으로 한 실험에서 발견할 수 있었다. 실험 참가자들이 일반적인 사람들보다 발기 상태를 더 많이 경험했다는 사실이 보고됐다. 보고서에 따르면 실험이 끝나고 나서도 남은 약을 돌려주기 싫어하는 사람도 있었다고 한다. 이는 첫 연구에서 간호사들이 참가자 상태를 확인할 때 대부분이 바닥에 엎드려 있었다고 보고한 것과 깊은 관계가 있다. 엎드려 있던 사람들은 예상치 못한 발기를 숨기기 위해 필사적이었다. 이는 실데나필이 계획했던 것과 달리 (심장의 혈관이 아니라 음경의 혈관을 확장시켰다) 혈관을 확장시키는 역할을 했다는 사실을 보여준다.

UK-92,480의 예상치 못한 부작용에 흥분한 화이자의 화학자 데이비드 브라운David Brown은 그 즉시 발기에 대한 연구를 진행할 수 있도록 화이자 연구개발팀에게 15만 유로(제약 업계에서는 쥐꼬리만 한 비용이다)를 지원해 달라고 요구했다. 브라운은 자금을 지원해주겠다는 답을 듣기 전까지는 상사의 사무실을 나가지 않으려 했다. 이 연구는 브리스톨에서 시작돼 얼마 지나지 않아 유럽 전역으로 퍼졌다. 이 임상연구는 실험 참가자들에게 리지스캔(남성 성기능 장애 시 발기의 횟수와 지속 시간, 발기 시 강직도와 팽창도 등을 쉽게 알 수 있는 최첨단 의료장비)이라는 기계를 달고 이들이 성인영화를 보는 동안 다양한 자료를 얻었다. 결과는 그 누가 상상했던 것보다 훨씬 더 탁월했다.

이 연구로 실데나필이 거의 완벽한 발기부전 치료제라는 사실이 밝혀졌다. 30~60분 안에 효과를 보였는데 이는 환자가 성적인 활동이 일어날 것이라고 합리적으로 판단하고 알약을 복용할 수 있을 만큼의 짧은 시간이다. 이는 알약 형태였고 다른 어떤 것도 필요 없이 알약만 복용하면 됐으므로 너무나도 간단했다. 사람들은 음경에 펌프를 삽입하거나 직접적으로 기폭제를 주입하는 실데나필 이전의 요법들 대신 남 몰래 알약으로 쉽게 발기 상태를 유지하는 방법을 선택했다. 대부분의 약물은 4시간 정도가 지나야 약효가 줄어드는 반면 비아그라는 반감기가 짧다. 그렇기에 성관계가 끝난 후 몇 시간 동안 효과가 지속되지 않았다. 게다가 심장박동이나 혈압을 눈에 띄게 높이지도 않았다. 애초에 실데나필을 복용하는 사람들의 심장 상태는 발기부전이 나타날 만큼 문제가 있을 가능성이 높다는 점을 감안하면 이는 중요한 장점이었다.

간단하게 알약을 복용하기만 해도 발기부전을 치료할 수 있다는 사실은 천지개벽할 일이었으며 음경에 직접 무언가를 주입하거나 수술을 받는 것보다 훨씬 나은 방법이었다. 게다가 발기부전 치료제(실데나필은 여전히 발기부전을 일시적으로 나아지게 하는 정도였지 완전히 해결해주는 약물은 아니었기에 이는 중요한 부분이다)를 비뇨기과에서 뿐만 아니라 처방 기록과 직관적인 설명을 통해 일반 개업의에게서도 처방받을 수 있게 됐다.

게다가 실데나필의 작동 메커니즘에 대해서는 많은 연구가 이루어졌다. 실데나필은 켄트의 샌드위치에서 비아그라 초기 연구진들이 발견한 효소인 PDE5를 방해하는 방식으로 상호작용해 발기 상태가 더 유지되도록 만든다. 실데나필은 PDE5와 결합해 효소의 활동을 억제하고 고리형 구아노신일인산cGMP이 만들어지는 과정을 방해해 고리형태가 아닌 GMP로 변하게 만든다. 그러나 이 과정이 일어나기 전에 애초에 왜 cGMP가 존재하는지부터 설명하자면 몇 단계를 거슬러 올라가야 한다. cGMP

의 농도는 성적인 자극으로 음경의 신경에서 분비돼 음경의 평활근 전반에 확산되는 일산화질소(아산화질소와 혼동하지 않도록 하자)가 존재할 때 크게 늘어난다. cGMP 농도가 늘어나면 근육이 이완되고 음경해면체로 혈류가 흘러들어가 발기가 일어날 수 있다. 만약 성적 자극이 없다면 PDE5와 결합할 수 있는 cGMP가 없어 (혹은 존재하는 실데나필과 상호작용하지 못해) 발기가 일어나지 않는다. 일반적인 상황이라면 PDE5가 cGMP를 분해하겠지만 실데나필 분자는 cGMP가 더 오랫동안 체내에 머물러 평활근 조직을 이완하고 음경으로 흐르는 혈류가 늘어나는 신호를 전달하도록 PDE5를 방해한다. 다시 한 번 말하지만 일산화질소가 방출되지 않는다면 발기가 일어나도록 만드는 cGMP의 양도 부족해진다. 이는 성적인 자극이 없는 이상 실데나필이 효과를 보이지 않는다는 뜻이다.

1996년 화이자는 미국에서 실데나필의 특허를 출원했다. 실데나필은 곧 '비아그라'가 됐다. 비아그라Viagra는 '활력vitality'을 뜻하는 'vi-'와 '-agra'가 합쳐져 일련의 좌절에도 불구하고 제약 분야의 창의성으로 이뤄낸 성공이라는 느낌이 들도록 했다. 2년도 안 돼서 화이자는 실데나필시트르산염을 시장에 내놓기 위한 특허를 출원했다. 1998년 3월 27일 FDA는 빛의 속도로 발기부전 치료제로써 비아그라를 승인했다.

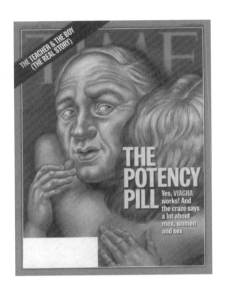

- FDA가 발기부전 치료에 비아그라 사용을 승인한 직후 나온 1998년 5월 4일자 《타임》 표지. 커버스토리로 이 약물이 얼마나 혁신적인지 언급한 환자들의 인상적인 반응을 다루었다.

발기부전으로 인한 사회적 낙인을 지운 화이자의 광고 전략

하지만 실데나필로 화이자가 큰 이득을 얻기 전, 화이자는 더 많은 남성들이 약물을 복용하고 싶게끔 교묘하게 발기부전에 대한 전 세계 사람들의 생각을 바꾸어놓았다. 이 현상은 얼마 지나지 않아 화이자가 지면 광고와 미디어 광고에서 발기부전에 대한 사회적 낙인을 지우기 위해 고통스러운 발기부전이 질병이라는 점을 강조했다. 화이자는 광고를 통해 마흔 살 이상의 남성 절반 이상이 발기부전으로 고통받고 있다고 추정하기도 했다. 이는 화이자의 목적에 부합하는 결과를 이끌어냈다. 덕분에 사람들은 발기부전이란 질환에 더 친숙해졌으며, 더 나아가 이를 부끄러워 해야 할 일이 아니라 치료해야 할 문제로 인식하기 시작했다.

FDA가 일반의약품도 대중을 대상으로 광고할 수 있도록 규제를 해제한 지 얼마 지나지 않았을 때였던 걸 떠올리면 화이자의 첫 광고를 위해 시기가 딱 맞아 떨어진 것이었다. 첫 광고에는 대통령 후보였던 밥 돌〔본명은 로버트 돌. 미국의 전 공화당 소속 정치인으로 로버트의 애칭인 '밥'으로 주로 불렸다〕이 등장했다. 밥 돌은 빌 클린턴과 모니카 르윈스키 스캔들로 떠들썩했던 당시 발기부전에 대해 언급했다. 1998년 초, 밥 돌은 비아그라 광고모델로 공식적인 역할을 하기 전,《래리킹 라이브》에 출연해 전립선암과 오랜 전쟁을 치르면서 발기부전이 생겼다는 개인적인 문제를 언급했다. 처음에는 미국 텔레비전 광고 규제 때문에 첫 광고가 비교적 평이했음에도 밤 11시 이전에 광고가 나오는 것을 금지했다. 광고에서 밥 돌은 용감하게 자신의 개인사를 털어놓았는데 전립선암에 맞서 고군분투했던 싸움과 그 이후에 발생한 발기부전에 대한 내용이었다. 이 기회로 화이자는 발기부전erectile dysfunction을 짧게 줄여 'ED'라는 새로운 이름으로 불렀다. 밥 돌은 발기부전이 정확히 어떤 증상인지 혹은 새로운 약물인 비아그라가 이를 어떻게 치료하는지에 대해서는 언급하지 않았다. 대신, 'ED'를 앓고 있는 시청자에게 검진을 제안했다.

몇 년에 걸쳐 화이자의 광고는 진화했다. 화이자는 비아그라 선전의 일환으로 명예의 전당에 오른 카레이서 마크 마틴이 2001년 전미자동차경주협회NASCAR 스프린트 컵 시리즈부터 다

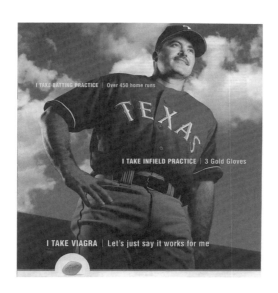

- 팔메이로의 비아그라 광고. 당시에 비아그라 광고 모델을 웃음거리로 여긴 것을 감안하면 스타 플레이어의 대담한 광고였다.

섯 시즌 동안 몰았던 6번 차를 후원했다. 2001년에 42세였던 마틴은 비아그라를 사용하기에 완벽한 나이였다. 역대 NASCAR 후원 명단 중 가장 민망했던 후원자로 기록됐지만 마틴의 차에는 약물을 홍보하고 발기부전을 둘러싼 오해를 지우기 위한 내용으로 가득했다. 조심스러운 이야기지만 사실 나는 여기에 동의하지 않는다. 2004~2005년, 부드로 엉덩이 연고(갓난아이에게 수도 없이 발랐을 기저귀 발진 크림)의 후원을 받은 차가 NASCAR 후원 명단 역사상 가장 부끄러운 후원사였다는 점을 짚고 넘어가야겠다. 화이자는 메이저리그 스타 플레이어인 라파엘 팔메이로의 도움도 받았는데 2002년 팔메이로는 광고에 출연하는 대가로 200만 달러(26억 5000만 원)를 받았다. 팔메이로는 밥 돌과 완전히 다른 형식으로 광고를 찍었는데 당시 38세의 강타자는 아래처럼 말하며 32초짜리 짧은 광고 영상의 주인공이 됐다.

"난 타격 연습을 해.(450개 이상의 홈런) / 난 수비 연습을 해.(3번의 골든글러브상). 난 비아그라를 먹어.(난 그거면 돼)"

이는 지금까지 비아그라 광고모델이 언급한 문구 중 가장 대담했다.

비아그라 광고가 전파를 탄 후 다양한 변화가 생겼는데, 여기에는 화이자 외판원들을 대상으로 한 성희롱 예방 교육도 있었다. 외판원들은 남자든 여자든 일하는 도중 계속해서 발기부전에 대해 이야기를 할 수밖에 없었기 때문이다. 화이자는 심지어 새로운 약물에 대한 견해를 재고해달라는 의견을 전달하기 위해 바티칸 교황청에 대표단을 보내기도 했다. 윤리적인 딜레마와 함께 비아그라의 등장은 보험회사에게 흥미로운 질문을 던져주었다.

"60세 환자에게도 이런 약물이 보험적용 돼야 할까?"

트렌치코트, 모자, 선글라스를 착용한 환자들이 나타나 일말의 자존심을 지키기 위해 실명을 거론하지 않고 익명으로 약을 처방받으려 한다는 이야기가 전해졌다. 덕분에 이 시대의 병원 풍경은 달라졌다. 몇몇 병원은 주말에 비아그라를 처방받으러 오는 환자들의 진료를 10분마다 하나씩 잡기 위해 진료 스케줄을 새로 짜야 했다. 비아그라는 발기 횟수만 늘린 것이 아니었다. 비아그라 덕에 병원을 찾아오는 사람의 숫자도 늘었는데, 이는 병원의 순이익으로 이어졌다. 많은 사람들이 발기부전을 일으키는 근본적인 의학적 문제를 체계적으로 치료받기 시작했기 때문이다.

기분이 좋아지게 하는 비아그라의 특성과 압도적으로 긍정적인 평판에도 여전히 해결해야 할 문제는 있다. 얼마 지나지 않아 더 많은 연구가 진행됐는데, 특히 비아그라를 정기적으로 복용하는 사람을 대상으로 한 장기간 연구를 통해 실데나필의 안전성을 증명했다. 4년에 걸쳐 대략 2주 동안 실데나필을 복용한 1000명에 가까운 사람들을 조사한 연구는 약물을 정기적으로 복용해도 장기적인 문제를 일으키지 않는다는 사실을 보여주었다. 연구에 참여한 남성의 평균 나이는 58세였고 연구 참가자 상당수가 심장 질환이 발병할 나이대인 것을 감안하면 실데나필의 안전성은 잘 입증되었다. 그럼에도 연구는 무사히 끝나지 않았다. 연구 과정 중 심장마비가 열여덟 건이나 보고됐다. 하지만 연구진은 더 많은 연구를 통해 실데나필이 심근경색증의 근본적인 원인이 아니라는 사실을 증명했다. 연구 참가자는 25, 50, 100밀리그램의 비아그라 중 선택할 수 있었는데 참가자의 90퍼센트는 고용량을 선택했다. 이 연구는 비아그라를 둘러싼 루머를 떨쳐버리고 발기부전으로 고생하는 사람들이 자주 사용하는 약물이 안전하다는 사실을 보여주는 데 매우 효과적이었다.

2003년에는 비아그라의 권위에 도전하는 두 발기부전 치료가 등장했다. 하나는 바이엘의 레비트라(바데나필염산염)였고 다른 하나는 릴리 USA의 시알리스(타다라필)였다. 시알리스는 비아그라와 완전히 다른 분자로 만들어졌지만 레비트라는 비아그라와 매우 유사한 분자로 이루어졌다. 적어도 눈으로 보기에는 말이다. 두 분자의 유일한 차이점은 비아그라의 질소 원자의 위치를 바꾸고 분자 끝에 메틸기〔메테인(CH4)에서 수소원자 1개를 제거한 1가의 원자단〕를 추가했다는 것이다. 시알리스와 레비트라는 모두 잠재적 PDE5 억제제이며 비아그라와 매우 유사한 방식으로 작동한다.

비아그라의 뚜렷한 부작용

비아그라는 매우 민망한 부작용을 지니고 있기도 한데 그중 가장 눈에 띄는 건 음경지속발기증priapism이다. 음경지속발기증으로 고통받는 사람의 눈에 띄는 증상은 4시간 이상 발기 상태가 지속되는 현상이다. 의학적으로 심각한 증상의 명칭을 그리스 신화에 등장하는 풍요의 신인 프리아포스Priapus 이름에서 따왔지만 실제로 음경지속발기증은 웃어넘길 만한 문제가 아니다. 그림이나 벽화에 등장하는 프리아포스는 종종 거대한 발기 상태가 영원이 지속되는 모습을 하고 있다. 만약 이 질병이 치료되지 않는다면 조직을 망가뜨리거나 결과적으로 발기부전을 일으킬 수도 있다. 적혈구가 낫 형태일 경우 음경에서 되돌아 나오는 혈류를 방해하기 때문에 음경지속발기증은 겸상적혈구빈혈증〔적혈구의 모양이 낫 모양으로 되는 유전자 돌연변이〕이 있는 사람에게서 나타나기도 한다.

눈에 푸른 빛깔이 감도는 것도 실데나필시트르산염을 장기 복용했을 때 생길 수 있는 또 다른 부작용이다. 이 부작용은 청색증인데 이는 실데나필시트르산염이 PDE5 외에도 다른 PDE와 반응하면서 생긴다. 청색증은 약물이 PDE5뿐만 아니라 PDE6에도 영향을 미치면서 생긴다. PDE6은 눈 속의 간상체〔망막에 있는 시세포로 명암을 구분한다〕의 감도를 제한한다. 그리고 체내에 존재하는 실데나필이 PDE6를 억제(실데나필이 PDE5를 제한했던 것처럼)하면 간상체의 감도가 크게 높아지며 그 결과 환자의 가시 범위에 푸른색의 농도가 높아진다. 한 번에 다량의 비아그라를 복용하는 것도 우려할만하다. 어지러움증과 함께 모든 물체가 뿌옇게 보이고 색상이 왜곡되고 피부가 붉어지는 등 여러 문제가 일어나는데, 망막의 바깥쪽이 손상되며 생기는 시각적 문제이다. 남편과 언쟁을 하다 '우발적으로'(사례보고에 있는 말을 그대로 옮기자면) 2000밀리그램의 비아그라를 복용한 베이징의 한 여성의 사례에 이런 증상이 기록돼 있다. 이는 고함량의 100밀리그램 알약을 20알을 복용하는 것과 같은 양이기에 이렇게 많은 양의 실데나필시트르산염을 복용할 사람도 드물 것 같긴 하다. 24시간 이상 지속되는 광민감성〔강한 광원이나 순간적인 섬광이 원인으로 일어나는 뇌전증의 일종〕과 적록색맹〔붉은색과 녹색을 잘 구분하지 못하는 시각 이상 증세〕도 비아그라 복용과 관계가 있다.

위조약과 불법적인 용도

약물이 개발된 후 10년 동안 3000만 개 이상의 실데나필 처방전이 작성됐다. 마약관리국이 종종 소석회plaster of Paris, 벽돌의 먼지, 비소가 들어 있는 비아그라의 위조약을 발견하는 걸 보면 이 어마어마한 숫자도 화이자의 작은 파란색 알약의 수요를 다 감당하지 못하는 것 같다. 일반적으로 약물을 사용하는 평균적인 나이와 심혈관 문제에서 기인한 발기부전과 상관없는 젊은 남성들이 중독성 있는 약물과 알코올의 효과(발기 상태를 방해하는 요소)를 반감시키기 위해 사용하면서 원래 용도와 다르게 실데나필을 사용하는 일이 수면 위로 드러나기 시작했다.

20~40세 사이의 발기부전을 겪지 않은 '젊은' 남성 60명을 대상으로 한 연구를 통해 연구진은 실데나필이 성기능에 어떤 역할을 하는지를 분석했다. 연구 참여자 중 한 그룹은 성관계를 갖기 몇 분 전에 실데나필 25밀리그램을 복용했고 다른 그룹은 플라세보 약물을 복용했다. 연구의 결과는 흥미로웠다. 비록 건강한 남성의 발기 상태에서는 거의 변화가 없었지만 달라진 점은 불응기(오르가즘을 느낀 순간부터 다시 한 번 성적으로 흥분되기까지 걸린 시간)가 줄었다는 것이었다. 실데나필을 복용한 그룹의 불응기는 14.9분에서 5.5분으로 거의 10분이나 줄었다. 흥미롭게도 플라세보 약물을 복용한 그룹에서는 불응기가 90초 줄었다. 그리고 통계적으로 의미 있는 정도는 아니지만 일부 플라세보 약물 복용자는 발기가 쉬워졌다고 답했다. 불응기가 줄어드는 것은 실

데나필의 역할이 아니었지만 지속적으로 일찍 사정을 하는 문제로 고통받는 사람들에게는 유용할 수 있다. 그 당시에 이를 위한 치료가 없었으니 말이다.

비아그라 판매에 뒤이어 화이자는 2002년 미국에서 다섯 번째로 많은 수익을 낸 회사가 됐다. 비아그라 열풍 초기에는 이 작은 파란색 알약은 8~10달러(1만 원 내외)에 판매되었다. 어떻게 보면 가격이 비싸다고 할 수도 있지만 오래전에 사라져버렸다고 생각했던 삶의 새로운 장이 다시 열리기를 바라는 사람에게는 비싼 가격이 아닐 수도 있다. 비아그라는 침실에서 여성의 짐을 덜어주기도 했다. 종종 여성은 꽤 불공평하게도 수십 년 동안 남성 파트너가 성기능을 제대로 발휘하지 못한 원흉이 되어야 했기에 때문이다. 실데나필에 대한 화이자의 미국 특허는 2020년 완전히 만료됐다. 덕분에 수백만 명의 사람들이 더 저렴한 제네릭 형태의 약물을 복용할 수 있게 됐다. 화이자는 특허가 만료되기 3년 전에 거대 제네릭 제약회사인 테바와 제네릭을 만들어도 좋다는 합의를 도출했기에 나는 여기서 '완전히'라는 단어를 사용했다.

지난 몇 년 동안 일부 소규모 제약회사는 다른 형태의 실데나필시트르산염을 만들어냈다. 알약에서 스프레이, 껌의 형태, 입안에서 녹여먹는 사탕 형태로 말이다. 이 제약회사들은 의사와의 온라인 상담을 통해 처방전을 얻을 수 있는 전자통신 수단을 제공해 실질적으로 필요한 사람들을 도왔다. 이 과정으로 제약회사들은 미국에서 처방전이 필요한 약을 구매하는 데 방해가 되는 다른 요소들을 제거하고 환자에게 익명성을 선사했다. 영국에서는 실데나필시트르산염을 얻는 방법이 훨씬 쉬운데, 여기서는 처방전 없이 구매할 수 있는 약물이기 때문이다. 화이자는 2008년 유럽의약품청에 발기부전 치료제인 비아그라를 처방전 없이 구매할 수 있도록 지원서를 제출했다. 하지만 결과적으로 의사의 처방이 필요하다는 결론이 나면서 지원서는 폐기됐다. 이것이 처방전 없이 구매할 수 있는 비아그라를 위한 시작이었다. 영국 약국협회인 부츠는 2009년 비아그라를 처방전 없이 구매할 수 있도록 했다. 2010년 테스코협회도 같은 선택을 했다. 비아그라를 처방전 없이 구매할 수 있도록 만들려는 노력은 미국까지 닿지 못했다. 제네릭이든 다른 형태든 미국에서는 여전히 처방전이 필요하다.

남성에게 비아그라가 미치는 영향처럼 여성에게 영향을 미칠 수 있는 약물을 찾으려는 노력은 그다지 성공적이지 못했다. 그나마 가장 근접한 것이 애디[addyi. 미국에서 2015년 10월부터 시판 중인 약품으로, 일명 여성용 비아그라 혹은 '핑크 비아그라'라고도 불린다]라는 약물일 것이다. 애디는 골반 근처의 혈류를 늘리고 세로토닌과 도파민의 농도를 높인다. 2015년 미국에서 애디가 판매되기 시작했다. 하지만 갑작스럽게 혈압이 떨어지면서 잠에 들거나 기절하기도 하는 사람이 생기면서 광범위하게 사용되지는 못했다.

리바티오로 태어난 두 번째 삶

비아그라는 특이한 용도로 사용되기도 했다. 콜롬비아국립요리학교SENA는 2009년 패션프루트, 초콜릿, 휘핑크림, 푸딩에 약간의 실데나필을 혼합해 디저트를 만들면서 비아그라 홍보 열차(앞으로 몇 년은 더 지속됐지만)에 올라탔다. 콜롬비아식품의약국의 승인을 받아야 했기에 그 당시에 학교는 이 디저트를 판매할 여력은 없었다. 그럼에도 이 요리는 흥미로운 콘셉트이긴 했다.

미국중앙정보국CIA이 비아그라를 아프가니스탄 정보원을 설득하는 협상 도구로 사용해 그 지역의 탈레반보다 유리한 지점을 선점했다는 보고서는 많다. CIA는 남아프가니스탄에서 유난히 미국의 개입을 경계하던 60세 족장이 살던 마을에 접근하는 데 어려움을 겪었다. 미국은 족장이 관리하던 주요 통로에 접근하는 일뿐만 아니라 주변 환경에 대한 족장의 지식도 필요로 했다. 족장의 나이로 미루어 짐작컨대 발기부전을 겪을 것이라는 사실을 인지하고 있었고, 현장 정보원은 족장에게 화이자 로고가 자그마하게 새겨진 실데나필시트르산염 알약 네 개를 전해주었다. 다음 날 족장은 현장 정보원에게 무한한 충성심을 보였다.

실데나필은 결국 1980년대 후반과 1990년대 초반, 화이자가 그렇게 원했던 심장질환을 치유하는 용도로도 승인받았다. 2005년 화이자는 일련의 새로운 임상시험을 통해 FDA로부터 폐동맥고혈압 치료제로서 실데나필 사용을 승인받았다. 폐동맥고혈압은 폐로 들어가는 혈관과 그 주변에 있는 혈관이 좁아지면서 나타나는 질병이다. 특히 폐로 산소가 가득한 신선한 피를 공급하는 동맥에서 혈압이 높은 것이 특징적이다. FDA의 승인 덕에 비아그라보다 낮은 함량으로 실데나필을 담은 의약품은 리바티오라는 이름으로 판매되기 시작했다.

비아그라를 더 다양하게 사용할 방법이 있을지도 모른다. 예를 들어, 남성과 여성 모두가 빠르게 시차적응을 할 수 있도록 도와준다든지 말이다. 소량의 실데나필을 투여한 햄스터들은 플라세보 약물을 투여한 햄스터보다 두 배는 더 빨리 낮과 밤 사이클에 적응했다. 실데나필을 투여한 햄스터들은 연구진이 빛과 어둠 사이클을 변화시켜 만든 시차에 8일 만에 적응했다. 플라세보 약물을 투여한 햄스터가 적응한 12일과 비교하면 꽤 빠르다. 이 이상한 연구에서 실데나필의 용량을 늘리자 실데나필을 투여한 햄스터들은 6일 만에 시차에 적응했다. 하지만 여기에는 대가가 있었다. 바로 햄스터의 음경이 발기됐다는 것이다. 당시의 연구에는 수컷 햄스터만 참여했지만 앞으로의 연구에서는 암컷 햄스터도 포함시켜 햄스터의 포유류 친구인 우리의 시차적응을 도울 약물을 찾을 것이다.

햄스터, 심장, 발기⋯ 실데나필은 정말 다양한 용도로 사용됐다. 회사 간부가 거의 포기하려 했던 약물의 결과를 독특한 장소에서 찾기 위해 자신에게 약물을 투여했던 과학자 덕에 쓰레기 더미에서 구출된 것 치고는 나쁘지 않다.

제네릭 의약품은
어떻게 게임에 뛰어들까?

의약품의 특허가 만료되면 어떤 일이 벌어질까? 제약계 사람들 사이에서 이는 커다란 문제다. 미국의 특허 시스템은 어떤 식으로든 다른 사람이 특허 주인의 권리를 침해할 수 없도록 했다. 대신 특허가 만료되면 특허로 보호받던 물질은 누구나 사용할 수 있는 공유재산이 된다. 그렇기에 일단 특허가 만료되면 다른 제약회사들은 이전에 보호받던 지적재산을 활용해 오리지널 저분자 의약품의 제네릭 의약품을 만들 것이다. 제네릭 의약품이 시장에 등장하는 과정은 1984년 해치-왁스만 법(1984년 의약품 가격경쟁 및 특허기간 회복법이란 이름으로도 알려져 있다)에 명시돼 있다. 유타주의 오린 해치가 바로 해치-왁스만 법의 '해치'다. 해치는 미국 상원 역사상 가장 오랫동안 재임한 공화당 의원이었고 거의 40년이 지난 지금까지도 제네릭 의약품 시장을 형성하는 데 중요한 역할을 하고 있다.

1984년 해치-왁스만 법은 제네릭 의약품이 시장에 등장하는 걸 돕는 두 가지 방법을 소개했다. 첫 번째는 간단한 제네릭 사전 승인 검사ANDA를 수행하는 방법이다. 이 새로운 형태의 승인검사는 제네릭 의약품 제조업자가 어떻게 약물을 합성하고 그 규모를 키울 것인지를 기술할 뿐만 아니라 여러 차례에 걸친 품질보증시험과 실험 결과를 통해 제네릭 의약품이 체내에서 오리지널 의약품만큼 효과를 보인다는 사실을 증명해야 한다. 이는 제네릭 의약품 시장에 도움이 될 뿐만 아니라 오리지널 의약품이 시장에 등장할 때 필요한 서류인 NDA보다 요구사항이 훨씬 적다. 특히 임상시험이 필요 없다는 점에서 그렇다. 제네릭 제조업자는 원하는 약물의 특허가 종료되기 전에 ANDA의 승인을 받기 위한 실험을 진행할 수 있다. 이는 해치-왁스만 법령에 의거해 특허 침해를 법적으로 막아 주기 때문이다. 이는 오리지널 의약품의 특허가 만료되고 제네릭 의약품이 시장에 등장하기까지 시간을 어마어마하게 단축시킨다. 1984년 해치-왁스만 법률의 두 번째 핵심 조항은 FDA의 약효동등성 평가 목록집인 '오렌지 북'에 등재된 특허가 만료된 의약품을 처음 제네릭으로 제조한 제약회사에게 일정 기간 동안 독점권을 준다는 것이다. 이 기간 동안 제네릭 제조업자들은 시장 점유율적인 측면에서 훨씬 앞설 수 있으며 최근 특허가 만료된 약물의 제네릭 형태 가격을 마음대로 조정할 수도 있다. 이 짧은 시기 동안의 독점은 영원하진 않으며 180일이면 끝난다. 180일이 끝나면 제네릭 의약품의 가격은 자리를 잡기 시작하며 결과적으로 몇 년에 걸쳐 더 많은 제네릭 제조업자들이 자신들만의 의약품을 생산하면서 눈에 띄게 떨어질 것이다. 소비자의 이익을 위해 시장에서 경쟁을 하며 말이다. 2019년 FDA 연구에 따르면 제네릭 제조회사 한 곳이 시장에 뛰어들면 가격은 약 40퍼센트가 낮아진다고 한다. 두 곳이 뛰어들면 가격은 오리지널 의약품 가격의 절반 이하로 떨어지게 된다. 이 시장에 뛰어드는 회사가 여섯 곳을 넘어가게 되면 이 속도는 기하급수적으로 빨라져 제네릭 의약품 가격이 오리지널 의약품 가격의 5퍼센트 내외로 떨어지기도 한다.

생물학적 제제의 제네릭 의약품은 존재하지 않는다. 생물학적 제제는 만들어질 때마다 성분이 조금씩 다르기에 기준이 되는 생물학적 제제와 완전히 똑같게 만들 순 없기 때문이다. 대신, 특허가 만료된 생물학적 제제는 '바이오시밀러'라 부른다. '바이오시밀러'라는 이름은 이 약물이 '오리지널' 생물학적 제제와 거의 동일한 효능을 보인다는 것을 의미한다. 바이오시밀러는 제네릭 저분자 의약품이 ANDA 승인을 받을 때와는 다르게 더 많은 임상시험을 거쳐야 한다. 당연한 말이지만 이 추가적인 제제 때문에 바이오시밀러를 제조할 때는 제네릭 저분자 의약품을 만들 때보다 훨씬 더 비용이 많이 들고 까다로운 과정을 거친다.

신약 연구 및 개발은 미국과 유럽에서 주로 이루어지고 있지만, 제네릭 의약품 생산은 전 세계에서 활발하게 이루어지고 있다. 테바 제약회사는 이스라엘의 페타티크바와 뉴저지주의 파시패니에 위치해 있다. 그리고 마일란 제약회사는 네덜란드, 영국, 미국 펜실베니아주에 위치해 있다. 반면에 산도즈 제약회사는 제약계 거물인 스위스 제약회사 노바티스의 산하에 있다. 최초의 바이오시밀러 중 하나를 시장에 내놓았던 제약회사인 아포텍스는 캐나다의 토론토에 자리를 잡고 위니펙에도 설비를 마련했다. 닥터 레디스 래보라토리스, 선 파마슈티컬, 아우로빈도 파마슈티컬은 모두 인도에 위치해 있다. 제네릭 의약품 제조는 비용이 저렴하기에 전 세계 수십억 개의 제약회사들에게 모두 열려 있으며 전 세계에 안정적인 일자리를 제공하기도 한다.

해치-왁스만법의 세 번째 핵심 조항도 있다. 이 조항은 제네릭 제조회사가 아니라 오리지널 의약품 제조회사를 돕는다. 이 규정은 최대 5년까지 특허권을 연장할 수 있다는 것인데 오리지널 의약품이 되기 위해 FDA 승인을 받느라 허비하는 기간을 만회하기 위해서다. 특허권을 연장하려면 오리지널 의약품 생산자는 FDA의 '오렌지 북'에 최근 승인을 받아 등재된 의약품과 관련한 특허를 제출해야 한다. 해치-왁스만법에서 보장하는 특허 연장 기간은 대부분 3년 정도다. 하지만 몇 년이 됐든 간에 이 귀중한 시간을 통해 신약을 개발하는 회사는 추가적인 자금을 조달해 개발 비용을 만회할 수 있을 것이다.

그렇다고 제네릭 시장이 혼란스럽지 않은 것은 아니다. 제네릭 시장의 혼란은 오리지널 제약회사가 자체적으로 개발한 '위임형 제네릭'으로 제네릭 시장에 뛰어들면서 시작된다. 자신들만의 방법으로 만든 위임형 제네릭은 제약시장에 처음 뛰어드는 제네릭 의약품 제조업자의 수익을 줄인다. 위임형 제네릭은 종종 처음으로 제네릭을 제조한 회사의 이윤을 줄이는데, 오리지널 의약품 제조회사가 종종 자신만의 방법으로 시장에 진출하고 저렴한 가격을 앞세워 소비자들을 유인해 수입(비록 독점적으로 의약품을 개발하는 것과는 차원이 다르긴 하지만)을 늘리기 때문이다 한다. 제약회사의 또 다른 비장의 무기는 역지불합의reverse payment다. 이는 제약회사가 제네릭 제조업자들에게 제네릭을 만들지 말라고 혹은 생산을 늦추라고 합의하는 대신 돈을 지불하는 것이다. 아스트라제네카는 2008년, 역사상 가장 유명한 역지불합의를 진행했다. 란박시 래버러토리즈에게 7억 달러〔9278억 원〕를 지불하고 아스트라제네카의 위산역류억제제로 유명한 넥시움의 제네릭 의약품 개발을 늦추기로 합의한 것이다. 이런 천문학적인 액수를 보면 오리지널 의약품의 권리에 집착하는 오리지널 제약회사와 그 뒤를 따를 기회를 엿보는 제네릭 제약회사 둘 다 여기에 사활을 걸고 있다는 사실을 확인할 수 있다.

나가는 말
포스트 코로나 시대, 우리는 행복할까?

이 책은 몇몇 장을 제외하고 대략적으로 연대순으로 구성했다. 이 짧은 의학적 발견을 돌아보면 흥미로운 부분을 발견할 수 있다. 인류가 더 효과 좋은 약물을 개발할 수 있는 능력을 향상시키면서 우리는 극심한 통증의 완화, 박테리아 감염과 같은 시대의 중요한 문제부터, 탈모와 발기부전 같이 생명에는 지장이 없지만, 개인적으로 고통받는 문제까지 씨름하는 과정을 거쳤다. 그러면 우리의 삶은 더 나아졌을까? 잘 모르겠다. 새로운 항생제가 이제 필요 없다는 말을 하려는 게 아니다. 사실 그 반대다. 몇 년 후에는 정체를 알 수 없는 감염으로부터 우리를 보호할 기회를 조용히 기다리고 있는 새롭고 참신한 항생제가 부족해 질 것이다. 이런 의약품을 개발하는 일은 종종 정부의 개입이 없는 이상 제약회사의 관심을 끌 만큼 '화려'하지 않다.

코로나19로 인해 완전히 달라진 세계와 다양한 백신의 탄생, 그다지 많은 시간을 들이지 않고 약물을 만드는 문제를 천천히 다뤄볼 것이다. 이 책을 쓰던 시기에 대부분의 기사 헤드라인을 장식하던 코로나19 백신에는 네 가지가 있었다. 화이자-바이오엔텍(한국에서는 '화이자' 백신으로 불리지만, 독일의 바이오엔텍과 미국의 화이자가 공동 개발한 백신으로 독일에서는 '바이오엔텍' 백신이라 불린다)의 메신저 리보핵산(짧게 mRNA라 부른다) 백신, 모더나의 mRNA, 존슨앤존슨의 바이러스 벡터 백신을 포함한 셋은 미국에서 사용하고 있었다. 네 번째 백신은 옥스퍼드대학교와 아스트라제네카의 협업으로 영국을 비롯한 여러 나라에서 승인을 받았다. 전 세계적으로 보자면 그 외에도 백신의 종류는 다양하다. 쿠바의 압달라, 러시아의 스푸트니크 V, 중국의 시노팜과 시노백 같은 다양한 백신 등 말이다.

백신 뒤에 숨어 있는 기술은 다를 수 있지만 그 핵심에는 코로나19 스파이크 단백질의 암호가 있다. 스파이크 단백질은 이제 어디에나 있는 코로나바이러스 그림에서 볼 수 있는 작은 돌기다. 이 단백질의 외관은 왕관을 닮았기에 코로나바이러스의 이름은 '왕관corona'을 응용했다. 스파이크 단백질은 세포에 침투하는 코로나바이러스의 일부이기도 하다. 스파이크 단백질 그 자체는 해롭지 않지만 체내에 이질적인 물질이 들어왔을 때 신호를 보내는 용도로 사용될 수 있다. 이 책에 등장한 대부분의 약물과 달리 코로나19 백신은 확실히 우연히 발견되지 않았다. 대신 이미 알고 있는 지식을 기반으로 어마어마한 노력을 통해 얻었다.

화이자-바이오엔텍과 모더나 mRNA 백신은 같은 기술적 배경을 공유한다. 이 둘은 지질 이중층에 내장된 mRNA 배열을 통해 스파이크 단백질의 암호를 사용한다. 이 백신이 체내에 주입되면 세포는 스파이크 단백질을 만들기 위해 mRNA에서 얻은 암호를 사용한다. 이 과정을 통해 체내의 면역반응이 촉발되는데 이는 일상생활 속에서 바이러스와 만났을 때도 일어난다. 이 백신은 몇 주 간격을 두고 두 번의 주사를 맞아야 하는데 완전한 백신 접종을 위해서는 첫 번째 접종 후 2주 간격을 두고 두 번째 접종을 해야 한다. 화이자-바이오엔텍과 모더나 방법의 한 가지 문제점은 mRNA 백신의 특성상 매우 낮은 온도에서 저장해야 한다는 점이었다. 이 때문에 몇몇 지역에서는 사용할 수 없었다.

모더나의 백신도 꽤 빠르게 상용화됐다. SARS-CoV-2* 바이러스 유전자가 세상에 알려진 지 일주일 만에 프로토타입〔본격적인 상품화에 앞서 성능을 검증·개선하기 위해 간단히 핵심 기능만 넣어 제작한 기본 모델을 말한다〕 백신이 만들어졌으니 말이다. SARS-CoV-2는 코로나19를 일으키는 바이러스다. 과학자들은 지난 40년 동안 mRNA 치료제를 갈망해왔다. 그리고 모더나는 2010년의 발견으로 이 분야에서 선두에 서게 됐다. 사실, 모더나라는 이름 자

---

* 코로나바이러스감염증-19의 정식 명칭. 우리말로 '제2형 중증급성호흡기증후군 코로나바이러스'라고 한다. 이 증후군을 일으키는 코로나바이러스(CoV) 계통의 바이러스로, SARS-CoV의 변종이다. 호흡기 상피세포에 침투해 발열, 인후통, 피로감등의 증상을 일으킨다.. 초기에는 우한 폐렴 바이러스, 2019년 신종 코로나바이러스(2019-nCoV), COVID-19 등으로 불리다가 SARS-CoV-2가 정식 명칭이 되었다.

체에 RNA가 들어 있다. 10년의 역사를 지닌 모더나Moderna의 이름은 '재조합된modified'과 'RNA'를 조합해서 만들었다.

화이자-바이오엔텍과 모더나의 mRNA 백신과 달리 존슨앤존슨과 옥스퍼드-아스트라제네카의 백신은 해롭지 않은 바이러스에 스파이크 단백질의 암호를 주입한다. 일단 바이러스가 세포 안으로 들어가면 세포는 스파이크 단백질을 만드는 암호를 사용할 수 있다. 그리고 사람의 면역반응은 실제로 SARS-CoV-2에 감염된 것처럼 행동한다.

어떤 사람들은 존슨앤존슨의 백신에 커다란 장점이 있다고 생각할지도 모른다. 화이자-바이오엔텍의 백신처럼 일정한 간격을 두고 두 번 맞을 필요도 없으니 말이다. 존슨앤존슨의 백신은 보관 온도도 훨씬 덜 민감하다. 덕분에 화이자-바이오엔텍과 모더나의 백신을 보관해야 하는 냉장 보관 설비가 없는 지방에서는 존슨앤존슨 백신을 더 많이 사용했다.

전 세계에서 개발 중이거나 실제로 사용할 수 있는 코로나19 백신은 더 많다. 그중 가장 유명한 건 러시아의 스푸트니크 V와 스푸트니크 라이트 백신이다. 둘 다 존슨앤존슨과 옥스퍼드-아스트라제네카의 백신과 비슷한 바이러스 벡터 백신virus-vector vaccine[**]이다. 스푸트니크 V는 두 번째 주사로 다른 바이러스 벡터를 주입한다.

[**] 목표 항원을 다른 바이러스를 운반체(viral vector)로 하여 유전자 재조합된 백신의 한 유형이다. 보다 검증된 기존의 바이러스나 병원균을 이용한다는 점에서 목표 바이러스의 항원 정보를 보다 안정적으로 전달하고 효과적으로 항체를 형성한다.

코로나19 백신이 빠르게 나온 이유

코로나19 백신 이전, 가장 단기간에 이루어진 새로운 백신 개발 기간은 4년이었다. 이 과학적 위업을 세운 건 두 번째 볼거리('유행성 이하선염'을 한방에서 이르는 말로, 어린이에게 가장 일반적으로 영향을 미치는 침샘 바이러스 감염을 가리킨다. 이 바이러스에 영향을 받은 타액선을 이하선이라고 말한다) 백신이었다. 당시 볼거리는 이미 꽤 많이 밝혀진 질병이었지만 시중에 판매되던 백신의 질은 낮았다. 그럼 1년도 안 돼서 전 세계적으로 여러 백신이 등장한 코로나19의 사례는 어떻게 받아들여야 할까? 여기에는 몇 가지 이유가 있다. 미국에서 시작된 워프 스피드 작전Operation Warp Speed은 제약회사가 이 문제에 뛰어들 수 있도록 100억 달러(13조 4000억 원)를 제공했는데 여기에는 세계은행과 수많은 여러 국제기구가 제공한 수십억 달러도 포함돼 있었다. 이런 풍족한 자금 덕에 제약회사는 약물디자인과 안전성 작업을 동시에 진행할 수 있었다. 대부분의 경우 광범위한 백신 제조 과정과 임상시험은 동시에 진행됐다. 각각의 임상시험 단계도 몇 가지 실험과 동시에 진행됐다. 코로나19가 광범위하게 벌어지고 있다는 특성 덕에 임상시험은 전 세계 임상시험 참가자를 대상으로 진행될 수 있었다. 여러 단계가 동시에 진행되는 코로나19 백신의 제조 과정 덕에 치료제가 빠르게 등장할 수 있었다. FDA가 2020년 12월 10일, 화이자-바이오엔텍의 백신을 위급한 용도로만 허용한 지 나흘 후, 미국 의료진들은 백신을 맞았다. 워프 스피드 작전과 여러 국제

단체들의 상당한 기금이 없었다면 이렇게 빠른 출시는 불가능했을 것이다. 그리고 얼마 지나지 않아 모더나와 옥스퍼드-아스트라제네카의 백신도 출시됐다. 코로나19 백신을 얻을 수 있었던 미국과 다른 여러 국가는 백신을 의료진과 나이든 노년층에게 먼저 제공했고 천천히 젊은 층으로 확장했다.

과학자들에게는 SARS-CoV-2와 맞설 수 있는 단단한 기반이 있었다. 왜냐하면 대부분이 이미 유사한 코로나바이러스를 뒤쫓고 있었기 때문이다. 그중에서도 중증급성호흡기증후군SARS*과 중동호흡기증후군MERS**를 말이다. 이런 연구로 과학자들은 한 단계 더 나아갈 수 있는 기반을 마련할 수 있었다. 2020년 1월, 중국 우한의 실험실에서 SARS-CoV-2의 유전자에 대한 중요한 정보를 처음에는 공개하지 않다가 요구가 많아지자 전 세계 누구나 확인할 수 있도록 공개플랫폼virological.org에 유전자 염기서열 데이터를 올렸고, 과학자들은 각자의 배경지식을 기반으로 이를 적절하게 활용할 수 있었다.

인류가 공동으로 개발한 코로나19 백신은 극복 불가능한 문제에 당면했을 때 인류가 무엇을 할 수 있는지를 정확하게 보여

---

*   코로나바이러스의 변종인 사스-코로나바이러스(SARS-CoV)에 의해 감염되는 질병. 국립보건원에서는 이 질병을 사스로 불렀다. 2002년 11월 중국에서 처음 발견되어 2003년에 전 세계적으로 유행한 감염병이다. 사스는 이듬해인 2004년 7월 공식적으로 박멸되었다.

** 신종 코로나바이러스가 일으키는 호흡기 질환이다. 2012년 9월 사우디아라비아에서 최초 환자가 발생했고, 유럽 질병통제청에 따르면 2015년 5월 29일 까지 총 25개국에서 1167명이 발생해 479명이 사망했다.

준 놀라운 위업이다. 하지만 백신이 세상에 등장한 다음 해에는 조금 상황이 달랐다. 이는 백신을 못마땅하게 생각하는 세계와 백신을 손에 넣을 수 없는 많은 나라들의 이야기를 담고 있다.

그러니까 왜 그렇게 많은 사람들이 백신을 거부할까? 그 불신에는 다양한 이유가 얽혀 있다. 종교적 신념부터 정부에 대한 불신, 백신이 모든 사람들을 5G 네트워크에 연결하기 위한 음모라는 생각(음모론을 사랑하긴 하지만 이건 아니다)까지 다양한 이유로 백신을 거부한다. 여러분이 백신을 원하든 그렇지 않든 백신은 앞으로 몇 년 동안 우리와 함께 할 것이다. 코로나바이러스 백신을 매년 맞는 독감주사와 비슷하게 관리하고 비슷한 시기에 맞게 될 것이다. 여기에는 모든 새로운 백신이 해당된다. 반복적인 흐름으로 매년 가장 기승을 부릴 것이라 예견되는 인플루엔자 백신과 한데 섞어 새로운 백신을 만들 수도 있다. 여섯 개의 세계 보건기구 협력센터(두 개는 미국에, 나머지는 각각 영국, 호주, 중국, 일본에 있다)는 전 세계 114개국에서 운영되고 있는 144개의 국립인플루엔자센터에서 제출된 데이터를 통해 코로나19 백신을 계절성 인플루엔자 백신에 포함시켜야 한다고 언급했다. 만약 미래에 또 다시 코로나바이러스 백신을 만들어낸다면 아마도 비슷한 형태를 목격하게 될 것이다.

시간이 지나면서 삶은 코로나 이전으로 돌아가고 있지만 몇 가지 변화는 있다. 2021년 초여름부터 북미에서 콘서트와 스포츠 이벤트가 열리면서 대부분 입장 시 백신 접종 증명서 혹은 최근 코로나19 검사 결과를 요구했다. 여러 공공장소에서는 여전히 마스크를 쓴 사람이 흔하다. 백신을 받아들이는 것과 관련해 격렬한 논쟁이 진행 중인 가운데 코로나19 바이러스의 다양한 변종이 등장해 백신을 맞은 사람, 맞지 않은 사람 모두를 위협하고 있다. 2021년 여름, 전염성이 강한 델타 변이가 전 세계 많은 국가에서 기승을 부렸다. 많은 국가에서 마스크와 사회적 거리두기와 관련한 규제를 상태로 되돌린 지 몇 달밖에 지나지 않아서 진정한 의미의 공포가 덮쳐왔다. 델타 변이가 사라진 후 2021년 하반기에 오미크론 변이라는 새로운 위협이 등장했다. 2021년 말에는 FDA가 화이자-바이오엔텍의 백신을 5~11세 사이의 어린이들에게 긴급 용도로 사용할 수 있도록 허가했다.

2021년 8월, 화이자-바이오엔텍의 백신은 FDA에게서 처음으로 16세 이상의 사람에게 코로나19 백신으로 사용할 수 있다는 완전한 승인을 받았다. 이에 앞서 미국에서 사용한 백신 3종은 FDA의 긴급 사용승인을 받아 접종됐다. FDA의 완전한 승인 덕에 백신을 의무화할 수 있게 됐다. 처음으로 의무화된 직종은 미군 장병이었다. 그리고 더 많은 규제가 뒤따라 도입됐다. 바이든 대통령은 모든 연방 노동자와 도급업자가 백신을 받아야 한다고 말했다. 여기에 예외는 거의 없었는데 100명 이상의 근로자를 고용하는 개인사업자는 접종 증명서를 받거나 매주 코로나 진단 테스트를 거쳐야 했고, 이 광범위한 백신 접종은 메디케어[미국에서 시행되고 있는 노인 의료보험제도] 혹은 메디케이드[65세 미만의 저소득층과 장애인을 위한 미국의 국민 의료보조제도]에 등록된 병원, 병동 혹은 다른 의료기관에 근무하는 대략 1700만 명의 의료진이 백신을 맞는 것으로 끝났다. 미국 바이든 대통령의 강경한 접종 방식은 수십 년 전 두창과 소아마비 백신 접종을 강행했던 전철을 되풀이했던 것이다. 하지만 이는 어쩌면 미국이 집단면역을 생성하기 위한 노력이었을지도 모른다. 상황은 더 복잡해져 임박한 3차(혹은 심지어 4차) 접종은 많은 사람들에게 윤리적으로 까다로운 문제를 만들었다. 지구 어느 곳에서는 3차 접종을 받는 반면, 1차 접종도 받지 못한 사람들도 넘쳐나기 때문이다.

　미국 전역에서 백신을 맞기 시작한 다음 해, 면역을 향한 여정은 지지부진했다. 코로나19의 위험과 그 변종으로 인한 실질적인 위험도 불구하고 백신 접종을 꺼리는 엄청난 비율의 사람들 때문에 말이다. 바로 지금, 대략 60억 회분의 코로나19 백신이 전 세계에서 사용됐다. 몰타, 아랍에미리트, 포르투갈, 싱가포르는 인구의 80퍼센트 이상이 완전히 백신을 접종하면서 백신 접종 면에서 전 세계의 선두에 서 있다. 캐나다는 70퍼센트, 영국은 66퍼센트인 반면 미국의 수치는 54퍼센트로 곤두박질쳤다.

　병이 낫기를 바라며 나무껍질을 씹어 먹었던 고대부터, 병 예방을 위해 체내에 스파이크 단백질의 유전암호를 집어넣는 현재까지 우리는 머나먼 여정을 지나왔다. 페니실린을 발견한 알렉산더 플레밍, 디기탈리스의 승자 윌리엄 위더링, 아산화질소를 분리한 조지프 프리스틀리, 그리고 그 밖의 여러 과학자들은 코로나19 시대를 통과해온 우리의 머나먼 여정을 어떻게 생각할지 궁금하다.

감사의 말

나의 모든 여정을 함께한 아내에게 큰 감사를 전한다. 나와 함께 이 길을 걸어주어 고맙다. 아빠가 하는 모든 일에 지지를 보낸 우리 딸에게도 감사를 전한다. 매번 따뜻하게 안아주는 포옹도 고맙다.

수년에 걸친 어머니의 희생과 변함없는 마음에도 감사를 표한다. 그리고 나를 지원하고 격려해준 아버지와 새어머니에게도 감사를 전한다. 특히 내가 집을 나와 여행을 떠날 수 있도록 도와준 남동생에게도. 몇 년 동안 장모님의 지지에도 감사하다. 내 삶에 많은 관심을 기울이고 지속적으로 용기를 북돋아준 가족과 친구들에게도 감사를 표한다. 로리 노턴, 레아 윈, 루신다 새비지, 캐롤 피그, 브렌다 매크로스키, 수잔 피컨, 켄트 클링거, 제임스 로날드 분, 에런 루키우스, 웨인 개릿, 윌리엄 탤론, 그리고 나를 이끌어준 그 밖의 여러 선생님에게도 감사를 전하고 싶다. io9〔고커 미디어가 2008년에 개설한 공상과학과 대중문화를 다루는 사이트〕과

연이 닿기까지 만난 모든 사람에게도 감사를 표한다.

이 책을 쓰고 편집하는 과정을 도와준 로만앤리틀필드의 제이크 보너, 니콜 카티, 자닌 파우스트, 카렌 웰던, 브루스 오언스뿐만 아니라 끝없는 인내심으로 많은 수고를 해준 파인프린트 문학경영의 로라 우드에게도 감사를 표하고 싶다. 이 책을 디자인하고 조판해준 글로브 피쿼트와 프로메테우스의 좋은 사람들에게도 감사를 전한다. 마지막으로, 끝까지 읽어준 여러분에게 특별히 감사를 표한다.

참고문헌

단행본

Andrea Tone, *The Age of Anxiety: A History of America's Turbulent Affair with Tranquilizers* (New York: Basic Books, 2009)

Charles C. Mann, 1493: *Uncovering the New World Columbus Created* (New York: Knopf, 2011)

Charles C. Mann, *The Aspirin Wars: Money, Medicine, and 100 Years of Rampant Competition* (New York: Knopf, 1991)

Charles Graeber, *The Good Nurse: A True Story of Medicine, Madness, and Murder* (New York: Hachette, 2013)

David Greenwood, *Antimicrobial Drugs: Chronicle of a Twentieth Century Medical Triumph* (Oxford: Oxford University Press, 2008)

Diarmud Jeffreys, *Aspirin: The Remarkable Story of a Wonder Drug* (New York: Bloomsbury, 2005)

Fiammetta Rocco, *The Miraculous Fever Tree: Malaria and the Quest for a Cure That Changed the World* (New York: HarperCollins, 2003)

Gersh Kuntzman, *Hair! Mankind's Historic Quest to End Baldness* (New York: Random House, 2001),

J. R. Partington, *A History of Chemistry* (London: Palgrave, 1962)

K. J. Arrow, ed., *Saving Lives, Buying Time: Economics of Malaria Drugs in an Age of Resistance* (Washington: National Academies Press, 2004)

Keith D. Tait, "Chapter 79: Pharmaceutical Industry," *in Encyclopedia of Occupational Health and Safety*, 4th ed. (Geneva: International Labour Office)

Laurence L. Brunton et al., *Goodman and Gilman's The Pharmacological Basis of Therapeutics*, 11th ed. (New York: McGraw-Hill, 2006)

Peter J. Osterbauer and Michael R. Dobbs, "Neurobiological Weapons," in *Clinical Neurotoxicology*, ed. Michael R. Dobbs (Philadelphia: Saunders, 2009)

R. A. Maxwell and S. B. Eckhardt, *Drug Discovery* (Totowa, NJ: Humana Press, 1990)

Thomas Dormandy, *The Worst of Evils* (New Haven, CT: Yale University Press, 2006)

Walter A. Brown, *Lithium: A Doctor, a Drug, and a Breakthrough* (New York: Norton, 2019)

Walter Sneader, *Drug Discovery: A History* (New York: Wiley, 2005)

William Alexander Hammond, *A Treatise on Diseases of the Nervous System* (New York: Appleton, 1881)

본문 도판 저작권

찾아보기